토마스 아퀴나스 신학대전 40

종교와 경신(II)

윤 주 현 옮김

제2부 제2편
제92문 - 제100문

신학대전 40
종교와 경신(Ⅱ)

2024년 6월 25일 교회인가(원주교구)
2024년 6월 29일 1판 2쇄 발행

간행위원 | 이경상 주교 †정의채 몬시뇰 이재룡 신부(위원장)
　　　　　 안소근 수녀　윤주현 신부　이상섭 교수　정현석 교수
　　　　　 박승찬 교수　임경헌 박사　조동원 신부

지은이 | 토마스 아퀴나스
옮긴이 | 윤주현
펴낸이 | 이재룡
펴낸곳 | 한국성토마스연구소

우편주소 | 25244 강원도 횡성군 우천면 경강로산전7길 28-53
전화번호 | (033) 344-1238
전자우편 | stik2019@naver.com
홈페이지 | http://www.stik.or.kr
출판등록 | 제2018-000003호 2018년 6월 19일
인쇄제작 | 오엘북스

ⓒ 한국성토마스연구소

보급 | 한국출판협동조합__가톨릭출판사, 교보문고, 알라딘, 예스24
전화 | 02) 716-5616

값 30,000원

ISBN 979-11-986062-4-2　94160
ISBN 979-11-969208-0-7(세트)　94160

Summa Theologiae, vol.40
by St. Thomas Aquinas
Korean translation copyright ⓒ 2023 by St. Thomas Institute in Korea
All rights reserved
Published by St. Thomas Institute in Korea

> 이 책은 저작권법에 따라 보호를 받는 저작물이므로 무단전재와 복제를 금지하며, 이 책의 내용 전부 또는 일부를 이용하려면 반드시 저작권자인 한국성토마스연구소의 서면 동의를 받아야 합니다.

토마스 아퀴나스 신학대전 40

종교와 경신(II)

S. Thomae Aquinatis
SUMMA THEOLOGIAE

윤 주 현 옮김

제2부 제2편
제92문 - 제100문

한국성토마스연구소

차 례

성 요한 바오로 2세 교황의 격려와 축복의 말씀 / ix
교황 레오 13세의 회칙 발췌문 / xiv
성 요한 바오로 2세 교황의 회칙 발췌문 / xvii
『신학대전』 완간을 꿈꾸며 / xxii
『신학대전』 간행계획 / xxv
일러두기 / xxvii
일반 약어표 / xxxi
성 토마스 작품 약어표 / xxxiii
'종교와 경신(II)' 입문 / xxxviii

제92문 미신에 대하여 / 3
    제1절 미신은 종교에 반대되는 악습인가 / 3
    제2절 미신의 상이한 종들이 있는가 / 9

제93문 참된 하느님께 부적절한 예배를 드리는 미신에 대하여 / 17
    제1절 참된 하느님께 드리는 예배에서 단죄할 만한 어떤 것이 있을 수 있는가 / 17
    제2절 하느님께 드리는 예배에서 과잉이 있을 수 있는가 / 25

제94문 우상숭배에 대하여 / 31
    제1절 우상숭배를 미신의 종들 가운데 열거하는 것은 맞는가 / 31
    제2절 우상숭배는 죄인가 / 43
    제3절 우상숭배는 죄들 가운데 가장 위중한가 / 51
    제4절 우상숭배의 원인은 인간 편에 있는가 / 59

제95문 점술적 미신에 대하여 / 67
제1절 점술은 죄인가 / 67
제2절 점술은 미신의 종인가 / 75
제3절 더 많은 점술의 종을 정해야 하는가 / 81
제4절 마귀들에 대한 부름을 통해 이루어지는 점술은 부당한가 / 89
제5절 별들을 통해 이루어지는 점술은 부당한가 / 95
제6절 꿈을 통해 하는 점술은 부당한가 / 105
제7절 조점을 비롯해 그와 같이 사물의 외면에 대한 관찰을 통해서 하는 모든 점술은 부당한가 / 111
제8절 제비뽑기 점술은 부당한가 / 119

제96문 규범들의 미신에 대하여 / 131
제1절 어떤 것을 알아내는 기교의 규범을 사용하는 것은 부당한가 / 131
제2절 육체를 바꾸도록, 예컨대 치유나 그와 비슷한 어떤 것을 위해 질서 지어진 규범은 합당한가 / 139
제3절 행운이나 불행을 예지하기 위해 질서 지어진 준수들은 부당한가 / 147
제4절 신적인 말씀을 목에 걸어두는 것은 부당한가 / 153

제97문 하느님을 시험하는 것에 대하여 / 161
제1절 하느님에 대한 시험은 무엇으로 구성되는가 / 163
제2절 하느님을 시험하는 것은 죄인가 / 171
제3절 하느님을 시험하는 것은 종교의 덕에 반대되는가 / 179
제4절 하느님을 시험하는 것은 미신보다 더 위중한 죄인가 / 185

제98문 위증에 대하여 / 191
제1절 맹세는 위증과 더불어 추인하는 것의 거짓을 요청하는가 / 191
제2절 모든 위증은 죄인가 / 197

제3절 모든 위증은 사죄인가 / 203
제4절 위증하는 사람에게 맹세를 요구하는 자는 죄를 범하는가 / 209

제99문 신성모독에 대하여 / 217
제1절 신성모독은 거룩한 것에 대한 침해인가 / 217
제2절 신성모독은 특수한 죄인가 / 223
제3절 신성모독의 종은 거룩한 사물에 따라 구별되는가 / 227
제4절 신성모독에 대한 벌은 금전적이어야 하는가 / 233

제100문 성직매매에 대하여 / 239
제1절 성직매매란 무엇인가 / 239
제2절 성사를 위해 돈을 주는 것은 언제나 부당한가 / 251
제3절 영적인 행위를 위해 돈을 주거나 받는 것은 합당한가 / 261
제4절 영적인 것과 연결된 것을 위해 돈을 받는 것이 합당한가 / 271
제5절 순종이나 말에서 유래하는 것에 대한 보답으로 영적인 것을 주는 것이 합당한가 / 279
제6절 성직매매자가 성직매매를 통해 획득한 것을 박탈당함으로써 처벌되는 것이 적절한가 / 287

주제 색인 / 300
인명 색인 / 314
고전작품 색인 / 316
성 토마스 작품 색인 / 319
성경 색인 / 320

FROM THE VATICAN

April 26, 1994

Dear Father Tjeng,*

His Holiness Pope John Paul II was indeed pleased to learn that a Korean translation of the *Summa Theologiae* of Saint Thomas of Aquinas is being published. He warmly encourages you and your collaborators in this enterprise, which will lead not only to a better knowledge of the teachings and method of the one whom Pope Leo XIII called "inter Scholasticos Doctores, omnium princeps et magister"(Leo XIII, *Aeterni Patris*, No. 22), but also to a most fruitful encounter between Christian philosophy and theology and the intellectual traditions of Korea.

Only recently, His Holiness referred to the unique place of Saint Thomas in the history of thought by stating that "the philosophical and theological synthesis which he elaborated is a solid, lasting possession for the Church and humanity"(*Great Prayer*, 16 March 1994, No. 6). That synthesis flows from the principle that there is a profound and inescapable harmony between the truths of reason and

---

* The Reverend Paul Tjeng Eui-Chai

성 요한 바오로 2세 교황의 격려와 축복의 말씀

친애하는 정의채 바오로 신부님,

교황 요한 바오로 2세 성하께서는 성 토마스 아퀴나스의 『신학대전』이 한국어로 번역·출판되고 있다는 소식을 들으시고 매우 기뻐하십니다. 이 작업에 참여하는 이들을 따뜻한 마음으로 격려하십니다. 이 작업은 교황 레오 13세 성하께서 "스콜라 학자들의 수장(首長)이며 스승"(레오 13세, 『영원하신 아버지』 22항)이라고 부르신 성 토마스의 가르침과 방법에 대해 보다 깊은 이해를 하게 할 뿐만 아니라 그리스도교의 철학과 신학이 한국의 전통 사상과 만나 매우 풍요로운 결실을 맺게 할 것입니다.

교황 성하께서는 최근에도 "성 토마스가 집대성한 철학적·신학적 종합은 교회와 온 인류의 건실하고 항구한 자산입니다."(『위대한 기도』 1994년 3월 16일, 6항)라고 하시어, 사상사에 있어 성 토마스가 차지하는 독보적인 위치를 확인하셨습니다. 성 토마스가 이룩한 종합은 이성의 진리와 신앙의 진리 사이에는 근본적이고 불가피한 조화가 존재한다는 원리로부터 비롯됩니다.(제8차 국제 토마스 회의에서의 말씀 : 1980년 9월 13일, 2항 참조)

those of faith.(cf. *Address to Eighth International Thomistic Congress* : 13 September 1980, No. 2)

The heart of Saint Thomas' reflection is man's relationship to God, his Creator and Lord. He sees man as proceeding from creative divine wisdom and returning to the Father on the basis of an elevation of the human intellect and will, through the grace of Christ's redemptive love. Indeed, he defines man as "the horizon of creation in which heaven and earth join, like a link between time and eternity, like a synthesis of creation."(Ibid., No. 5)

For Saint Thomas, true philosophy should faithfully mirror the order of things themselves, otherwise it ends by being reduced to an arbitrary subjective opinion. "This realistic and historical method, fundamentally optimistic and open, makes St. Thomas not only the 'Doctor Communis Ecclesiae', as Paul VI calls him in his beautiful Letter *Lumen Ecclesiae*, but the 'Doctor Humanitatis', because he is always ready and disposed to receive the human values of all cultures."(Ibid., No. 4) Is this approach itself not a solid point of contact with the great philosophical systems of the East and a sure promise of a very fruitful dialogue between the intellectual traditions of East and West? Such a dialogue in turn is the obligatory path of the progress of human culture, as well as a requisite for a deeper inculturation of Christianity among the peoples of the vast continent of Asia.

His Holiness values the present translation as an important

성 토마스 사상의 핵심은 인간이 자신의 창조자이며 주님이신 하느님과 맺고 있는 관계입니다. 성 토마스는 인간을 하느님의 창조적 지혜에서 출발하여, 인간 자신의 지성과 의지를 고양(高揚)시키는 그리스도의 구원적 사랑의 은총에 힘입어 아버지께로 다시 돌아가는 존재로 봅니다. 바로 그렇기 때문에 성 토마스는 "인간을 하늘과 땅이 만나는 창조의 지평, 시간과 영원의 연결고리, 또는 창조의 종합"으로 정의합니다.(같은 곳, 5항)

사실 성 토마스가 보기에 참다운 철학이란 실재 자체의 질서를 성실하게 반영하여야 합니다. 만일 그렇지 못하다면 철학이란 한낱 인위적인 주관적 견해로 전락하고 말 것입니다. "근본적으로 낙관적이고 개방적이며, 실재주의적이고 역사적인 이 방법은, 바오로 6세 성하께서 『교회의 빛』이라는 아름다운 서한에서 그를 지칭한 것처럼, 성 토마스를 '교회의 보편적 스승'일 뿐만 아니라 '인류의 스승'이 되게 해 줍니다. 그것은 성 토마스가 언제나 모든 문화 속에 포함되어 있는 인간적 가치들을 받아들일 준비가 되어 있기 때문입니다."(같은 곳, 4항) 이러한 그의 입장이야말로 동양의 위대한 철학 체계들과의 만남을 가능케 하는 건실한 기반이자, 동(東)과 서(西)의 지성적 전통 사이의 창조적 교류를 약속하는 것이 아니고 무엇이겠습니까? 그리고 이와 같은 교류는 인류 문화가 발전해 가야 할 도정(道程)임과 동시에 아시아라는 방대한 대륙에 사는 민족들에게 그리스도교가 더 깊이 토착화되기 위한 필수조건인 것입니다.

교황 성하께서는 현재 진행되고 있는 번역 작업을 그런 숭고한 목적

contribution to these lofty goals. He invokes an abundance of divine blessings upon the authors, publishers and readers of this masterpiece of Christian philosophy and theology.

With good wishes, I am

Sincerely yours in Christ,

Card. Angelo Sodano

Cardinal Angelo Sodano
Secretary of State

을 달성하는 데 기여하는 중요한 작업으로 평가하고 계십니다. 교황 성하께서는 그리스도교 철학과 신학에 관한 이 위대한 걸작을 번역하는 이와 출판하는 이와 읽는 이 모두에게 주님의 풍성한 축복이 내리기를 기도드리십니다.

1994년 4월 26일

그리스도 안에서 만사형통하시기를 빌며,
바티칸국 국무성 장관
추기경 안젤로 소다노

교황 레오 13세의 회칙 발췌문
『영원하신 아버지』(Aeterni Patris, 1879)

[1879년 8월 4일에 반포된 이 회칙의 원제목은 『가톨릭 학교들에서 성 토마스 데 아퀴노의 정신에 따라 교육되어야 하는 그리스도교 철학에 관하여』 (*De philosophia christiana ad mentem sancti Thomae Aquinatis Doctoris Angelici in scholis catholicis instauranda*)이다.]

30. 그러므로 더할 나위 없이 타당한 이유를 가지고 상당수의 철학자들이 철학을 쇄신하기 위해서는 토마스 데 아퀴노의 놀라운 가르침을 그 순수한 광채 속에서 회복시켜야 한다고 믿고 헌신적으로 투신하였습니다.

그리고 저에게, 이 '천사적 박사'라는 수원(水源)으로부터 영구히 풍부하게 흘러넘치는 가장 순수한 지혜의 강물을 온 세계 젊은이들에게 넉넉하게 마시게 하는 일보다 더 소중하고 바람직한 일은 없다는 점을 모든 이에게 확실하게 일러두는 바입니다.

32. 그리고 신앙에서 멀어져서 가톨릭교회의 가르침을 미워하는 사람들 가운데 상당수는 오직 이성만을 유일한 스승이며 안내자로 삼는다고 선언하고 있습니다. 가톨릭 신앙으로써 그들을 치유하고 은총으로 돌아오게 하려면, 하느님의 초자연적 도우심 다음으로는 교부들과 스콜라 학자들의 건전한 가르침보다 더 적절한 것은 없습니다. 이들은

신앙의 튼튼한 토대, 그 신적인 기원, 그 확실한 진리, 그 증명 논거, 인류에게 가능해진 은혜, 그리고 이성과의 완전한 조화 등을 증명하였고, 또 너무도 명료하고 강력했기 때문에, 주저하는 자들과 허풍떠는 자들까지도 회심시키기에 충분했습니다.

    타락한 이론들의 해악 때문에 우리가 모두 목격하고 있듯이 매우 심각한 위험에 노출되어 있는 가정과 시민사회조차도, 만일 대학과 학교들에서 교회의 가르침에 가장 일치되는 건전한 교육이 시행되기만 했더라면 분명 훨씬 더 평온하고 확실한 기반 위에 서 있을 수 있었을 것입니다. 우리는 바로 이런 가장 건전한 가르침을 토마스 데 아퀴노의 작품들 속에서 발견합니다. 왜냐하면 오늘날 방종으로 변형되고 있는 자유의 진정한 본성, 법칙과 그 힘, 자명한 원리들의 영역, 더 높은 권위에 대한 마땅한 복종, 인간 상호간의 사랑 등에 대한 토마스의 가르침들은 사회질서의 평온과 대중의 안녕에 위험하기 짝이 없는 새로운 법의 원리들을 전복시킬 수 있는 대단히 강력하고 꺾일 수 없는 힘을 지니고 있기 때문입니다.

    36. 특별히 신중한 분별력을 가지고 그대들[전 세계 주교들]이 뽑은 스승들[신학교와 가톨릭 대학교 교수들]은 자기 제자들의 정신이 성 토마스 데 아퀴노의 가르침으로 관통될 수 있도록 깊은 노력을 기울여야 하며, 그의 가르침이 다른 모든 이론에 견주어 얼마나 튼튼하고 월등한지를 분명히 해야 합니다. 그대들이 설립한 (또는 설립할) 학부들은 그의 가르침을 해설하고 옹호하며 흔한 오류들을 논박하는 데 활용할 수 있어야 합니다.

    그리고 그대들은 정통 가르침 대신에 이런저런 허풍떠는 이론들에

말려들거나, 진정한 가르침 대신에 타락한 이론들에 현혹되지 않도록 성 토마스의 지혜가 그 원천으로부터, 또는 적어도 뛰어난 지성들의 확실하고 한결같은 판단에 따르면 그 원천에서 흘러나와 아직도 맑고 투명하게 흐르는 저 강물들로부터 탐구될 수 있도록 조처해야 합니다. 그리고 같은 원천에서 나왔다고들 말하기는 하지만 실제로는 이질적이고 해로운 저 시냇물에서 젊은이들의 정신을 멀리 떼어놓도록 최선의 노력을 기울여야 합니다.

성 요한 바오로 2세 교황의 회칙 발췌문
『신앙과 이성』(Fides et Ratio, 1998)

43. 이 오랜 발전 과정에서 성 토마스 데 아퀴노(St. Thomas de Aquino)는 특별한 자리를 차지하고 있습니다. 그것은 그가 가르친 내용 때문만이 아니라 당대의 아랍 사상과 유다교 사상과 나눈 대화 때문입니다. 그리스도교 사상가들이 고대 철학, 특히 아리스토텔레스의 보화들을 재발견하고 있던 시대에, 성 토마스는 신앙과 이성 사이의 조화에 영예로운 자리를 배정한 위대한 공로를 가지고 있습니다. 이성의 빛과 신앙의 빛은 둘 다 하느님에게서 오는 것이고, 따라서 양자 사이에는 어떠한 모순도 있을 수 없다고 그는 논증하고 있습니다.

더욱 근본적으로, 토마스는 철학의 일차적 관심사인 자연(natura)이 하느님의 계시를 이해하는 데 적극적으로 기여할 수 있다는 것을 인정합니다. 따라서 신앙은 이성을 두려워할 필요가 없고, 오히려 이성을 추구하고 그것에 대해서 신뢰를 가지고 있습니다. 은총이 자연에 의존하고 자연을 완성시키듯이, 신앙은 이성에 의존하고 이성을 완성합니다. 신앙을 통해서 조명받을 때, 이성은 죄의 불복종 때문에 오는 연약성과 한계로부터 해방되어, 삼위일체 하느님에 대한 지식으로 고양되는 데 요구되는 힘을 얻게 됩니다. 비록 신앙의 초자연적인 성격을 강조하기는 했지만, 이 '천사적 박사'(Doctor Angelicus)는 신앙이 지니고 있는 합리적 성격의 중요성을 간과하지 않았습니다. 참으로 그는 이 이해 가능성의 깊이를 천착해 들어가 그 의미를 밝혀낼 수 있었습니다. 신앙은 어떤 의미에서 일종의 '사고 훈련'(exercitium cogitationis)입니다. 그리고 인간 이성은, 어쨌든 자유롭게 심사숙고해서 내리는 선택으로 얻어지는 신앙의 내용들에 동의한다고 해서, 무효화되는 것도 아니고 그 품위가 손상되는 것도 아닙니다.

바로 그렇기 때문에 교회는 한결같이 성 토마스를 사고의 스승이며 올바른 신학자의 전형으로 추천해온 것입니다. 이 점에 관해서 저는 선임자인 하느님의 종 교황 바오로 6세께서 천사적 박사의 서거 700주년[1974년]의 기회에 하신 말씀을 상기하고 싶습니다. "의심할 바 없이, 토마스는 진리에의 용기, 새로운 문제들을 직면할 때의 정신의 자유, 그리고 그리스도교가 세속 철학이나 편견으로 감염되는 것을 허용하지 않는 사람들의 지적 정직성 등을 최고도로 소유하고 있었습니다. 따라서 그는 그리스도교 사상사 속에서 언제나 새로운 철학과 보편적 문화에 이르는 길의 선구자로 남아 있습니다. 그가 찬란한 예언자적 통찰력으로 신앙과 이성 사이의 새로운 만남에서 제시한 요점과 해결의 씨앗은 세계의 세속성(saecularitas)과 복음의 근본성 사이의 화해였고, 따라서 세상과 그 가치들을 부정하려는 자연스럽지 못한 경향을 피하면서도 동시에 초자연적 질서의 숭고하고 준엄한 요구들로써 신앙을 지킬 수 있었습니다."

44. 성 토마스의 또 하나의 위대한 통찰은, 지식이 지혜로 성장해 가게 되는 과정에서 성령의 역할을 깊이 깨닫고 있었다는 사실입니다. 그의 『신학대전』(Summa Theologiae)의 앞머리에서 아퀴나스는, 성령의 선물로서 천상의 것들에 대한 지식으로의 통로를 열어주는 지혜의 우위성을 날카롭게 보여주고 있습니다. 그의 신학은 우리가 신적인 것들

에 대한 신앙과 지식에 밀접하게 연관되어 있는 지혜의 특성을 이해할 수 있게 해줍니다. 이 지혜는 천성적으로(per connaturalitatem) 알려지게 됩니다. 그것은 신앙을 전제로 하고 있고, 결국 신앙 자체의 진리에 입각한 올바른 판단을 형성해 줍니다. "성령의 선물들 가운데 하나인 지혜는 지성적 덕 가운데서 발견되는 지혜와는 구별됩니다. 이 두 번째 지혜는 연구를 통해서 얻어지지만, 첫 번째 지혜는 야고보 사도가 말하고 있는 것처럼 '높은 데서 옵니다.' 이것은 또한 신앙과도 구별되는데, 그것은 신앙이 신적인 진리를 있는 그대로 받아들이기 때문입니다. 그러나 지혜의 선물은 신적인 진리에 따라서 판단할 수 있게 해줍니다."

그렇지만 이 지혜에 어울리는 우위성은 천사적 박사가 철학적 지혜와 신학적 지혜라는 지혜의 다른 두 개의 보충적 형태들이 있다는 것을 간과하게 만들지 않습니다. '철학적 지혜'는 자연적인 제약을 가지고 있는 지성의 실재 탐구 역량에 기초를 두고 있고, 신학적 지혜는 계시에 기초를 두고 신앙의 내용들을 탐구하여 하느님의 신비에 접근해 갑니다.

"진리는 누가 발설하든지 간에 모두 성령으로부터 오는 것"(omne verum a quocumque dicatur a Spiritu Sancto est)임을 깊이 확신하고 있던 성 토마스는 그의 진리 사랑에 공평무사했습니다. 그는 어디에서든지 진리를 추구하였고, 진리의 보편성을 입증하는 데 전력을 다했습니다. 교회의 교도권은 그에게서 진리를 향한 열정을 인정하였습니다. 그리고 정확히 그것이 일관되게 보편적이고 객관적이며 초월적인 진리의 지평 속에 머무르기 때문에, 그의 사상은 '인간 지성이 결코 생각해 낼 수 없었을 높은 경지'에 도달했습니다. 그는 정당하게도 '진리의 사도'(apostolus veritatis)라고 불릴 수 있을 것입니다. 확고하게 진리만을 추구하는 토마스의 실재주의(realismus)는 진리의 객관성을 인정하고 '현상'의 철학뿐만 아니라 '존재'의 철학(philosophia essendi)까지도 제시할 수 있습니다.

57. 그러나 교도권은 철학 이론들의 오류들과 일탈들을 지적하기만 하는 것은 아닙니다. 이에 못지않은 관심을 가지고 교회 교도권은 철학적 탐구의 진정한 쇄신의 기본 원리들을 강조하고 특정 방향을 지시하기도 합니다. 이 점에서 교황 레오 13세께서는 회칙 『영원하신 아버지』(Aeterni Patris)에서 교회 생활을 위해 역사적으로 매우 중요한 일보를 내디디셨습니다. 왜냐하면 그 회칙은 오늘날까지도 온전히 철학만을 위해 작성된 유일한 권위 있는 교황 문헌으로 남아 있기 때문입니다. 이 위대한 교황께서는 신앙과 이성 사이의 관계에 관한 제1차 바티칸공의회의 가르침을 발전시키는 가운데, 철학적 사고가 신앙과 신학에 얼마나 깊이 공헌하는지를 보여주셨습니다. 한 세기 이상이 지났지만 그 회칙이 담고 있는 실천적이고 교육적인 통찰들은 그 중요성을 조금도 잃어버리지 않았습니다. 특히 성 토마스의 철학이 지니고 있는 그 어느 것에도 비할 수 없는 가치에 관한 강조는 더욱 그렇습니다. '천사적 박사'의 사상에 대한 쇄신된 강조야말로 교황 레오 13세께는 신앙의 요구들에 부합되는 철학의 활용을 활성화시키는 최선의 길로 비쳐졌습니다. "성 토마스는 이성과 신앙을 날카롭게 구분하였습니다. 그러나 이 양자를 조화시켜 각각 자신의 권리와 품위를 고스란히 간직하게 할 수 있었습니다."

78. 이 성찰들의 빛 속에서, 교도권이 왜 반복적으로 성 토마스 사상의 공로들을 격찬하고 그를 신학 연구의 인도자이며 전형(典型)으로 삼았는지가 명백히 드러납니다. 이것은 순수하게 철학적인 문제들에 대해서 어떤 입장을 취하기 위해서도 아니고, 또 특정 이론들에 대한 호감을 표시하기 위한 것도 아니었습니다. 교도권의 의도는 언제나, 성 토마스가 어떤 의미에서 진리를 추구하는 모든 사람을 위한 진정한 전형인지를 보여주자는 것이었습니다. 실상 그의 성찰 속에서 이성의 요구들과 신앙의 힘이, 일찍이 인간 사고가 이룩한 가장 고상한 종합을 발견합니다. 왜냐하면 그는 이성에게 고유한 모험을 평가 절하함이 없이, 계시를 통해서 도입된 근본적인 새로움을 옹호할 수 있었기 때문입니다.

『신학대전』 완간을 꿈꾸며

　그리스도교 2000년 역사에서는 물론 인류 문화사에서도 경이로운 불후의 걸작으로 인정받고 있는 방대한 『신학대전』을 대역판으로 간행하는 이 대사업은 정의채(鄭義采) 몬시뇰(1925-2023)의 혜안과 용단에서 비롯되었다. 몬시뇰께서는 그리스도교 전래 200주년(1784-1984년)을 기념한 다음해인 1985년에 첫 권을 발간한 이래 꾸준히, 어려운 여건 가운데서도 고군분투하며 전체 3부 60권(보충부까지 포함하면 72권) 가운데 10권을 직접 번역하였고, 2006년 즈음부터는 소장 학자들에게도 번역 지침을 주어 과제를 분담하고 또 탈고 단계에서는 직접 감수를 통해 지도 편달함으로써 5권을 더 출간하였다. 여기에는 강윤희 신부, 김율 교수, 김정국 신부, 김춘오 신부, 윤종국 신부, 이상섭 교수, 이진남 교수, 채이병 박사 등이 참여했고, 막바지에는 이재룡 신부도 가담했다. 그렇게 해서 제1부를 모두 마치고, 인간의 윤리 문제(제2부 전체)의 궁극 목표인 '행복'에 관해 논하는 첫 다섯 문제(제16권)까지 출간해냈다.

　이제까지 도서 출판을 통한 복음 전파를 카리스마로 삼고 있는 '바오로딸수도회'가 어려운 출판 여건 속에서도 큰 희생을 기꺼이 감내하며 몬시뇰의 피땀 어린 노력을 묵묵히 뒷받침해 왔다. 몬시뇰과 수도회에 깊은 존경과 감사의 뜻을 전하고 싶다.

　그런 가운데 서울대교구 교구장이신 염수정(廉洙政) 추기경은 2016년 8월, 15년 뒤에 맞게 될 천주교 조선교구 설정 200주년(1831-2031

년)까지는 『신학대전』을 완간해야겠다는 큰 계획을 세우고 이미 번역진에 합류하고 있던 이재룡 신부를 그 전담 책임자로 임명하였다. 계획대로 추진된다면, 그리스도교가 이 땅에 들어온 지 근 반세기 만에 교구가 설정됨으로써 제대로 체제를 갖춘 당당한 지역 교회가 되었듯이, 『신학대전』도 근 반세기 만에 완간될 것이다.

　전담 책임을 맡은 이재룡 신부는 우선 '한국성토마스연구소'(St. Thomas Institute in Korea)를 설립하고, 바오로딸출판사와 긴밀히 상의하며 이제까지 몬시뇰께서 추진해온 출간사업을 계승하여, 완간된 부분과 진행 중인 작업들을 총점검하고 향후 사업 일정을 확정하여 2017년 12월 《천주교조선교구설정 200주년기념 신학대전간행사업(2019-2031)》이라는 제목으로 교구장님께 보고드렸다. 간행위원단 구성은 손희송 주교, 정의채 몬시뇰, 이재룡 신부(위원장), 안소근 수녀, 윤주현 신부, 이상섭 교수, 정현석 박사로 단순화하였다. 2019년부터 13년간 매년 분책 4-5권씩을 번역해낸다는, 다소 무리한 계획이었지만, 최근 완간된 일어 역본(2007년)과 대만에서 발간된 한역본(2009년)도 자극제가 되어 200주년을 넘지 않도록 서두르기로 하였다.

　2019년 말, 감사하게도 총 12개년(2020-2031년)에 걸친 천주교조선교구설정 200주년기념 신학대전간행사업이 문화체육관광부의 '국고지원사업'으로 선정되었다. 사업의 중심 내용은 당연히 『신학대전』의 나머지 부분인 분책 50권('보충부' 포함)의 간행이지만, 여기에 보조장치 3권(『입문』, 『총색인』, 『요약』)과 선결 필수 사업으로 판단되는 3권의 사전(『성 토마스 개념사전』, 『교부학사전』, 『라틴어사전』) 간행을 추가하였다.

　이제부터 시작이지만, 여기까지 오는 데에도 우여곡절을 거쳐야 했는데, 매일 묵주기도 5단을 바치며 성모님과 토마스 아퀴나스 성인님께 도움을 청했고, 고비 때마다 기묘한 방식으로 도와주시는 주님 섭리의 손길을 느꼈다. 그리고 많은 분들의 도움을 받았다. 존경하는 교구장님과 정진석(鄭鎭奭) 추기경(1931-2021)님을 비롯한 교구 주교님들과 다른 주교님들, 동창 신부님들과 선후배 신부님들, 그리고 사업을 하시는 몇몇 지인들의 적극적인 격려와 지원 외에도, 일선 사목 현장에서 동고동락했던 잠실, 오류동, 혜화동 성당의 교우들과 교리신학원 제자들도 꾸준히 정기적으로 도움을 주고 있다. 그리고 세 차례에 걸친 국고지원 신청 과정에서 적극적인 행정적 지도와 격려를 아끼지 않은 문화체육관광부의 장우일 종무관과 실무진, 만만찮은 대응자금 문제 때문에 어려움을 겪고 있을 때 길을 열어주고 적극적인 지지를 보내 준 김영국 신부님과 이경상 신부님을 비롯한 학교법인 가톨릭학원 신부님들의 도움이 컸다. 마지막으로, 지난해에 무리한 계획과 국고지원 신청 과정 때문에 출판 일정이 겹치고 뒤엉켜 절망적인 국면에 처했을 때 흔쾌히 도움의 손길을 내밀고 끝까지 동행하기로 한 '기쁜소식'의 전갑수 사장님께 감사의 뜻을 전하고 싶다.

이렇게 많은 분들의 기대와 성원을 받으며 전능하신 하느님의 보호와 우리나라의 주보(主保)이신 성모 마리아의 도우심과 '인류의 스승'(Doctor Humanitatis)인 토마스 성인의 전구에 힘입어 벅찬 희망을 안고 대여정의 첫걸음을 내딛는다.

2020년 성모성월에
한국성토마스연구소에서
간행위원장 이재룡 신부

『신학대전』 간행계획

(2031년 완간)

[제1부]
01 (ST I, 1-12) 하느님의 존재, 정의채 옮김, 1985. 3판 2014.
02 (ST I, 13-19) 하느님의 생명, 정의채 옮김, 1993. 2판 2014.
03 (ST I, 20-30) 하느님의 작용과 위격, 정의채 옮김, 1994. 2판 2000.
04 (ST I, 31-38) 위격들의 구별, 정의채 옮김, 1997.
05 (ST I, 39-43) 위격들의 관계, 정의채 옮김, 1998.
06 (ST I, 44-49) 창조, 정의채 옮김, 1999.
07 (ST I, 50-57) 천사, 윤종국 옮김, 2010.
08 (ST I, 58-64) 천사의 활동, 강윤희 옮김, 2020.
09 (ST I, 65-74) 우주 창조, 김춘오 옮김, 2010.
10 (ST I, 75-78) 인간, 정의채 옮김, 2003.
11 (ST I, 79-83) 인간 영혼의 능력, 정의채 옮김, 2003.
12 (ST I, 84-89) 인간의 지성, 정의채 옮김, 2013.
13 (ST I, 90-102) 하느님의 모상으로 창조된 인간, 김율 옮김, 2008.
14 (ST I, 103-114) 하느님의 통치, 이상섭 옮김, 2009.
15 (ST I, 115-119) 우주의 질서, 김정국 옮김, 2010.

[제2부 제1편]
16 (ST I-II, 1-5) 행복, 정의채 옮김, 2000.
17 (ST I-II, 6-17) 인간적 행위, 이상섭 옮김, 2019.
18 (ST I-II, 18-21) 도덕성의 원리, 이재룡 옮김, 2019.
19 (ST I-II, 22-30) 정념, 김정국 옮김, 2020.
20 (ST I-II, 31-39) 쾌락, 이재룡 옮김, 2020.
21 (ST I-II, 40-48) 두려움과 분노, 채이병 옮김, 2020.
22 (ST I-II, 49-54) 습성, 이재룡 옮김, 2020.
23 (ST I-II, 55-67) 덕, 이재룡 옮김, 2020.
24 (ST I-II, 68-70) 성령의 선물, 채이병 옮김, 2020.
25 (ST I-II, 71-80) 죄, 안소근 옮김, 2020.
26 (ST I-II, 81-85) 원죄, 정현석 옮김, 2021.
27 (ST I-II, 86-89) 죄의 결과, 윤주현 옮김, 2021.
28 (ST I-II, 90-97) 법, 이진남 옮김, 2020.
29 (ST I-II, 98-105) 옛 법, 이경상 옮김, 2021.
30 (ST I-II, 106-114) 새 법과 은총, 이재룡 옮김, 2021.

[제2부 제2편]
31 (ST I-II, 1-7) 신앙, 박승찬 옮김, 2022.
32 (ST II-II, 8-16) 신앙(II), 박승찬 옮김, 2022.
33 (ST II-II, 17-22) 희망, 이재룡 옮김, 2022.
34 (ST II-II, 23-33) 참사랑, 안소근 옮김, 2022.
35 (ST II-II, 34-44) 참사랑(II), 안소근 옮김, 2022.
36 (ST II-II, 45-56) 지혜와 현명, 이상섭 옮김, 2023.
37 (ST II-II, 57-62) 정의, 이재룡 옮김, 2023.

38 (ST II-II, 63-79) 불의, 박동호 옮김, 2023.
39 (ST II-II, 80-91) 종교와 경신, 윤주현 옮김, 2023.
40 (ST II-II, 92-100) 종교와 경신(II), 윤주현 옮김, 2024.
41 (ST II-II, 101-122) 사회적 덕
42 (ST II-II, 123-140) 용기
43 (ST II-II, 141-154) 절제
44 (ST II-II, 155-170) 절제(II)
45 (ST II-II, 171-178) 예언과 은사
46 (ST II-II, 179-182) 활동과 관상
47 (ST II-II, 183-189) 사목과 수도생활

[제3부]
48 (ST III, 1-6) 육화하신 말씀
49 (ST III, 7-15) 그리스도의 은총
50 (ST III, 16-26) 하느님과 인간 사이의 중재자
51 (ST III, 27-30) 동정녀 마리아
52 (ST III, 31-37) 그리스도의 유년기
53 (ST III, 38-45) 그리스도의 생활
54 (ST III, 46-52) 그리스도의 수난
55 (ST III, 53-59) 예수 부활
56 (ST III, 60-65) 성사
57 (ST III, 66-72) 세례와 견진
58 (ST III, 73-78) 성체성사
59 (ST III, 79-83) 영성체
60 (ST III, 84-90) 고해성사(*절필)

[보충부]
61 (ST Sup, 1-11) 통회
62 (ST Sup, 12-20) 보속과 열쇠
63 (ST Sup, 21-28) 냉담과 대사
64 (ST Sup, 29-33) 병자성사
65 (ST Sup, 34-40) 성품성사
66 (ST Sup, 41-49) 혼인성사
67 (ST Sup, 50-62) 혼인장애
68 (ST Sup, 63-68) 재혼
69 (ST Sup, 69-74) 죽음과 심판
70 (ST Sup, 75-86) 육신의 부활
71 (ST Sup, 87-96) 최후심판과 성인들
72 (ST Sup, 97-99) 단죄받은 자들
73 (***)   [신학대전 요약]
74 (***)   [신학대전 입문]
75 (***)   [총색인]

일러두기

1. 『신학대전』의 대구조(macro-structura)

1.1. 성 토마스는 불후의 걸작인 이 방대한 작품을 신플라톤주의의 '발원-귀환'이라는 웅장한 구도를 활용하여 구성하고 있다. 그래서 제1부는 만물이 하느님으로부터 나오는 발원(發源, exitus) 과정이고, 제2부는 만물이 하느님께로 되돌아가는 귀환(歸還, reditus) 여정이며, 제3부는 그 귀환의 길 또는 수단이 되어주신 구세주의 위업(偉業)을 다루고 있다. 보충부는 일찍 찾아온 그의 죽음 때문에 미완으로 남게 된 (제3부의) 공백을 그의 제자, 혹은 제자 그룹이 그의 초창기 작품으로부터 관련 내용을 정리하여 옮겨다 채워 넣은 보완 부분이다.

1.2. 'I'(Prima Pars)은 제1부, 'I-II'(Prima Pars Secundae Partis)는 제2부 제1편, 'II-II'(Secunda Pars Secundae Partis)는 제2부 제2편, 'III'(Tertia Pars)은 제3부, 그리고 'Sup.'(Supplementum)은 보충부의 약식 기호들이다.

1.3. 지금 우리의 기획처럼, 방대한 『신학대전』의 내용을 나누어 출간하는 경우에, 분책(分冊)의 기초가 되는 단위로, 여러 개의 문(quaestio)들이 한데 모여 이루는 공동의 주제인 'tract.'(tractatus)를 '논고'(論考)라고 부른다.

1.4. 'q.'(quaestio)라고 표기되는 단위를 '문'(問)이라고 부른다.

1.5. '문'에서 제기된 문제를 해결하기 위해서는 필요한 만큼의 분절

작업(articulatio)이 요구되는데, 이렇게 세분된, 실질적인 논의의 기본 단위를 이루는 'a.'(articulus)를 '절(節)'이라고 부른다.

2. 절의 세부 구조(micro-structura)

각각의 절에서 본격적으로 논의되는 세부 내용은 규칙적인 형식으로 구성되어 있고, 크게 두 부분으로 대별된다. 먼저 권위 있는 가르침들이 찬 – 반(贊反)으로 제시되고, 다음에 저자 자신의 해결책이 제시된다.

2.1. 첫 번째 부분에서는 먼저, 중세 스콜라 학자들의 기본적인 학문 방법인 '권위'(auctoritas), 곧 성경과 교부들, 그리고 때로는 고대 철학자들을 비롯한 사상가들로부터 해당 주제에 대한 가르침들 가운데 (곧 제시될 필자의 입장에 반대되는) '부정적인' 가르침들이 엄선하여 제시된다. 곧 '반론들'(objectiones)로서, 보통 세 개 정도가 제시되는데, '반론 1'(obj.1), '반론 2'(obj.2)라 부른다.

2.2. 다음으로는 (역시 권위들 가운데에서) 그에 대해 반대되는, 곧 저자의 입장을 지지하는 긍정적인 가르침이 (보통은 하나) 제시된다. 곧 '재반론'(sed contra)이다.

2.3. 저자 자신의 독창적 해결책이 제시되는 두 번째 부분도 또다시 두 부분으로 구별되는데, 먼저 '답변'(Respondeo) 부분에서는 그 주제에 대한 저자 자신의 해결책이 제시되며, 가끔은 '본론'(corpus)이라고 불리기도 한다.

2.4. 그런 다음에 '해답'(solutio) 부분에서는 '답변'에서 확인한 결론들을, 앞머리에 제시되었던 반론들 하나하나에 대해 적용한다. 원문

에서 라틴어로 'ad1', 'ad2' 등으로 표시되는 것을 우리는 '제1답', '제2답' 등으로 부른다.

3. 본문과 각주에서의 유의 사항

3.1. 번역 대본은 비판본인 레오판(ed. Leonina)을 주로 따르고 있는 마리에티판이다: S. Thomas Aquinatis, *Summa Theologiae*, cum textu ex recensione Leonina, Taurini-Romae, Marietti, 1952.

3.2. (괄호) 속의 내용은 라틴 원문에 있지만, 길고 복잡한 문장 구조가 조금이나마 시각적으로 간명해지도록 역자가 임의로 괄호로 묶은 것이다.

3.3. [꺾쇠괄호] 안의 단어나 구절은 해당 라틴어 원문에는 없으나, 문맥상 요구된다고 판단되는 내용을 삽입한 것이다.

3.4. 성경은 기본적으로 한국천주교주교회의에서 발행한 『성경』을 따르지만, 내용에서 차이가 있는 경우에는 역자가 라틴 원문에 충실하게 번역하고, 각주에 『성경』 구절을 제시하였다.

3.5. 다양한 종류의 각주에 대해 아라비아 숫자로 일련번호를 매겼다. 단, 마리에티판의 권말에 추가주(adnotationes)로 실려 있는 내용을 번역한 경우에는 일련번호에 이어 '(*추가주)'라는 별도의 표시를 했다.

4. 약어표에 관하여

4.1. 일반적인 약어들을 '일반 약어표'로 제시하였다.

4.2. 성 토마스의 작품들에 대해서는 약어표를 따로 제시하였다.

4.3. 성경 약어에 대해서는 가톨릭교회에서 통용되는 일반 관례를 따른다.

4.4. 성 아우구스티누스를 비롯한 교부들의 작품들에 대해서는 한국교부학연구회가 펴낸 『교부 문헌 용례집』(수원가톨릭대학교출판부, 2014)을 따른다.

4.5. 아리스토텔레스를 비롯한 고대 사상가들의 작품들에 대한 약어는 한국서양고전철학회 등에서의 일반적인 관례를 준용한다.

일반 약어표

a.	절(articulus). 예) '제1절', '제7절' 등.
aa	여러 절들(articuli). 예) aa.1-3은 '제1절에서 제3절까지'를 가리킴.
ad1, ad3	제1답, 제3답: 절(articulus)을 시작하면서 제기되었던 반론들(objectiones)에 대해, 일일이 '해답'(solutio) 부분에서 해결책으로 제시하는 답변들.
c.	장(capitulum).
c.	본론(corpus) 곧 '답변'(Respondeo)을 가리킴.
Can.	카논(Canon: 공의회의 장엄 결정문).
Cf.	참조(conferire).
d.	구분(divisio). 특히 『명제집』과 『명제집 주해』에서 기본 틀로 제시될 때, '제1구분', '제2구분'으로 표기. 예) 『명제집 주해』 제1권 제2구분 제1문 제3절. (많이들 'divisio'와 혼용하고 있는 'distinctio'는 '구별'.)
DH	『덴칭거-휘너만』 혹은 『규정-선언 편람』(Denzinger-Hunermann이 1991년부터 편찬).
DS	『덴칭거-쇤메처』 혹은 『규정-선언 편람』(Denzinger-Schoenmetzer가 1963년부터 편찬).
Ibid.	같은 작품 또는 같은 곳(Ibidem).
ID.	같은 저자(Idem).
lect.	강(lectio). 예) '제1강', '제2강' 등(단, 서술문에서 지칭 시에는 '강독'.)
lib.	권(liber). 예) '제1권', '제2권' 등.
ll.	행(行, lineae).
loc. cit.	인용된 곳(loco citato).
n.	번(numerum) 또는 그대로 'n'. 예) '2번' 또는 'n.2'.
obj.	반론(objectio). 예) '반론1', '반론2' 등.

op. cit.	이미 인용된 작품(opere citato).
parall.	병행 문헌(paralleli).
PG	미뉴, 『그리스 교부 전집』(*Migne, Patrologia Graeca*).
PL	미뉴, 『라틴 교부 전집』(*Migne, Patrologia Latina*).
Proem.	머리말(Proemium).
Prol.	머리글(Prologus).
q.	문(quaestio). 예) '제1문', '제89문' 등(단, 간혹 서술 문장 중 특정 '문'을 가리킬 때에는 '문제'라고 지칭할 수도 있다.) 예문) "창조에 관해 논하는 이 '문제'는…."
qc.	소문제(quaestiuncula) (주로 『명제집 주해』에 나타남.)
qq.	여러 문들(quaestiones) 예) qq.57-59는 '제57문에서 제59문까지'를 가리킴.
Resp.	답변(Respondeo)[=본론].
s.c./sc	재반론(Sed contra) 또는 '그러나 반대로'. (보통은 재반론이 하나이지만, 드물게 번호와 함께 두세 개가 제시되기도 한다. 이때에는 '재반론1', '재반론3' 등으로 표기한다.)
sol.	해답(solutio)(단, 기본 틀 가운데에서 반론1에 대한 해답[ad1], 반론2에 대한 해답[ad2] 등은 '제1답', '제2답' 등이라고 지칭.)
tract.	논고(tractatus: 여러 문들이 함께 모여 이루는 논의 주제).

성 토마스 작품 약어표

In Sent., **I, d.3, q.1, a.3, qc.1, ad1**	『명제집 주해』 제1권 제3구분 제1문 제3절 제1소문제 제1답
ScG, **I, II**	『대이교도대전』 제1권, 제2권
ST(* 생략)	『신학대전』
I, q.1, a.1, ad2	『신학대전』 제1부 제1문 제1절 제2답
I-II	『신학대전』 제2부 제1편
II-II	『신학대전』 제2부 제2편
III	『신학대전』 제3부
Sup.	『신학대전』 보충부
Catena Aurea	『황금 사슬』 또는 『4복음서 연속주해』
Compendium Theol.	『신학 요강』
Contra doct. retrah.	『소년의 수도회 입회를 비난하는 전염병과도 같은 가르침 논박』
Contra err. Graec.	『그리스인들의 오류 논박』
Contra impugn.	『전례와 수도회를 거스르는 자들 논박』
De aetern. mundi	『세상 영원성』
De anima	『영혼에 관한 토론문제』 또는 『영혼론』
De articulis fidei	『신앙 요목』
De beatitudine	『참행복』 또는 『진복』
De caritate	『참사랑』 또는 『참사랑에 관한 토론문제』
De correct. Frat.	『형제적 충언』 또는 『형제적 충언에 관한 토론문제』
De demonstratione	『증명론』
De diff. verbi Domini	『하느님의 말씀과 인간의 말의 차이』
De dilex. Dei et prox.	『하느님 사랑과 이웃 사랑』

De dimens. indeterm.	『무한의 크기』
De divinis moribus	『하느님의 습성』
De duo. praecep. char.	『사랑의 이중계명』
De empt. et vend.	『신용거래』 또는 『매매론』
De ente et ess.	『존재자와 본질』 또는 『유(有)와 본질(本質)에 대하여』
De eruditione principis	『군주 교육』
De expos. missae	『미사 해설』
De fallaciis	『오류론』
De fato	『운명론』
De forma absol.	『사죄경 형식』
De humanitate Christi	『그리스도의 인성』
De instantibus	『순간론』
De intellectu et intell.	『지성과 가지상』
De inventione medii	『수단의 발명』
De iudiciis astr.	『점술가의 판단』
De magistro	『교사론』 또는 『교사에 관한 토론문제』
De malo	『악론』 또는 『악에 관한 토론문제』
De mixtione element.	『요소들의 혼합』
De motu cordis	『심장 운동』
De natura accidentis	『우유의 본성』
De natura generis	『유(類)의 본성』
De natura loci	『장소의 본성』
De natura luminis	『빛의 본성』
De natura materiae	『질료의 본성』
De natura syllog.	『삼단논법의 본성』
De natura verbi intell.	『지성의 말의 본성』
De occult. oper. naturae	『자연의 신비로운 작용』
De officio sacerdotis	『사제의 직무』

De perf. vitae spir.	『영성생활의 완성』
De potentia	『권능론』 또는 『권능에 관한 토론문제』
De potentiis animae	『영혼의 능력들』
De principiis naturae	『자연의 원리들』
De principio individ.	『개체화의 원리』
De propos. mod.	『양태명제론』
De purit. consc. et modo conf.	『양심의 순수함과 고백 양식』
De quat. oppositis	『네 대당(對當)』
De quo est et quod est	『'그것에 의해 있는 것(존재)'과 '있는 것(본질)'』
De rationibus fidei	『신앙의 근거들』
De regimine Iudae.	『유다인 통치』
De regimine princ.	『군주통치론』
De secreto	『비밀』
De sensu resp. singul. et intellectu resp. univ.	『감각과 개체, 지성과 보편자』
De sensu respectu singul.	『개별자 감각』
De sortibus	『제비뽑기』
De spe	『희망론』 또는 『희망에 관한 토론문제』
De spir. creat.	『영적 피조물』 또는 『영적 피조물에 관한 토론문제』
De sub. sep.	『분리된 실체』
De tempore	『시간론』
De unione Verbi Incarn.	『육화하신 말씀의 결합』 또는 『육화하신 말씀의 결합에 관한 토론문제』
De unit. vel plurit. formarum	『형상의 단일성 여부』
De unitate Intell.	『지성단일성』
De usuris in communi	『고리대금』
De veritate	『진리론』 또는 『진리에 관한 토론문제』
De virt. card.	『사추덕』 또는 『사추덕에 관한 토론문제』
De virtutibus	『덕론』 또는 『덕에 관한 토론문제』
Ep. ad comitissam	『플랑드르 백작부인 회신』

Ep. ad duciss. Brabant.	『브라방의 백작부인 서신』
Ep. exhort. de modo stud.	『학업 방식에 관한 권고 서한』
Hymn.: Adoro Te	『찬미가: 엎드려 흠숭하나이다』
In Anal. post., I, II	『분석론 후서 주해』 제1권, 제2권
In Cant. Canticor.	『아가 주해』
In De anima, I, II	『영혼론 주해』 제1권, 제2권
In De cael., I, II	『천지론 주해』 제1권, 제2권
In De causis	『원인론 주해』
In De div. nom.	『신명론 주해』
In De gen. et corrupt.	『생성소멸론 주해』
In De hebd.	『주간론 주해』
In De mem. et remin.	『기억과 회상 주해』
In De meteora	『기상학 주해』
In De sensu et sensato	『감각과 감각대상 주해』
In De Trin.	『삼위일체론 주해』
In decem praecept.	『십계명 해설』
In Decretal.	『교령 해설』
In Ep. ad Col.	『콜로새서 주해』
In Ep. ad Ephes.	『에페소서 주해』
In Ep. ad Hebr.	『히브리서 주해』
In Ep. ad Philem.	『필레몬서 주해』
In Ep. ad Philipp.	『필리피서 주해』
In Ep. ad Rom.	『로마서 주해』
In Ep. I ad Cor.	『코린토 1서 주해』
In Ep. II ad Cor.	『코린토 2서 주해』
In Ep. I ad Thess.	『테살로니카 1서 주해』
In Ep. Pauli	『바오로 서간 주해』
In Ethic., I, II	『니코마코스 윤리학 주해』 제1권, 제2권
In Hieremiam	『예레미야서 주해』

In Ioan.	『요한복음서 주해』
In Iob	『욥기 주해』
In Isaiam	『이사야서 주해』
In Matth.	『마태오복음서 주해』
In Metaph., I, II	『형이상학 주해』 제1권, 제2권
In orat. dominicam	『주님의 기도 해설』
In Periherm., I, II	『명제론 주해』 제1권, 제2권
In Phys., I, II	『자연학 주해』 제1권, 제2권
In Pol., I, II	『정치학 주해』 제1권, 제2권
In Psalm.	『시편 주해』
In salut. angelicam	『성모송 해설』
In Symbolorum	『사도신경 해설』
In Threnos	『애가 주해』
Officium de fest. Corp. Dom.	『성체축일 성무일도』
Orationes	『기도문』
Primus tract. de univers.	『보편자 제1론』
Principium	『취임 강연』
Quaestiones Disp.	『토론문제집』
Quodlibet., I, II	『자유토론문제집』 제1 자유토론, 제2 자유토론
Resp. ad 108	『108문항 회신』
Resp. ad 30	『30문항 회신』
Resp. ad 36	『36문항 회신』
Resp. ad 42(43)	『42(43)문항 회신』
Resp. ad 6	『6문항 회신』
Resp. ad Abba. Casin.	『몬테카시노 아빠스 회신』
Secundus tract. de univers.	『보편자 제2론』
Sermones	『설교집』
Summa totius logicae	『총논리학 대전』
Tabula Ethicorum	『윤리학 도표』

'종교와 경신(II)' 입문

I. 예배를 거스르는 죄들에 대하여

성 토마스는 본서가 제시하는 『신학대전』 제2부 제2편 제92문부터 제100문을 통해 잘못된 예배의 다양한 종류를 제시했다. 잘못된 예배의 죄는 근본적으로 하느님께 드려야 할 예배를 그르치기 때문에 예배의 본성에 정면으로 반대된다. 하느님께 합당한 영광을 드리기 위한 것이 아니라 인간에게 봉사하도록 하느님을 끌어들이려는, 헌신적인 신심의 정신이 결여된 외적 예배 행위, 또는 거짓 신들에게 예배를 드리는 우상숭배, 마귀와 마술적인 힘에 대해 종교적 신앙과 신뢰심 같은 것을 갖는 미신과 마술 행위 등이 이에 속한다.

1. 잘못된 예배

잘못된 예배는 하느님을 인간의 유익을 위한 종교 행위의 수단으로 이용하려는 것, 또는 하느님께 대한 인간의 내적 신심과 봉헌을 진실로 표현하지 않고 하느님께 합당하지 않은 외적 수단들을 사용하는 것, 또는 순전히 인간의 감정과 열망을 해소하기 위한 종교적 행위들로 인해 일어난다.

1.1. 준(準)마술적 신심 행위

이는 어떤 규정된 예식을 엄격하게 지킴으로써, 또는 요구된 횟수대로 그 예식을 반복해서 행함으로써 특별한 효과를 가져온다고 여기는 특정 예식이나 기도들을 말한다. 이런 기도나 예식은 예컨대, 사람이나 동물의 병을 고치기 위해서나 사업의 성공을 위해서, 또는 어떤 사람의 사랑을 얻기 위한 목적으로 행하게 된다. 그 효과를 하느님의 자유롭고 자비로운 선물로 여기지 않고, 그 예식이나 기도 자체의 신비로운 힘의 결과라고 생각한다. 이 힘이 사람이 바라는 성공을 보장한다는 것이다. 신앙 치유(faith-healing) 중에도 어떤 것은 이런 행위로 볼 수 있다. 여러 가지 질병을 틀림없이 막아주는 효과를 보장하기 위하여 종종 우습기 그지없는 특정 예식이나 기도를 정해진 횟수대로 반복하는 행동이 이런 부류에 속한다. 이런 준마술적 행위는 사도 바오로가 말한(1코린 12,28-30) 하느님이나 그리스도의 이름을 부름으로써 얻는 치유의 은사와는 구별된다. 이런 은사는 하느님께 대한 순수한 신뢰심에서 나오는 것이기 때문이다. 준마술적 행위나 방법들은 참된 예배에 어긋나는 것이므로 죄가 된다. 그것은 불합리하고 혼란된 행위들이며 큰 악표양의 원인이 된다.

2. 부당한 방법에 의한 그릇된 예배

하느님께 대한 순수한 신심 표현이 아닌 예배 방법과 행위들은 하느님께 부당하다. 이것은 특히 하느님께 인격적인 순종과 신심을 드리는 대신 외적인 제사와 전례 행위만을 행하는 경우에 해당한다. 이때 예배자는 하느님을 제사와 예배 행위들을 당신의 권리로 요구하는 하늘의 통치자로 생각한다. 즉 제사와 예배 행위를 하느님께 지불해야 할 세금 같은 것이라고 생각하는 것이다. 그래서 이 '세금'을 내기만 하면 사람은 그분이 원하시는 것을 다했다고 생각한다. 이것은 구약의 예언자들이 비판하던 예식주의에 속한다. 하느님은 무엇보다도 먼저 사람의 마음과 사랑과 순종을 원하신다. 이러한 내적 정신이 없는 제물과 예식은 헛된 것이다. 이와 비슷한 이유로, 사람 자체를 희생제물로 바치는 것은 하느님께 합당하지 않다. 희생제물은 인간의 인격적 신심의 표현이 되어야 하므로, 자기 자신의 어떤 것을 희생으로 드려야 한다. 인간의 생명은 인간의 것이 아니므로, 아무도 자기 신심의 표현으로 인간을 바쳐서는 안 된다.

예배 행위는 하느님께 영광을 드리는 것이며, 그분께 대한 공경을 표현하는 것이다. 인간적 고통을 해소하기 위해, 또는 쾌락, 오락, 명예, 취미 등 인간적 욕망을 충족시키기 위해 행하는 것일 때, 그런 행위와 예식은 부당한 것이 된다. 고대에 자주 있었던 성창(聖娼), 또는 어떤 지역에서는 오늘날까지도 행해지고 있는 카니발 축제 행진 등이 그런 그릇된 예배 형태의 예이다.

3. 하느님의 이름에 대한 독성

하느님의 거룩하신 이름은 여러 가지 방법과 정도에 따라 모독될 수 있다. 하느님의 이름을 속되게 하는 속화(俗化)와 그분을 직접 모독하는 독성(瀆聖)은 구별되어야 한다.

3.1. 속화

속화는 하느님의 거룩하신 이름을 생각 없이 또는 화를 내면서 불경스럽게 부르는 행위를 말한다. 하느님의 이름을 속된 사물처럼 다루는 가운데 속화시킬 수 있는 죄를 범하게 된다. 신학자들의 경우, 하느님에 대한 교리를 학문적으로 토론할 때, 하느님과 그분의 신비에 대하여 순전히 학문적 태도로만 말하는 것을 조심해야 한다. 교리교수나 신학 교육에 있어서 하느님의 이름을 그런 식으로 사용하는 것은 틀림없이 그분께 대한 존경과 사랑에 위배되는 행위다. 하느님의 이름을 조심 없이 천박하게 사용하는 것은 엄격한 의미에서 말하면 '모독적' 행위라고 할 수 있다. 또한 죄가 되는 분노나 죄가 되는 다른 격정의 표현으로 하느님의 이름을 속화시키는 것은 더 큰 잘못이다. 탓할 만한 흥분의 순간에 거룩한 이름을 생각 없이 내뱉는 것은 가벼운 죄에 불과하다. 그러나 죄가 되는 분노를 발할 때마다 습관적으로 거룩한 이름을 오용하는 것은 중대한 불경이다. 또한 남에게 모욕을 주거나 저주하는 뜻으로 거룩한 이름을 사용하는 것은 중죄가 된다.

3.2. 독성

독성은 말이나 몸짓으로 직접 하느님을 욕하거나 모독하는 것을 말한다. 이것은 언제나 중죄이다. 하느님을 욕하는 것은 직접적 독성이다. 하느님을 불의하고 무자비한 존재로 저주하는 것, 하늘을 향해 주먹질하는 것, 그분의 성화상이나 십자가에 침을 뱉거나 짓밟는 것도 역시 독성죄에 속한다. 하느님이나 그리스도를 현양하는 군중이나 행진을 조롱하거나 하느님을 모독하는 다른 비슷한 행위들도 마찬가지로 독성죄이다. 성인들이나 거룩한 사물을 욕하는 것은 간접적 독신이다. 그런 행위들은 신성한 것에 대한 실제적 모독, 즉 독성이 내포될 때만 중죄가 된다.

1) 인적 독성

축성된 사람에 대한 불경을 인적 독성(人的 瀆聖)이라고 한다. 그것은 특히 침을 뱉거나 때리거나 짓밟거나 투옥하거나 살해하는 등 그들에게 가하는 모든 물리적 폭력을 포함한다. 교황에게 물리적 폭력을 쓰는 사람은 성좌에 유보된 파문을 받게 된다. 주교에게 물리적 폭력을 쓰는 사람은 금지 제재를 받는다. 또한 신앙이나 교회의 권위를 경멸하는 뜻으로 성직자나 수도자에게 물리적 힘을 쓰는 자도 정당한 형벌로 처벌된다(교회법 1370조). 새 교회법전은 더 이상 성직자나 수도자를 위한 '법정의 특전'을 주장하거나 그들에 대한 사회 법정의 소환을 금지하지 않는다. 그러나 교회법에는 언급되어 있지 않지만, 사회 법정에서 성직자를 중상모략하려고 부당한 진술을 하는 것은 범죄이며 인적 독성이다. 축성된 사람은 자신의 종교적 소명에 중대하게 어긋나는 행위를 함으로써 자신의 신분을 거스르는 독성을 범할 수 있다. 교과서들은 공통적으로 이러한 독성을 정결을 거스르는 중죄에 국한시키고 있다. 완전히 세속적인 사업에 몰두하거나 습관적인 도박에 빠지거나 술집에 자주 드나들거나 하는 등으로 자기의 사제 직무를 크게 소홀히 함으로써 축성된 생활을 속화시키는 것은 어쩌다 한 번 정결을 거스르는 죄를 범하는 것보다 자기의 성소를 더 크게 거스르는 범죄이다.

2) 거룩한 장소에 대한 독성

하느님께 예배를 드리기 위해서만 특별히 지정해 놓은 장소는 거룩한 곳이다. 특히 성체를 모신 성당과 경당에는 하느님이 특별히 현존하시기 때문에, 특히 그 안에서는 경건한 태도를 취해야 한다. 이런 거룩한 장소를 중대하게 모독하는 것은 장소적 독성에 속한다. 다음과 같은 행위들은 그런 독성에 포함된다. ① 그 장소의 거룩한 성격을 중대하게 침해하는 행위와 목적으로 거룩한 장소를 속화시키는 것, 즉 속된 쇼, 속된 무도회, 매매 행위, 재판 행위, 공적 연회, 싸움 등. ② 중대한 죄와 추문이 되는 행위, 즉 교구장 주교의 판단으로 전례서의 규범에 따른 참회 예식으로 그 해악이 보상되기까지는 거기서 하느님의 예배를 거행할 수 없을 만큼 그 장소의 거룩함에 상충되는 중대한 행위가 저질러짐으로써 모독된다. 비상시에 거룩한 건물에 피난민을 수용하거나 그 건물을 군인들, 특히 환자나 부상병들을 위한 막사로 사용하는 것은 거룩한 장소에 대한 속화 행위가 아니다. 그런 경우가 아닌 때 성당에서 개인이 음식을 먹는 것은 보기 좋은 일은 아니지만, 독성은 아니다.

3) 거룩한 사물에 대한 독성

사물의 성격으로 보아서 예컨대 성사들, 특히 제대에 모신 성체와 같이, 또는 특별한 축성이나 축복에 의하여, 예컨대 성기(聖器)나 제의와 같이, 오직 하느님께 예배를 드리기 위한 목적으로 있는 사물들은 거룩한 사물들이다. 어떤 사물이 독점적이고 직접적으로 하느님께 예배만을 드리기 위한 것일수록 더욱 존경스럽게 다뤄야 한다. 성체는 그리스도의 특별한 현존을 나타내는 것이므로 가장 큰 존경을 받아야 한다. 하느님께 예배를 드리기 위해 축성 혹은 축복된 성기나 제의도 속된 목적으로 사용되어서는 안 된다. 거룩한 사물을 불경스럽게 사용하거나 다루는 것은 '물적 독성'이다. 성직매매, 즉 현세적이고 물질적인 이익을 위하여 거룩한 직무를 이용하는 것은 물적 독성 가운데 하나이다.

물적 독성

물적 독성은 다음과 같이 거룩한 사물을 오용함으로써 범할 수 있다.

- 성사들, 특히 성체성사를 부당하게 영하거나 거행하거나 불경스럽게 다루는 것: 성체나 성혈을, 예컨대 하느님을 증오함으로써, 그리스도교를 경멸함으로써, 또는 미신적 목적으로 사용함으로써 그러한 죄를 범하게 된다. 고의적으로 축성된 사물들을 모독하는 것은 가장 중대한 독성에 들어간다. 그런 죄를 범한 자는 성좌에 유보된 파문 제재를 받으며, 성직자이면 다른 처벌도 부가로 받을 수 있다(교회법 1367).

- 성기, 제의, 성유, 유해, 십자가, 성화상 등의 성물들을 불경스럽게 다루는 것: 십자가, 성화상, 유해 등을 불경스럽게 다루면 독성이 된다. 그러나 쓸모없게 된 성물들을 불태워버리는 것은 죄가 아니다. 반면, 성기나 제의를 속된 목적으로 사용하면, 예컨대 성작을 음주 파티에 사용하면 독성이 된다. 성당을 포함해서 성물이나 하느님 예배를 직접적으로 지향하는 성기의 절도나 몰수도 독성이다.

- 성경의 말씀을 거룩하지 못하고 죄가 되는 목적으로 사용하는 것: 예컨대 성경을 미신이나 마술에 사용한다면, 중죄가 되고 독성이 된다. 농담으로 성경의 말씀을 사용하는 것은 일반적으로 품위에 어울리지 않지만 독성이 되지는 않는다.

성직매매

물질적 재화는 거룩한 일에 도움이 되도록 사용되어야 하지만, 반대로 거룩한 것은 현세적·물질적 이익을 돕는 데에 사용되어서는 안 된다. 성직매매는 이러한 참된 질서를 전도시키기 때문에 범죄가 된다. 성직매매란 거룩한 사물을 거래하는 것을 총칭하는 말이다. 즉 영적 사물에 특별히 연관된 현세적 사물을 현세적 값으로 사거나 팔려는 고의적인 시도이다.

거래의 대상으로 삼지 말아야 할 영적 사물은 성사, 기도, 은사, 축복, 축성(준성사), 교회법의 집행, 수도회 입회에 대한 허락, 교회 직무의 서임 등이다. 영적 사물에는 특별히 연관된 현세적 사물은 교회 직무에 따르는 성직록(聖職祿), 축성된 성작 등이 있다. 교회 직무의 선거에서 현세적인 값을 받고 투표하는 자나, 그런 직무를 수락하지 않도록 경쟁자를 뇌물로 매수하는 자, 축복받은 것이라는 이유로 묵주나 다른 성물을 비싼 값에 파는 자는 성직매매의 죄를 범한다. 그러나 축성이나 축복과는 관계없이 받을 만한 값으로 성물을 팔거나, 성무 집행의 경비와 특별한 어려움에 대한 보상을 요구하는 것은 성직매매가 아니다.

성직매매는 일반적으로 중죄이다. 그러나 예컨대 현세적 이익을 아주 적게 추구했거나 큰 불의를 범하지 않았을 경우에는 소죄의 가능성이 배제되지 않는다. 교회법에 의하면 성직매매로 이루어진 교회 직무의 서임은 법 자체로 무효이다(교회법 149,3). 성직매매의 계약을 통하여 주거나 받은 모든 것과, 그렇게 취득한 직무에서 받은 모든 수입은 법정 판결 이전의 것이라도 모두 배상해야 한다. 성직매매 행위로 성사를 거행하거나 받는 자는 금지 제재나 정직 제재의 처벌을 받아야 한다(교회법 1380).

II. 거짓 신들에 대한 예배(우상숭배)

그릇된 예배의 가장 심각한 형태는 사람들이 만들어낸 거짓 신들, 순수 피조물, 악신, 마귀 등에 예배와 흠숭을 드리는 것이다. 이러한 가증스러운 행위에 대해서 하느님은 십계명 중에 제1계명으로 당신 외의 다른 신에 대한 예배를 명백히 금지하셨다. 선신과 악신들을 모두 공경하는 예배는 흔히 종교적 현상으로 나타나고 있다. 많은 신과 여신들을 숭상하게 된 원인은 일반적으로 참 하느님에 대한 의식적인 배신이 아니고 단순한 무지에 의한 것이다. 객관적으로 볼 때 다신교는 하나의 오류이며 모순이므로 배격되어야 하고 퇴치되어야 한다.

우상숭배는 세상에 대한 이원론적 개념에 근거한 것으로 보인다. 선하신 하느님 외에 그분께 반대되는 악령들도 있다. 그에 따르면, 악령의 노여움을 달래어 그의 호감을 얻기 위해서는 그에게 찬사를 드리고 제사를 바쳐야 한다. 이스라엘이 우상을 숭배하려 했던 경향도 일반적으로 이러한 사상에서 나온 것이다. 성경은 이러한 잡신 공경을 철저히 배격했다. 악한 세력과 마귀가 존재한다는 것은 인정하지만, 그것들은 완전히 하느님의 지배 아래 있기 때문이다. 그것들이 어떤 힘을 가지고 있다 하더라도, 결코 그것들에게 예배를 드려서는 안 되고 덕스러운 생활로 그것들을 물리쳐야 한다.

세상의 피조물도 우상숭배의 대상이 되어왔다. 특히 황제들은 흔히 신격화되었고, 그 외에 이름난 사람들도 그러했다. 짐승, 나무, 바위 같은 피조물들도 숭배의 대상이 되었다. 그러나 그것들은 인간에게 어울리지 않는 우상숭배의 일종이므로 사람은 그런 행동을 끊어버려야 한다. 그러나 보다 넓게 보아서, 성경이 말하는 진정한 우상숭배는 피조물이나 현세적 가치를 최고의 선으로 격상시키는 데 있다. 성경은 돈과 쾌락을 비롯해 그와 비슷한 현세적 사물을 최고의 선으로 받드는 사람들을 우상숭배자라고 표현한다(마태 6,24; 에페 5,5 등). 현대 문명에서는 부귀, 물질적 발전, 국력 등에 대한 우상숭배가 가장 위험스럽게 나타나고 있다. 인간이 하느님을 버리고 현세적·물질적·육체적인 것에 완전히 빠지게 되면, 현세적 가치에다 신적 영광의 옷을 입혀서 그것을 위해 자기 생애를 바치게 되며, 자기의 본질을 이루는 종교적 본성을 저버리게 된다.

III. 미신

넓은 의미에서 보면 미신(迷信)은 객관적으로 근거 없는 대상에 대한 무익하고 맹목적인 신앙과 실천을 행하는 것이다. 여기에는 참된 하느님께 대한 그릇된 예배의 형태, 즉 순수한 신앙과 실천을 준마술적으로 남용하는 것도 포함된다. 좁은 의미에서 미신은 상상적인 어떤 세력을 믿음으로써 행하게 되는 무익한 신앙과 실천을 말한다. 미신은 아주 합리적이지는 않지만, 상징이나 전통적인 표상으로서의 의미를 지니는 예식이나 관습과는 구별되어야 한다. 미신은 인간의 초(超)심리학적 능력의 사용과도 구별되어야 한다. 초심리학적 능력의 성격과 조건은 아직 충분히 알려지지 않았고 그 과학적 합리성도 설명되지 않고 있지만, 그런 능력의 존재에 대해서는 경험적으로 인정되고 있다.

미신의 원인에는 무지가 확실히 크게 작용하고 있다. 과학적인 지식이 없는 사람, 자연의 현상을 알지 못하는 사람, 하느님의 참된 개념을 배우지 못한 사람들은 미신에 쉽게 빠진다. 무지한 사람은 자신이 이해하지 못하는 비상하고 두려운 일을 당할 때, 그것에 대한 해명을 얻기 위하여 어떤 신비로운 힘을 믿게 되는 것이다. 또한 미신은 조상들로부터 물려받기도 한다. 그러나 미신의 가장 심층적인 원인은 하느님께 대한 참된 신앙이 없고 참된 종교를 믿지 않는 데에 있다. 교육을 받은 사람들 사이에서도 많은 미신이 성행하고 있는 이유는 바로 그들에게 참된 신앙이 없기 때문이다. 하느님의 섭리에서 피난처를 찾지 못하고 하느님께 대한 신뢰심을 갖지 못한다면, 사람은 자기의 안전을 보장해준다고 생각되는 미신에 떨어지기 쉽다.

무지로 인해 미신을 행했다면 그 사람에게는 탓이 없다. 물론 그것을 알지 못했던 점에 대해 자책해야 한다. 그러나 하느님을 신뢰하며 자신을 내어 맡겨야 하는 기본적인 신앙 행위가 없다는 점에 대해서는 죄와 잘못으로 보아야 한다. 성경은 점쟁이, 복술가, 혼백에게 물어보는 자, 주문을 외는 자, 마술사, 술객과 같이 사악한 형태의 미신을 행하는 자들을 모두 단죄하고(신명 18,9-14; 이사 2,6; 8,19; 예레 27,9-10; 사도 19,19), 요술쟁이와 죽은 사람의 혼백을 불러내는 사람이나 점쟁이는 사형에 처하도록 규정하고 있다(탈출 22,18; 레위 20,27). 그러한 미신 행위가 신앙이 없는 데서 기인한 것이라면, 불신앙이라는 중죄가 된다. 그 외에도, 미신은 적어도 객관적으로 볼 때 사람이 건전한 이성에 의해서가 아니고 환상에 의해서 결정하는 행위이기 때문에, 가끔 개인적·사회적 무책임을 범하는 죄가 된다.

1. 길흉과 호부

사람들은 가끔 확실한 근거가 없는데도 어떤 징조를 믿거나 조건들을 지키고 물건을 사용함으로써 미신적인 헛된 관습들을 지키는 일이 있다. 그런 관습들은 예컨대, 길을 가다가 검은 고양이가 길을 가르고 지나가면 흉조로 보고 두려워하는 것, 13이라는 숫자를 흉조로 보고 두려워하는 것, 길일(吉日)과 흉일(凶日)을 보는 것 등으로 나타난다. 보호를 받기 위해서나 행운을 얻기 위해서 근거 없는 어떤 물건을 사용하는 일들도 많다. 부적, 호부(護符), 마스코트 등이 그런 범주에 속한다. 부적은 그것을 붙이는 사람에게 행운을 가져다주고 부와 성공을 보장해주며, 호부는 해로운 일에서 보호해준다고 생각한다. 이 두 가지는 엄밀하게 구별되지 않는다. 마스코트는 어떤 불행에서 보호해주는 것으로 사용된다. 그것은 악귀를 쫓아버리기 위해 만들어냈던 흉측한 짐승이나 마귀나 험상궂은 사람의 탈에서 유래한 것들이다. 현대의 미신은 그런 것들 대신 천으로 만든 인형이나 장난감 곰, 호랑이나 다른 동물들을 만들어냈다.

그러나 그리스도교 신앙은 어떠한 실제적 미신 행위도 인정하지 않는다. 이러한 모든 허망한 관습들은 하느님께 대한 신앙의 존엄성을 크게 또는 적게 거스를 뿐만 아니라 바른 이성에도 모순된다. 이런 행위들은 흔히 그런 관습이 많이 퍼져 있는 곳에서 그것을 무시하지 못하고 괜한 공포심 때문에 행하는 것이며, 인간의 나약성 때문에 편리하게 처신하기 위한 행위이다. 그러나 좋거나 나쁜 모든 징조를 믿는 것이나 부적이나 호부나 마스코트를 사용하는 것은 그 사람의 모든 생활을 좌우하는 하나의 영향력 체계가 되며, 그 결과로 하느님께 대한 신뢰심과 성사와 기도를 중요하게 여기지 않는다. 미신을 행함으로써 신앙생활을 소홀히 할 때는 중죄가 된다.

2. 점술

점술(占術)은 어떤 방법으로 미래를 예언하거나 감추어진 일을 알아내려는 시도를 말한다. 감추어진 일이란 행방불명된 사람의 운명, 잃어버린 물건의 행방, 미해결된 범죄의 범인, 상실된 기억 등 모르고 있는 일들을 말한다. 가끔 어떤 초심리학적 능력을 가진 사람들이 아주 놀랍게도 감추어진 일들을 잘 알아낸다는 것은 현상적으로 일어나는 사실이다. 그러나 가끔 그들은, 특히 미래에 대한 예언을 할 때 속임수를 쓰기도 한다. 장래에 대해서 미리 예언하는 것은 아주 드문 일이고, 그것은 오히려 감추어진 현재나 과거의 일에 대하여 점을 치는 것보다 불확실할 때가 많다. 점술에 대한 윤리적 평가에 있어서는 미래에 대한 예언과 감추어진 일을 알아내는 것을 잘 구별해야 한다. 예언에 대한 믿음이 모두 다 미신적이고 죄가 되는 행위는 아니다. 어떤 사람들은 실제로 예언이나 예감의 특별한 능력을 가지고 있다. 그러나 점쟁이나 사주쟁이의 말을 확실한 것으로 믿어서는 안 된다. 그들의 예언은 너무나 신빙성이 없고, 또 흔히는 사기성이 내포되어 있기 때문이다. 그러한 예언을 듣고서 자기의 의무를 소홀히 하는 것은 무책임한 일이다. 예컨대 점쟁이가 심령술에서처럼 사이비 종교적인 형태로 점괘를 말하거나, 이른바 악마와의 약속에 의해 점괘를 알아낸다면, 그의 말은 그가 사용한 방법 때문에도 문제가 된다.

감추어진 일에 대하여 점을 치는 것은 아주 흔한 현상이다. 그런 행위들을 무조건 무책임하고 죄가 되는 행위로 배척할 수는 없다. 사제와 수도자들 중에도 초심리학적 능력을 가진 사람들이 있기 때문이다. 감추어진 일을 알아내려고 점을 치는 것은, 그것을 알 권리가 있는 사람이거나, 해로운 오류의 위험이 없거나, 죄가 되지 않는 방법을 사용할 때는 허용될 수도 있다. 하지만 이런 형태의 점술은 강신술이나 악령에 의한 마술과 같은 사악한 방법을 써서는 안 된다. 더욱이 무당들이 모이는 강신회(降神會)에는, 그것이 사이비 종교적인 속임수가 아니라 하더라도 참석해서는 안 된다. 그런 곳에서 신기한 일을 접하게 되면 신앙과 심리적인 균형에 해를 가져온다. 초감각적인 행위에 깊이 빠지게 되면 영매적(靈媒的) 정신이상을 가져올 수 있으며, 심할 경우에는 자살로 끝날 수도 있다.

2.1. 점성술

이것은 어떤 사람이 태어나는 순간의 별자리가 그 사람의 성격과 운명을 말해준다고 믿는 것이다. 그래서 사람의 미래를 별에서 읽으려고 시도하는 것이 점성술이다. 점성술은 고대의 점술 형태로서 많은 민족들 사이에 유포되어 있었고, 오늘날까지도 널리 행해지고 있다. 점성술의 가장 대중적인 형태는 많은 신문이나 잡지에서 볼 수 있는 12궁도(宮圖)이다. 그러나 아주 전문적인 점성가들은 그것을 무가치한 것으로 본다. 12궁도를 보는 것은 완전히 미신적이며 이성이 있는 사람에게는 걸맞지 않은 행위이다. 그런데도 이것이 대중화된다는 사실은 세속화된 사람도 결국 자기가 이 세상을 초월하는 어떤 능력에 종속된 존재라는 의식을 피하지 못한다는 것을 나타낸다. 그는 하느님께 대한 신앙이 식거나 상실되었기 때문에, 우연한 일에 대한 자신의 느낌을 해소하기 위해 신앙을 대신하는 어떤 것에 마음을 돌리는 것이다. 이것은 분명한 미신죄에 속한다. 소위 과학적인 점성술도 그 방법이나 결론에 있어서 확실한 증명을 하지 못했다. 그래서 그것은 대부분 미신이라는 비난을 피하지 못한다. 별자리에 따라 광범위하게 분류하는 점성술은 각 사람에게 개인의 고유한 별점을 결코 정확히 알려주지 못한다. 그뿐만 아니라 별자리에 대한 해석법도 가지각색이라서 별들의 숫자를 무한정으로 맞추어 볼 수 있으며, 점성가 각자의 방법도 다양해서 한 사람의 12궁도를 여러 가지로 해석한다. 그러므로 전문적인 점성술도 역시 사람의 미래를 알아내는 과학적인 방법이라고 말하는 것은 근거 없는 일이다.

2.2. 운수 보기

이것은 카드, 차 잎사귀, 수정구슬 등에 의해 운수를 점치는 것을 말한다. 이런 물건들은 점쟁이들이 사용하는 가장 일반적인 도구다. 이런 것을 통한 점술은 실제로 어떤 신비로운 힘을 믿거나 초자연적인 능력을 사용한다기보다는 흔히 고객들의 순전한 믿음을 이용하는 것에 불과하다. 이런 점쟁이들은 그들에게 정보를 제공하는 정탐꾼 조직을 가지고 있기도 하다. 그들이 쓰는 물건들은, 마치 별들이 예민한 감각을 가진 사람들에게 도움이 되듯이, 초심리학적 재능을 타고난 점쟁이들에게 정신집중의 수단이 될 수 있다는 점을 배제하지 않는다. 손금에서 그 사람의 미래를 읽으려는 수상술(手相術)도 마찬가지다.

2.3. 강신술

이것은 죽은 사람의 혼백이나 영계(靈界)에 간청하여 그들의 도움으로 감추어진 일이나 미래를 알아내려는 점술 형태를 말한다. 지금까지 나타난 영계와의 모든 교접(交接) 현상은 살아 있는 사람들의 능력을 다 모으면 실제로 무리없이 설명할 수 있다고 과학은 판단한다.[1] 어떤 나라에서는 무당들이 모이는 강신회를 자주 볼 수 있다. 강신술은 특히 교육 수준이 낮은 사회에서 사람들을 매혹시킴으로써 종교적 의식을 지닌 강신회로 발전한다. 강신회는 그릇된 예배이며 따라서 배격되어야 한다. 교황청은 오래전에 강신회에 참석하는 것을 신앙과 도덕에 위험하다는 이유로 금지시켰다.[2] 그것은 정신적 건강과 균형에도 해가 된다.

3. 마법

마법은 신기한 힘에 의하여 초자연적인 방법으로 어떤 효과를 얻으려는 시도를 말하는데 사람에게 도움을 주거나 적어도 허용될 수 있는 효과를 가져다주려는 백마법(white magic)과 사람에게 해를 끼치기 위해서나 죄가 되는 것을 목적으로 하는 흑마법(black magic)으로 나뉜다. 마법이라는 말은 가끔 충분한 근거가 없는 헛된 방법으로 특정한 효과를 얻으려는 행위를 묘사할 때 쓰기도 한다. 그런 행위는 물론 분명한 미신이다.

과학자들은 어떤 사람들이 순전히 자기의 정신적인 능력을 이용하여 다른 사물이나 사람에게 물리적으로나 심리적으로 영향을 미칠 수 있다는 사실을 경험적 근거를 가지고 증명할 수 있었다. 염력(念力)은 요술가가 손수건, 휴지통, 책상 같은 큰 물건까지도 움직이게 하는 정신적 능력이라는 것을 많이 경험하고 있다. 수백 미터, 수 킬로미터의 거리에서 이루어지는 원격최면(遠隔催眠)도 효과적으로 이루어지고 있

---

1. Cf. Joseph Rhine, "Zum Problem der spiritistischen Hypothese", in *Parapsychologie*, ed. by H. Bender, 1971, 568.
2. *AAS* 30 (1897-98), 701; *AAS* 9 (1917), 268.

다.³ 반면, 어떤 사람이 자기의 어떤 비범한 재능을 하느님과 연관시켜서 자기는 그분의 도구일 뿐이라고 생각함으로써 그 재능을 다른 사람들의 선익을 위해서만 사용한다면, 사람들은 그것을 마법이라고 하지 않고 기적의 힘이라고 말한다. 마법, 마술, 요술 등은 주로 사람이나 동물의 건강에 바람직하지 않은 방법이나 악한 방법으로 영향을 미치기 위하여 자기의 재능을 사용하는 사람들의 행위를 묘사하는 말이다. 마법이라는 말은 더 넓은 의미에서 하느님의 능력과는 분명히 관계없는 어떤 신기한 힘을 다른 사람이나 사물에게 선하게 또는 악하게 사용하는 모든 행위들을 일컫는 말이다.

초심리학적 능력의 사용에 대해서는 원칙적으로 다른 어떤 인간 행위나 타인에게 영향을 미치는 어떤 행위와 마찬가지로 똑같은 도덕률이 적용된다. 그런 능력을 선한 또는 적어도 윤리적으로 중립적인 효과를 얻기 위하여 이용하는 것은 합법적이고 허용될 수 있는 일이다. 하지만 악한 목적과 해로운 효과를 위하여 사용하는 것은 죄가 되고 무책임한 일이다. 사람들은 많은 경우에 어떤 사람이 이상한 힘을 가지고 있다고 인정함으로써 어떤 질병이나 불행의 책임이 그 사람에게 있는 것처럼 의심하게 된다. 이렇게 어떤 악한 결과의 원인이 특정인에게 있다고 경솔하게 믿어버리는 것은 불의와 미신의 중죄가 된다. 초심리학적 능력의 남용 여부에 의심이 생길 때는 "범죄의 사실은 증명되어야 하는 것이지 추정돼서는 안 된다."는 평범한 원칙에 따라야 한다. 마지막으로, 악한 마법을 쓰는 사람들을 물리치는 것보다 더욱 필요한 것은 신앙과 사랑의 튼튼한 기초, 충실한 기도생활, 열심한 성

---

3. Cf. *Parapsychologie: Entwicklung, Ergebnisse, Probleme*, ed by H. Bender, 1971.

사생활, 그리스도와 교회에 대한 충실함이다.

III. 주요 내용 요약

미신(제92문)

종교는 도덕적 덕이다. 그런데 모든 도덕적 덕은 중용에 있다. 그러므로 두 가지 악습이 도덕적 덕에 반대된다. 하나는 과도함(excessum)에 따른 것이며, 반면 다른 악습은 결핍(defectum)에 따른 것이다. 미신은, 신적 예배에서 참된 종교가 하는 것보다 훨씬 더 많이 드리기 때문이 아니라 하지 말아야 할 자에게 또는 해서는 안 될 방식으로 신적 예배를 드리기 때문에, 과도함에 따라서 종교에 반대되는 악습이다. 또한 미신의 종(種)들은 우선적으로 대상의 편에서 분화된다. 사실 신적 예배는 마땅히 드려야 할 분, 즉 참된 하느님께 드릴 수 있다. 그러나 이를 부당한 방식으로 드릴 수도 있다. 그리고 이것은 미신의 첫 번째 종이다. 또는 신적 예배를 드리지 말아야 할 이들, 즉 여하한 피조물에게 드릴 수도 있다. 이것은 미신의 다른 유(類)로서, 신적 예배의 상이한 목적들에 따라 많은 종으로 나뉜다. 그런데 신적 예배는 첫째로 하느님께 공경을 드리기 위해 질서 지어져 있다. 이에 따라 그 유의 첫 번째 종은 우상숭배(idolatria)로서, 신적 공경을 피조물에게 부당하게 주는 것이다. 둘째, 신적 예배는 인간이 자신이 공경하는 하느님에 의해 훈련되도록 질서 지어져 있다. 점술적 미신(superstitio divinativa)은 여기에 속한다. 그것은 마귀들과 무언의 또는 분명한 계약을 체결함으로써 그들에게 조언을 청하는 것이다. 셋째, 신적 예배는 공경을 받으신 하느님의 가르침에 따라 인간적인 행위들에 어떤 방향을 부여하도록 질서 지어진다. 그리고 여기에 어떤 규정들의 미신이 속한다. 아우구스티누스는 『그리스도교 교양』 제2권에서 다음과 같이 말하며 이 세 가지를 다뤘다: "우상들을 만들고 예배를 드리기 위해 사람들에 의해 세워진 모든 것은 미신적이다." 이것은 첫째에 속한다. 그리고 이어서 다음과 같이 추가했다: "또는 마귀들과 합의되고 연합된 어떤 의미들에 대한 자문(consultationes)과 계약(pacta)" 이것은 둘째에 속한다. 그리고 좀 더 뒤에서 다음과 같이 약간의 말을 덧붙였다: "이러한 유에 모든 부적(ligatura)이 속한다." 이것은 셋째에 속한다.

참된 하느님에 대해 부적절한 예배를 드리는 미신(제93문)

가장 단죄할 만한 거짓말은 그리스도 종교에 속하는 것들과 관련된 것이다. 그런데 거짓말은 어떤 외적 표지들로써 진리에 반대되는 것을 표현한다. 따라서 만일 외적 예배를 통해 거짓된 어떤 것이 표현된다면, 그것은 단죄될 만한 예배이다. 그런데 그것은 두 가지 차원에서 일어난다. 첫째 방식은 예배 행위와 그것에 의해 표현된 실재 간의 불일치를 통해 일어난다. 그러므로 그리스도의 신비들이 이루어진 새 법의 시대에 그분의 신비들이 미래적인 것들로 표현되는 옛 법의 예식들의 관습은 단죄될 만하다. 둘째 방식은 외적인 예배에서 예배를 드리는 자에 의해 위조(falsitas)가 일어날 수 있다. 그리고 이것은 특히 교회 전체의 위격 안에서 직무자들에 의해 수행된 공적인 예배에서 일어날 수 있다. 따라서 신적 권위로 교회 자체에 의해 설정되고 그 안에서 통상적으로 드리는 방식에 반대되는 예배를 하느님께 드리는 이는 위조의 죄를 무릅쓰는 것이다. 이러한 선상에서 인간적인 전통들에 종교의 이름이 적용될 때 미신이 있다고 말한다.

한편 어떤 것은 두 가지 방식으로 과잉으로 불린다. 한 가지 방식은, 절대적인 양에 따라서 그렇다. 그에 따르면 신적 경배에는 과잉이 있을 수 없는데, 인간이 하느님께 드리는 것은 부족할 수밖에 없기 때문이다. 다른 방식은, 어떤 것이 비례적인 양에 따라 과잉이 될 수 있다. 그것이 목적에 비례하지 않기 때문이다. 그런데 신적 예배의 목적은 인간이 하느님께 영광을 드리고 정신과 육체로 그분께 순종하는 것이다. 인간이 하느님께 영광을 드리기 위하여, 자기 정신을 하느님께 복종시키고 또한 육체도 하느님과 교회의 질서에 따라 그리고 자신이 함께 사는 이들의 관례에 따라 욕망들에 대한 절제된 제어를 통해 육체를 하느님께 복종시키기 위하여 어떤 것을 하더라도 그것은 하느님께 예배를 드리는 데에서 잉여적이지 않다. 그러나 그 자체로 하느님의 영광에 속하지 않거나 인간의 정신을 하느님께 인도하거나 육(caro)의 욕망들을 절제 있게 제어하는 데 필요하지 않은 어떤 것이 있다면, 또는 하느님과 교회의 규정에 이질적이거나 공통 관례에 반대되는 것이라면, 이 모든 것은 과잉이자 미신적인 것으로 간주해야 한다. 그것들은 외적이므로 하느님에 대한 내적 예배에 속하지 않는다.

우상숭배(제94문)

신적 예배에 마땅한 방식을 초과하는 것은 미신에 속한다. 이것은 특히 신적 예배를 드려서는 안 되는 모든 피조물에게 신적 예배가 드려질 때 일어난다. 이러한 신적 예배는 몇 가지 감각적 표지들, 예컨대 희생제물들, 유희들을 비롯해 그와 비슷한 것을 통해 감각적 피조물에게 드려지곤 했다. 또한 우상으로 불리는 어떤 감각적 형상이나 모습에 의해 대변된 피조물에게 그렇게 봉헌되기도 했다. 어떤 사람들은 마귀들의 힘 덕분에 어떤 효과가 있는 모상(模像)을 끔찍한 기예(技藝)와 함께 만들었다. 그들은 그 모상 자체에 신성(神性)이 있다고 생각했기에, 그들에게 신적 예배를 드렸다. 반면 다른 이들은 모상 자체가 아니라 그것에 의해 대변되는 피조물들에게 신적 예배를 드렸다. 사도 바오로는 로마 1,23-25에서 이 둘을 언급한 바 있다: "불멸하시는 하느님의 영광을 썩어 없어질 인간과 날짐승과 네발짐승과 길짐승 같은 형상으로 바꾸어버렸습니다… 그들은 창조주 대신에 피조물을 예배하고 섬겼습니다."

그러나 이것들 가운데 세 가지 견해가 있다. 어떤 이들은 그 모상들을 경배하던 요베(Iove), 메르쿠리우스(Mercurius), 그리고 그와 비슷한 사람들을 신들로 여겼다. 반면 다른 이들은 세상 전체가 그 형체적인 본체가 아니라 그 혼(魂)으로 인해 유일한 하느님이었다고 생각했다. 그들은 하느님이 운동과 이성으로 세상을 통치하는 혼 이외에 다른 게 아니라고 말하며, 그 혼을 하느님이라고 믿었다. 거기서부터 그들은 신성을 향한 예배를 세상 전체에, 세상의 모든 부분에, 하늘과 공기와 물과 그 밖의 모든 것에 드려야 한다고 생각했다. 그리고 이런 것들에 자기 신들의 이름과 모상들을 연관시켰다. 그러나 플라톤주의자들은 모든 것의 원인인 지고하신 한 분의 신(神)이 존재한다고 주장했다. 그들은 지고하신 신에 의해 창조된 영적 실체들(substantias spirituales)이 존재한다고 주장했다. 그들은 이 영적 실체들이 신성에 참여하기 때문에 신들이라고 불렀다. 그들 다음에 천체들의 영혼을 제시했으며, 이들 아래 대기(大氣)의 어떤 동물들이라고 말하는 마귀들을 제시했다. 그리고 이들 아래 사람들의 영혼을 두었다. 그들에게는 덕의 공로를 통해 신이나 마귀들의 교제에 참여하도록 허용되었다고 생각했다. 아우구스티누스가 『신국론』 제18권에서 말하듯이, 그들은 이 모든 것에 예배를 드렸다. 이 모든 것은 우상숭배의 미신에 속한다. 그래서 아우구스티누스는 『그리스도교 교양』 제2권에서 다음과 같이 말한다: "우상에 관한 제작과 흠숭과 관련해서 피조물이나 피조물의 일부를 하느님처럼 흠숭하기 위해 사람들에 의해 제정된 모든 것은 미신적이다."

 우상숭배의 죄는 가장 위중하다. 왜냐하면 지상 국가에서 누군가가 왕의 영예를 참된 왕이 아닌 다른 누군가에게 줄 때 그것은 그 자체로 국가의 질서 전체를 혼란하게 하므로 가장 위중하기 때문이다. 이처럼 더욱 위중한 죄인 하느님을 거슬러 범한 죄에서는 어떤 사람이 피조물에게 신적 영예를 부여하는 것이 가장 위중한 것처럼 보인다. 왜냐하면 그 자체로 신적 수위권(principatum)을 축소하는 가운데 세상에서 다른 하느님을 세우기 때문이다. 우상숭배의 원인은 이중적이다. 하나는 '태세적(dispositiva)'이다. 그리고 이것은 사람들 편에 있었다. 또한 이것은 삼중적이다. 첫째, 감정의 무질서로 인해 [그렇다]. 즉 사람들은 어떤 사람을 지나치게 사랑하거나 존경하는 가운데 그에게 신적 명예를 드렸다. 둘째, 인간은 본성적으로 재현(repraesentatio)을 좋아하기 때문이다. 셋째, 사람들이 하느님의 진리에 대한 무지로 인해 그분의 탁월함을 숙고하지 않은 채, 일부 피조물에게 그들의 아름다움과 능력 때문에 신성의 예배를 드렸기 때문이다. 반면 우상숭배의 다른 원인은 마귀들 편에서 완성된다. 그들은 오류에 잠긴 사람들에 의해 흠숭받기 위해 그들에게 응답하고 그들이 보기에 기적적인 것을 행하는 가운데 우상의 형상 아래 드러난다.

점술적 미신(제95문)

점술의 이름에서 미래에 대한 어떤 예언(praenuntiatio)이 파악된다. 그런데 미래는 이중적으로 미리 알려질 수 있다. 첫째로는 그 일의 원인들이 알려질 수 있고, 둘째로는 미래 자체가 알려질 수 있다. 그러나 미래의 원인들은 삼중적이다. 어떤 것들은 필연적으로 언제나 그들의 결과를 산출한다. 그리고 그러한 미래의 결과들은, 천문학자들이 미래의 식(蝕, eclipsis)을 예언하듯이, 그것의 원인에 대해 숙고하는 가운데 확실하게 미리 알려지고 예언될 수 있다. 그러나 어떤 원인들은 필연적이 아니라 대부분의 경우에 어떤 결과를 산출하고 드물게는 그 결과를 산출하지 않는다. 한편 만일 분리해서 숙고한다면, 어떤 것과도 마찬가지의 관계를 갖는 어떤 원인들이 있다. 이것은 아리스토텔레스에 따르면, 특히 상반되는 것과의 관계 안에 있는 이성적 능력의 경우 분명해 보인다. 그리고 그런 결과들은, 소수의 경우에 그런 결과들이 자연적 원인에서 유래한다고 해도, 그 원인들을 숙고함으로써 미리 알려질 수 없다. 왜냐하면 그것의 원인들은 그러한 결과를 향한 결정된 어떤 경향을 갖고 있지 않기 때문이다. 그러므로 그러한 결과들이 그 자체로 숙고되지 않는다면, 그것은 미리 알려질 수 없다. 이런 의미에서 만일 누군가 감히 그와 같은 미래의 일들을 하느님의 계시 이외에 여하한 방식으로 미리 알거나 예언한다면, 그 자체로 분명하게 하느님을 침해하는 것이다. 만일 누군가 필연적으로 일어나는 것들을 미리 선언하거나 많은 경우 인간의 이성에 의해 미리 알 수 있는 것들을 미리 선언한다면, 점술(divinatio)이라고 부르지 않는다. 만일 누군가가 계시하시는 하느님과 함께 미래의 우연적인 일들을 안다고 해도 점술이라고 부르지 않는다. 그렇게 되면 인간이 알아맞히는 것이 아니라, 즉 신적인 것을 하는 것이 아니라 무엇보다도 신적인 것을 받기 때문이다. 반면 누군가 미래의 사건에 대한 예언을 부당하게 횡령할 때, 알아맞힌다고 말한다. 그러나 이것은 죄이다.

한편 미신은 신성(神性)에 부당한 예배를 내포한다. 그런데 어떤 것이 하느님에 대한 예배에 속하는 데에는 두 가지 방식이 있다. 한 가지 방식은, 희생제사나 봉헌물이나 그와 비슷한 어떤 것이 하느님께 봉헌될 때 그렇게 속한다. 다른 방식은, 맹세에 대해 위에서 말한 바와 같이, 어떤 신적인 것이 취해질 때 그렇게 속한다. 그러므로 우상숭배를 통해 마귀들에게 희생제사를 봉헌할 때만이 아니라 누군가 어떤 것을 행하거나 알기 위해 마귀들의 도움을 취할 때에도 미신에 속한다. 그런데 모든 점술은 마귀들의 활동에서 유래한다. 왜냐하면 미래를 드러내기 위해 마귀들이 분명하게 부름을 받거나, 허영으로 사람들의 정신을 복잡하게 하기 위해 마귀들이 미래에 대한 헛된 조사에 전념하기 때문이다. 그러므로 점술은 미신의 종(種)임이 분명하다.

모든 점술은 마귀들의 조언과 도움을 통해 미래의 사건에 대한 예지를 사용한다. 그리고 명시적으로 부름을 받은 마귀들은 여러 방법으로 미래를 예언한다. 때로 그들은 미래를 예고하기 위하여 날조된 발현을 통하여 인간의 시각과 청각에 나타난다. 이 종은 눈속임(praestigium)이라고 불리는데, 이는 사람들의 눈이 그로 인해 현혹되었기 때문이다. 그리고 때로는 꿈(somnium)을 통해 미래를 예언하려는 사람들도 있다. 이것은 꿈의 점술이라고 불린다. 또 죽은 사람들의 발현이나 말을 통해 미래를 예언하려는 사람들도 있다. 이 종은 강신술(nigromantia)이라 불린다. 그리고 때로 그들은 광신적인 사람들에게서 일어나듯이 살아 있는 사람들을 통해 미래를 예언하기도 한다. 이것은 탁선자(託宣者)에 의한 점술로서, 그 이름은 아폴론에게 죽임을 당한 퓌톤(Python)에게서 유래한다. 반면 때로는 생기가 없는 것들에서 드러나는 어떤 형상이나 표지들을 통해 미래를 예언하기도 한다. 만일 이것들이 어떤 지상적인 형체들, 예컨대 나무나 철 또는 광택이 나는 돌에서 드러나면 흙점(geomantia)이라 불린다. 반면 물에서 드러나면 수점(水占, hydromantia)이라 불린다. 반면 공기에서 드러나면 기상점(氣象占, aeromantia)이라 불린다. 반면 불에서 드러나면 불점(pyromantia)이라 불린다. 반면 마귀들의 제단에서 희생된 동물들의 내장에서 드러나면 전조(前兆, aruspicium)라고 불린다.

한편 마귀들에 대한 명시적인 부름 없이 이루어지는 점술은 두 가지 유(類)로 나뉜다. 그 가운데 첫째는 우리가 미래를 예언하기 위해 어떤 사물의 배열에서 무언가를 고려할 때다. 만약 어떤 사람이 별들의 위치와 움직임을 고려하여 미래를 예언하려고 한다면, 그것은 점성가들에게 속한다. 태어난 날짜를 고려하여 미래를 예언하려고 한다면, 그들은 사주 점술가들이라 불린다. 반면 새들이나 다른 동물의 움직임이나 소리, 또는 사람들의 재채기나 지체들의 반응을 통해서 미래를 예언하려고 한다면, 이것은 전조가 새들에 대한 관찰(avium inspectio)에서 유래하듯이, 일반적으로 새들의 지저귐(garritus avium)에 의해 언급되는 조점(鳥占, augurium)에 속한다. 그 가운데 첫째는 눈에 속하며, 둘째는 귀에 속한다. 그러나 다른 의도로 말한 사람들의 말에 대해 이런 고려를 한다면, 즉 예언하고자 하는 미래로 돌아간다면, 이것을 징조(徵兆, omen)라고 한다. 만일 몇몇 가시적인 형체에서 일어나는 형태들의 몇 가지 태세를 숙고한다면, 다른 점술들의 종(種)이 있다. 손금으로부터 취해진 점술은 손으로 하는 점술처럼 수상술(手相術, chiromantia)로 불린다. 그러나 몇몇 동물의 어깨에서 드러나는 점술은 견갑골 숭배(spatulimantia)로 불린다.

반면 두 번째 점술의 유(類)가 있다. 이것은 감춰진 어떤 것을 조사하기 위해 사람들에 의해 진지하게 이룩된 어떤 것들 가운데 일어나는 것에 대한 숙고에 의해 이루어지거나, 점들의 연장(이것은 흙점술[geomantia]에 속한다)을 통해, 또는 융해되고 물에 던져진 납(plumbum)에 의해 형성되는 형태들의 숙고를 통해, 표시가 있거나 없는 쪽지를 뽑는 것을 통해, 길이가 서로 다른 지푸라기(festuca) 중에서 누가 어떤 것을 뽑는지를 통해, 또는 심지어 누가 더 많은 점수를 내는지 보기 위해 작은 주사위(taxillus)를 던지는 것에 의해, 또는 책을 열 때 일어나는 것을 고려함으로써 이루어지는 점술에 속한다. 이것들은 모두 제비뽑기(sors)의 이름을 갖고 있다. 그러므로 점술의 유(類)는 세 가지다. 그 가운데 첫째는 강신술사들(nigromanticus)에게 속하는 것으로서, 이는 마귀들에 대한 분명한 부름을 통해 일어난다. 반면, 둘째는 조점사들(augures)에게 속하는 것으로서, 이는 다른 사물들의 태세 또는 운동에 대한 고려를 통해 일어난다. 셋째는 우리가 어떤 것을 할 때, 숨겨진 어떤 것이 우리에게 드러난다. 이것은 제비뽑기에 속한다.

마귀들에 대한 부름을 통해 이루어지는 모든 점술은 두 가지 이유로 인해 부당하다. 그 가운데 첫째는 점술의 원리의 편에서 취한 것이다. 그것은 물론, 마귀에 대한 부름 자체를 통해 마귀와 명시적으로 맺은 계약이다. 그리고 이것은 완전히 불법적이다. 만일 불린 마귀에게 희생제사를 바치거나 공경을 드린다면, 이는 더욱 위중해질 것이다. 둘째는 미래 사건의 편에서 취해진다. 사람들의 멸망을 의도하는 마귀는, 이와 같은 자신의 응답으로 때때로 진리를 말하면서도, 사람들이 자기를 믿는 것에 익숙해지게 하고, 그럼으로써 인간의 구원에 해로운 어떤 것으로 그들을 인도하려고 한다.

별들을 통해 이루어지는 점술은 일반적으로 부당하다. 누군가 별들에 대한 고려에 의해 미래를 미리 알려고 한다면, 헛되거나 거짓된 견해가 마귀에 의해 사용되기 때문이다. 별들을 통해서 미래를 미리 알 수는 없다. 그러므로 천체의 검사를 통해 미래에 대해 미리 알 수 있는 것이 무엇인지를 고려해야 한다. 그리고 필연적으로 일어나는 이러한 일들 가운데, 천문학자들이 미래의 식을 예언하는 것처럼, 별들에 대한 고려를 통해 미리 알 수 있는 것들도 있다. 별들에 대한 고려에 의해 이루어지는 미래의 사건에 대한 예지(praecognitio)와 관련해서, 다양한 사람들이 서로 다른 말을 했다. 천체의 움직임과 위치는 신적 섭리에 의해 다른 이유로 질서 지어졌으며, 미래의 우연적인 사건들은 또 다른 방식으로 질서 지어졌다. 그러므로 원인에 의해 결과가 미리 알려지지 않는 한, 별들에 대한 관찰에 의해 미래에 대한 예지가 받아들여지는 것은 아니다. 그러나 이중적 결과는 천체의 인과율에서 벗어난다. 첫째, 모든 결과는 인간적인 일에서든 자연적인 일에서든 우유적으로 일어난다. 둘째로, 의지와 이성의 능력인 자유재량(liberum arbitrium)의 행위들은 천체의 인과율로부터 제거된다. 감각적 능력들은 이성에 순종하므로, 자유재량에 의해 어떤 필요성도 부과되지 않지만, 인간은 이성을 통해 천체의 기울어짐에 맞서 행동할 수 있다. 그러므로 만일 누군가 미래의 우연적이거나 우발적인 사건을 예지하거나 심지어 사람들의 미래 일을 확실하게 알기 위해 별들에 대한 고려를 사용한다면, 이것은 거짓되고 헛된 견해에서 나온 것이다. 이렇게 해서 마귀의 작용이 개입한다. 그러므로 점술은 미신적이고 부당하다. 그러나 만일 누군가 별들에 대한 고려를 사용해서 예컨대 가뭄과 비 그리고 그와 비슷한 다른 것들과 같이 천체에 의해 야기된 미래적인 것들을 미리 안다면, 그것은 부당하거나 미신적인 점술이 아니다.

거짓 견해에 근거한 점술은 미신적이고 부당하다. 따라서 미래의 사건에 대한 예지와 관련해서 무엇이 진리인지 고려해야 하지만, 때때로 꿈들은 미래 사건의 원인이 된다. 그리고 때때로 꿈들은, 꿈과 미래 사건의 공통된 어떤 원인으로 환원되는 한에서, 어떤 미래 사건의 표지들이다. 이에 따르면, 미래에 대한 예지의 대부분은 꿈에 의해 이루어진다. 그러므로 꿈들의 원인이 무엇인지, 그것이 미래 사건의 원인이 될 수 있는지, 또는 미래 사건을 알 수 있는지 고려해야 한다. 꿈들의 원인이 때로는 내적이고 때로는 외적이라는 것을 알아야 한다. 그러나 꿈들의 내적 원인은 두 가지다. 하나는 사람의 표상들(phantasiae)이 깨어있는 동안 그의 생각과 정감이 머물렀던 것들과 관련된 표상과 꿈에서 만나는 한에서, 영혼적인 원인이다. 그리고 꿈들의 그러한 원인은 미래 사건의 원인이 아니다. 그러므로 이와 같은 꿈들은 미래의 사건과 우유적으로 연결되어 있으며, 만약 종종 그것들이 함께 일어난다면, 그것은 우연적일 것이다. 때때로 꿈의 본질적인 원인은 육체적이다. 왜냐하면 마치 차가운 습기가 풍부한 사람이 꿈에서 물속에 있거나 눈 속에 있을 수 있듯이, 육체의 내적인 태세로부터 출발해서 그러한 태세의 고유한 움직임이 표상에서 형성되기 때문이다.

꿈의 외부 원인 또한 두 가지다. 즉 육체적이고 영적이다. 육체적인 원인은, 포함된 공기에 의해 또는 천체의 인상에 의해 잠자는 자의 상상력이 변화되는 한, 천상적인 것들의 배열에 따라 어떤 표상들이 잠자는 자에게 나타난다. 그러나 영적인 원인은 때때로 천사들의 직무를 통해 꿈속에서 사람들에게 계시하시는 하느님에게서 온다. 그리고 때로는 마귀들의 작용에 의해 잠자는 자들에게 어떤 표상이 나타나는데, 때로는 그 표상들로부터 그들과 불법적인 계약을 맺은 자들에게 어떤 미래를 계시한다. 그러므로 꿈이 신적 계시에서 또는 그러한 원인의 힘이 확장될 수 있는 한에서 자연적·내재적 또는 외재적 원인에서 유래한다는 사실에 따라 미래를 미리 알기 위해 꿈을 사용한다면, 그것은 불법적인 점술이 아니다. 그러나 이와 같은 점술이 사람들이 계약을 체결한 마귀들의 계시로부터 야기되며, 그 마귀들이 이 목적을 위해 부름을 받았거나, 이와 같은 종류의 점술이 그 자체로 확장될 수 없는 것으로 확장되기 때문에 조용하다면, 그것은 불법적이고 미신적이다.

  한편 새들의 움직임이나 재잘거림 또는 사물들에서 고려되는 형태의 모든 배열은 미래 사건의 원인이 아니다. 따라서 미래는 원인으로서 그것들로부터 출발해서 인식될 수 없다. 그러므로 만일 그것들로부터 출발해서 미래 사건을 안다면, 이들이 여기에서부터 미래 사건이 기인하거나 미래 사건을 알아볼 수 있는 원인들인 한에서 그렇다. 그런데 거친 짐승의 행위의 원인은 어떤 본능으로, 그것들은 이를 통해 본성에 따라 움직인다. 왜냐하면 그것들은 자신의 행위를 통제하지 못하기 때문이다. 그러나 이 본능은 두 가지 원인에서 유래한다. 첫째 육체적인 원인에서 유래한다. 거친 짐승은 감각혼만 갖고 있으므로, 그들의 능력은 육체적 기관의 행위로서 그 혼은 그것을 담고 있는 육체에, 그리고 근원적으로는 천체의 배열에 속해 있다. 아무것도 그들의 행위 가운데 어떤 행위들이, 어떤 미래적인 사건이 유래하는 천체와 대륙의 공기의 배열을 따르는 한에서, 미래적인 것의 표지들이라는 것을 방해하지 않는다. 그럼에도 불구하고, 여기서 두 가지를 고려해야 한다. 첫째, 그러한 작용들은 천체의 움직임에 의해 야기된 미래 사건에 대한 예지 이상으로 확장될 수 없다. 둘째, 어떤 식으로든 이러한 종의 동물에게 속할 수 있는 것 이상으로 확장될 수 없다. 다른 방식으로, 그와 같은 본능들은 영적인 원인에 의해 야기된다. 물론 그러한 본능들은 하느님에게서 올 수 있다. 심지어 헛된 견해들과 함께 영혼을 혼란스럽게 하기 위해 거친 짐승들의 그러한 활동을 사용하는 마귀들로부터 오기도 한다. 이는 징조(omen)를 제외한 모든 부류에 해당되는 것으로 보인다. 징조로 받아들여지는 인간의 말들은, 별들의 배열(dispositio)에 종속되지 않는다. 왜냐하면 인간의 말은 신적 섭리에 따라, 그리고 때로는 마귀의 작용에 따라 배열되기 때문이다. 그러므로 모든 점술은 자연 질서나 신적 섭리의 질서에 속하는 것 이상으로 넘어선다면 미신적이고 불법적이 된다.

 반면 사건을 고려하는 가운데 어떤 숨겨진 것을 알기 위해 무언가를 할 때, 제비뽑기라고 말한다. 만일 진정으로 제비뽑기의 심판을 통해 누구에게 무엇을 제시해야 하는지를 찾는다면, 그것이 재산이든, 명예든, 품위든, 처벌이든, 어떤 행위든 그것은 분할하는 제비뽑기라고 불린다. 그러나 무엇을 해야 하는지 묻는다면 자문적인 제비뽑기라고 부른다. 그리고 미래가 무엇인지 묻는다면, 점술적인 제비뽑기라고 부른다. 그러나 제비뽑기에 필요한 사람들의 행동은 별들의 배열에도, 심지어 그것들의 사건에도 종속되지 않는다. 그러므로 누군가가 이러한 의도를 가지고 제비뽑기를 사용한다면, 마치 제비뽑기를 위해 필요한 인간의 행위가 별들의 배열에 따라 이루어지는 것처럼 사용된다면, 그것은 헛되고 거짓된 견해이며, 따라서 마귀의 개입에서 면제되지 않는다. 이로 인해 그러한 점술은 미신적이고 부당하다.

그러나 이러한 원인과 별개로, 제비뽑기 행위들의 결과는 행운이나 어떤 영적인 것에 의해 기대된다. 만일 나누는 제비뽑기에서만 일어날 수 있는 행운이 허영의 악습을 갖는 것으로 보이지 않는다면, 아마도 어떤 사람들은 어떤 것을 조화롭게 나눌 수 없어서, 마치 누가 어떤 몫을 차지해야 하는지를 드러내는 가운데 행운이 있는 것처럼, 나누기 위해 제비뽑기를 사용하기를 원하는 것 같다. 그러나 제비뽑기에 대한 판단이 영적인 원인에서 기대된다면, 때때로 그것은 마귀들에게서도 기대된다. 그리고 그러한 제비뽑기들은 부당하며, 법령에 따라 금지된다.

그런데 때로는 그것을 하느님에게서 기대하기도 한다. 그리고 아우구스티누스가 말하듯이, 그러한 제비뽑기가 그 자체로 악은 아니다. 하지만 여기에는 네 가지 죄가 있을 수 있다. 첫째, 아무 필요도 없이 제비뽑기에 호소하는 것이다. 이것은 하느님을 시험하는 것에 속하는 것으로 보인다. 둘째, 심지어 만일 누군가가 필요하다면, 경외심 없이 제비뽑기를 사용하기도 한다. 셋째, 신적인 신탁(oraculum)이 현세적인 일에 적용되었는지에 따라 죄가 되기도 한다. 넷째, 성령의 감도(inspiratio)에 의해 이루어져야 하는 교회적인 선거에서 어떤 사람들이 제비뽑기를 사용할 경우에 죄가 될 수 있다. 그러나 만일 긴급한 필요의 경우, 마땅한 경외심과 함께 제비뽑기를 통해 신적 판단을 간청해야 한다.

규범들의 미신(제96문)
어떤 것을 알아내는 기교는 부당하고 실효성이 없다. 그것이 부당한 것은 지식의 획득에 있어서 지식을 야기하는 역량을 갖지 못한 수단들에 호소하기 때문이다. 더 나아가, 이 기교들은 지식을 얻는 데 있어 효과적이지 못하다. 사실 이것과 함께 인간에게 공본성적(共本性的)인 방식으로, 즉 다른 이들로부터 발견하거나 배우는 가운데, 지식을 획득하려 지향하지는 않는다. 따라서 하느님이나 마귀에게서 그러한 효과를 기대한다. 그런데 어떤 이들은 주입을 통해 하느님으로부터 지혜와 지식을 갖는다. 그러나 1코린 12,8에서 말하듯이, 이 선물은 모든 이에게 주어지지도 어떤 실천에 힘입어 주어지지도 않고, 성령의 재량에 따라 주어진다. 반대로, I, q.109, a.3에서 드러나듯이, 지성을 비추는 과제는 마귀들에게 속하지 않는다. 그런데 지식과 지혜를 획득하는 것은 지성의 비추임을 통해 일어난다. 그러므로 그 누구도 마귀들을 통해 지식을 획득하지 못했다. 하지만 마귀들은 사람들에게 말을 하는 가운데 지식의 어떤 표본(documentum)을 표현할 수 있다. 그러나 이것이 어떤 것을 알아내는 기교에 의해 요구되는 것은 아니다.

어떤 육체적 효과를 유도하기 위해 행해지는 것들에서, 그것들이 자연적으로 그러한 효과를 일으킬 수 있는 것인지 고려해야 한다. 그러한 경우, 행위는 부당하지 않다. 왜냐하면 자연적인 원인을 그들 자신의 효과를 위해 사용하는 것은 합당하기 때문이다. 그러나 만일 그들이 자연적으로 그러한 효과들을 산출할 수 있다고 보이지 않는다면, 그들은 그것을 원인으로서가 아니라 단지 표지로서만 산출할 수 있다. 그러므로 그것은 마귀들과 맺은 계약에 속한다.

사람들은 특정한 원인으로서가 아니라, 미래의 좋은 사건이나 나쁜 사건들의 특정한 표지로서 이 모든 준수에 주의를 기울인다. 그러나 그것들은 신적 권위에 의해 도입되지 않았으므로 하느님에 의해 전달된 것이 아니라, 사람들의 영혼을 그러한 허영심에 빠트리게 하려고 애쓰는 마귀들의 사악함에 협력하는 인간적인 허영심에 의해 도입된 것으로 관찰된다. 따라서 이 모든 준수는 미신적이고 부당하다는 것이 분명하다. 징조들을 관찰하던 옛 우상숭배의 잔해가 남아있는 것처럼 보이는데, 다만 그 이유와 기교는 사라졌지만, 행운의 날들 또는 불행한 날들이 준수된다. 그러므로 그것들은 더 부질없고 미신적이다.

한편 모든 마법이나 관련된 글에서 두 가지를 주의해야 하는 것처럼 보인다. 첫째, 무엇을 말하거나 쓰는 내용이다. 왜냐하면 그것이 마귀들을 부르는 것과 관련된 것이 있다면, 분명히 미신적이고 부당하기 때문이다. 마찬가지로, 알려지지 않은 이름이 포함되어 있다면, 불법적인 것이 은폐되지 않도록 조심해야 한다. 또한 거짓스러운 것이 포함되지 않도록 주의해야 한다. 그럼으로써 거짓의 증인이 아닌 하느님으로부터 그 효과를 기대할 수 없기 때문이다. 둘째, 우리는 성스러운 단어들과 더불어, 예컨대 십자가의 표지 외에도 새겨진 어떤 글자들처럼 헛된 것이 없도록 주의해야 한다. 아니면 글을 쓰거나 책을 만드는 방법에 희망을 두지 않는지, 신적 경외심에 속하지 않는 여하한 허영심에 희망을 두지 않는지 주의해야 한다. 왜냐하면 이것은 미신적이라고 여겨질 것이기 때문이다. 그러므로 모든 것의 창조주이신 하느님만이 영예를 받으실 수 있도록, 약초를 모을 때 어떠한 규범이나 마법에 주의를 기울이는 것은 오직 신적 '신경(信經)'이나 '주님의 기도'만을 제외하고 허용되지 않는다.

하느님을 시험함(제97문)

인간은 때로는 말로, 때로는 행동으로 하느님을 시험한다. 우리는 기도하면서 하느님과 말로 대화한다. 그러므로 인간은 자신의 청원에서 하느님의 지식, 능력 또는 하느님의 뜻을 탐구하기 위해 하느님으로부터 무언가를 구할 때 그분을 명시적으로 시험한다. 그러나 인간은 자신이 행하는 것으로 신적 능력, 경건함, 또는 지혜의 시험을 통과하기 위해 행위와 함께 하느님을 명시적으로 시험한다. 해석적인 것처럼, 하느님을 시험하려는 의도가 없다고 해도, 오로지 그분의 능력, 선성 또는 지식을 시험하기 위해 유용한 것을 요구하거나 행하는 사람은 하느님을 시험하는 것이다. 그러므로 어떤 필요나 유익 때문에 누군가가 자신의 청원이나 행동에 하느님의 도움을 연결시킬 때, 이것은 하느님을 시험하는 것이 아니다. 그러나 아무런 필요도 유익도 없이 그렇게 행동한다면, 이것은 하느님을 해석적으로 시험하는 것이다.

하느님의 완전함에 속한 것에 대해 무지하거나 의심하는 것은 죄이다. 그러므로 시험하는 자 자신이 하느님의 능력을 알아보기 위하여 하느님을 시험하는 것은 죄다. 그러나 만일 어떤 사람이 신적 완전함에 속한 것을 개인적으로 알기 위해서가 아니라 다른 이들에게 보여주기 위해 시험한다면, 이것은 하느님을 시험하기 위한 것이 아니다. 왜냐하면 정당한 필요 또는 경건한 유익함을 비롯해 여기에 호소해야 하는 다른 것들이 있기 때문이다. 한편 종교의 목적은 하느님께 마땅한 공경을 드리는 데 있다. 그러므로 하느님에 대한 불경에 직접 속하는 모든 것은 종교의 덕에 반대된다. 그런데 누군가를 시험하는 것은 그에 대한 불경에 속한다. 사실 아무도 그의 탁월함이 확실한 사람을 감히 시험하려 하지는 않는다. 그러므로 하느님을 시험하는 것은 종교에 반대되는 죄이다.

종교에 반대되는 죄는 하느님에 대한 경외심에 반대될수록 더욱 위중하다. 그런데 누군가 신적 탁월함을 의심하는 것은 확실하게 반대되는 것을 느끼는 것보다 이러한 경외심에 덜 반대된다. 사실 잘못에 집요한 사람은 신앙의 진리를 의심하는 사람보다 더 신앙이 없듯이, 자신의 행위로 신적 탁월함을 거슬러 잘못을 공언하는 사람은 의심을 공언하는 사람보다 하느님께 대한 경외심을 거슬러 더 크게 죄를 범하는 것이다. 그런데 미신을 행하는 사람들은 잘못을 공언한다. 반면 말과 행위로 하느님을 시험하는 사람은, 신적 탁월함에 대해서 의심을 공언한다. 그러므로 미신의 죄는 하느님을 시험하는 죄보다 더 위중하다.

위증(제98문)

도덕적 행위들은 목적으로부터 종(種)을 받는다. 그런데 맹세의 목적은 인간적인 진술에 대한 추인이다. 그러나 거짓은 그러한 추인에 반대된다. 왜냐하면 언급된 것은 참이라는 것이 확고하게 입증됨으로써 추인을 얻기 때문이다. 그러므로 거짓은 맹세의 목적을 직접 약하게 한다. 그리고 이로 인해 위증으로 언급되는 맹세의 타락은 특히 거짓에 의해 종이 구분된다. 그러므로 거짓은 위증의 이유에 속한다.

또한 맹세는 하느님을 증인으로 부르는 것이다. 그러나 누군가 하느님을 거짓의 증인으로 부르는 것은 하느님에 대한 불경에 속한다. 이로 인해 하느님이 진리를 알지 못하거나 거짓을 증언하길 원한다고 이해하게 하기 때문이다. 그러므로 위증은 하느님께 공경을 드리는 종교에 명백히 반대되는 죄이다.

아리스토텔레스에 따르면, "다른 모든 것의 원인이 되는 것은 그 모든 것보다 더하다." 그런데 I-II, q.88, aa.4-5에서 언급되듯이, 그 자체가 경죄이든, 또는 유에 있어서 선한 것이든, 만일 그것이 하느님에 대한 경멸(contemptus Dei)로 행한다면, 그것들은 사죄(死罪)이다. 그러므로 그 자체로 하느님에 대한 경멸에 속하는 모든 것은 더 크게 사죄이다.

그런데 위증은 그 자체로 하느님에 대한 경멸을 의미하기 때문에, 죄과(culpa)의 이유가 있다. 왜냐하면 그것은 하느님에 대한 경멸에 속하기 때문이다. 그러므로 위증은 자신의 유에 의해 사죄임이 분명하다.

누군가에게 맹세를 요구하는 사람과 관련해서 구별해야 할 필요가 있다. 자기 자신을 위해 자발적으로 맹세를 요구하거나, 자신이 맡은 직무의 필요로 인해 다른 사람에게 맹세를 요구하기도 한다. 만일 누군가가 개인(個人)으로서 자신을 위해 어떤 사람에게 맹세를 요구한다면, 구별해야 하는 것으로 보인다. 만일 누군가가 거짓을 맹세하는 것을 알지 못하고, 그에게 신뢰할 수 있도록 "내게 맹세하시오."라고 말한다면, 이것은 죄가 아니라 인간적인 유혹이다. 그것은 우리의 나약함에서 유래하기 때문이다. 인간은 이것으로 다른 사람이 진리를 말했는지 의심하게 된다. 그러나 만일 누군가가 다른 사람이 맹세한 것에 반대되는 것을 행하는 것에 대해 알고 있으면서 그로 하여금 맹세하도록 강제한다면, 그는 살인자이다. 만일 누군가가 다른 사람의 청원에 따라 법질서가 요구하는 바에 준해서 공인(公人)으로서 맹세를 요구한다면, 그 자신이 맹세를 요구했는지에 대해서는 탓이 있는 것으로 보이지 않는다. 그가 맹세를 요구한 것이 아니라 다른 사람의 요청이 그것을 요구했기 때문이다.

신성모독(제99문)

어떤 것은 신적 예배를 향해 질서 지어진 것으로 인해 거룩하다고 말한다. 그런데 어떤 것이 선한 목적을 향해 질서 지어져 있다는 사실에 의해서, 선(善)의 이유가 결정된다. 이처럼 또한 어떤 것이 하느님의 예배를 위해 배정된다는 것으로 인해 그것은 신적인 것이 되며, 따라서 하느님과 관련된 것에 어떤 공경심을 가져야 한다. 그러므로 거룩한 것에 대한 불경과 관련된 모든 것은 하느님에 대한 불의에 속하며 신성모독의 이유를 갖는다.

　기형(deformitas)의 특수한 이유가 발견되는 곳이면 어디든지 반드시 특수한 죄가 있어야 한다. 어떤 것의 외관은 주로 형상적인 이유에 따라 기대되지만, 그것의 질료나 주체에 따라 기대되는 것은 아니기 때문이다. 그러나 우리는 신성모독에서 기형의 특수한 이유를 찾을 수 있다. 왜냐하면 분명 어떤 불경과 함께 거룩한 것이 침해되었기 때문이다. 그러므로 신성모독은 특수한 죄이다. 그리고 종교에 반대된다.

　신성모독의 죄는 거룩한 것에 대한 존경의 부족에 있다. 거룩한 것에 대한 존경은 그것의 거룩함의 이유에 기인한다. 그러므로 불경이 향하는 거룩한 것들의 거룩함의 상이한 본성에 따라 신성모독의 종들을 구별해야 한다. 거룩한 것의 거룩함이 클수록 죄는 더욱 위중하다. 반면 거룩함은 거룩한 사람들, 즉 신적 예배를 위해 봉헌된 사람들에게도 할당된다. 그러나 장소의 거룩함은 거룩한 장소에서 하느님께 예배를 봉헌하는 인간의 거룩함을 향해 질서 지어져 있다. 그러므로 거룩한 사람을 거슬러 범한 신성모독의 죄는 거룩한 장소를 거슬러 범한 죄보다 훨씬 더 위중하다. 신성모독의 이러저러한 유에는 거룩한 사람과 거룩한 장소들의 차이에 따라 큰 차이가 있다.

　마찬가지로 신성모독의 세 번째 유형, 즉 다른 거룩한 것들에 관해 범해진 신성모독은 거룩한 것들의 차이에 따라 상이한 단계를 갖는다. 이것들 가운데 가장 높은 위치는 성사들이 차지한다. 인간은 성사들을 통해 성화된다. 성사들 가운데 주된 것은 그리스도 자신을 담고 있는 성체성사이다. 그러므로 성체성사를 거슬러 범한 신성모독은 모든 신성모독 가운데 가장 위중하다. 성사들 이후, 성사들을 받기 위한 축성된 그릇들은 두 번째 위치를 차지한다. 거룩한 성화들과 성인들의 유해에는 어떤 방식으로 거룩한 사람들 자신이 공경되거나 모욕을 받는다. 그다음으로, 교회와 직무자들에 대한 장식과 관련된 것들이 있다. 그다음으로, 동산(動産)이든 부동산(不動産)이든 직무자들의 부양을 위해 정해진 물건들도 있다. 이런 가운데 어떤 것을 거슬러서 죄를 범한 사람은 신성모독의 범죄에 빠지게 된다.

벌을 부과하는 데 있어서 두 가지를 고려해야 한다. 무엇보다도 벌이 정당하도록 동등함(aequalitas)을 고려해야 한다. 이러한 방식으로 신성모독자(sacrilegus)에게 벌은 적합하다. 첫째, 거룩한 것에 부정을 가져오는 그는 파문되며, 이를 통해 거룩한 것에서 멀리 떨어진다. 둘째, 만일 유익(utilitas)을 고려한다면, 벌은 놀란 사람들이 죄를 범하는 것을 단념하도록 하는 약으로 부과된다. 그러나 거룩한 것들을 존경하지 않는 신성모독자에게는 자신에게 중요하지 않은 거룩한 것들이 금지되었다는 사실로 인해 죄를 범하는 것에서 충분히 멀리 떨어져 있지 않은 것으로 보인다. 그러므로 인정법(lex humana)에 따라 사형(poena capitis)이 사용되어야 한다. 그러나 육체적인 죽음을 부과하지 않는 교회의 판결에 따르면, 사람들이 적어도 현세적 벌과 함께 신성모독으로부터 돌아오도록 금전적 벌이 사용된다.

성직매매(제100문)

어떤 행위는 부당한 질료에 해당하기 때문에 유(類)에 있어 악하다. 그런데 사고파는 것은 세 가지 이유로 인해 영적인 것이다. 무엇보다도 잠언 3,15에서 말하듯이, 영적인 것은 어떠한 지상적 값에 의해 보상될 수 없기 때문이다. 둘째, 판매의 합당한 재료는 오직 그 물건의 판매자가 주인인 것만 될 수 있다. 그런데 1코린 4,1에 따르면, 교회의 고위 성직자는 영적인 것들의 주인이 아니라 분배자일 뿐이다. 셋째, 판매는 하느님의 무상적인 의지에서 비롯되는 영적인 것들의 기원에 반대된다. 그러므로 인간은 영적인 것을 팔거나 사는 가운데 하느님과 신적인 것들에 불경을 드러낸다. 이로 인해 그는 무종교의 죄를 범한다.

새 법의 성사들은 가격으로 평가될 수 없으며 무상이 아니고는 주어지지 않는다는 영적 은총의 원인인 한에서 특히 영적이다. 그런데 1코린 9,13에 따라, 성사들은 백성에 의해 부양되어야 하는 교회의 직무자들에 의해 분배된다. 성사의 영적 은총 때문에 돈을 받는 것은 성직매매의 범죄로, 어떠한 관습에 의해서도 면제될 수 없다. 그러나 아리스토텔레스가 『니코마코스 윤리학』 제4권에서 말하듯이, 돈은 "돈의 값으로 평가될 수 있는 모든 것"을 뜻하는 것으로 이해된다. 교회의 조직화와 승인된 관습에 따라 성사를 관리하는 사람들의 부양을 위해 어떤 것을 받는 것은 성직매매가 아니며 죄도 아니다. 그것은 급료의 값으로 받아들여진 것이 아니라 필요를 돕기 위한 것으로 이해되기 때문이다.

성사들이 영적 은총을 주기 때문에 영적이라고 불리듯이, 몇 가지 다른 것들도 영적 은총에서 유래하고 그 은총을 받도록 준비시키기 때문에 영적이라고 불린다. 1코린 9,7에 따르면, 그들은 백성에게 영적인 것들을 관리한다. 그러므로 이와 비슷한 행위들에서 영적인 것을 팔거나 사는 것은 성직매매적이지만, 교회의 규범과 승인된 관습에 따라 직무자들의 영적 부양을 위해 어떤 것을 받거나 주는 것은 합당하다. 그러나 사고팔려는 의도를 배제해야 하며, 주려 하는 영적인 것들을 유보함으로써 주기를 원치 않는 사람을 강제하지 말아야 한다. 왜냐하면 이것들은 판매의 일정한 모습을 가질 수 있기 때문이다.

어떤 것은 두 가지 방법으로 영적인 것과 연결될 수 있다. 첫째, 영적인 것에 의존되어 있는 한에서, 예를 들어 교회 은급(beneficium)을 갖는 것은 교회 직무를 가진 사람에게만 주어지기 때문에 영적인 것에 연결되어 있다고 말한다. 그것은 오직 사제의 직무를 소유한 사람에게만 속하기 때문이다. 그러므로 이러한 것들은 결코 영적인 것들 없이는 존재할 수 없다. 그리고 이러한 이유로 그것들을 판매하는 것은 어떤 방법으로도 허용되지 않는다. 그런데 어떤 것들은 영적인 것들을 향해 질서 지어져 있기 때문에 영적인 것들과 연결되어 있다. 예컨대, 성직자들에게 교회의 은급을 주기 위한 보호자의 권리, 그리고 성사들의 사용을 위해 준비된 거룩한 그릇이 그러하다. 그러므로 이러한 것들은 영적인 것을 전제로 하는 것이 아니라 시간의 질서에서 앞서는 것이다. 그것들은 어떤 방식으로는 팔 수 있지만, 그것들이 영적인 것과 연결된 한에서는 그렇지 않다.

돈의 이름 아래 돈을 통해 측량될 수 있는 모든 대가가 들어간다. 하지만 사람의 순명은 돈의 대가로 평가될 수 있는 어떤 은급을 향해 질서 지어져 있는 것이 분명하다. 따라서 직무자들은 돈의 보상과 함께 인도된다. 그러므로 누군가가 제시되거나 제시해야 할 어떤 현세적인 봉사를 위해 영적인 것을 주는 것은, 이러한 봉사를 평가할 수 있게 해 주는, 그러한 것을 주게 되거나 약속된 돈 때문에 주는 것과 같다. 마찬가지로, 누군가 현세적인 은총을 추구하기 위해 다른 사람의 요청을 만족시키는 사실은 돈의 대가로 평가될 수 있는 어떤 유익을 향해 질서 지어져 있다. 그러므로 돈을 받음으로써 또는 모든 종류의 외적인 것들을 받음으로써 성직매매를 범하듯이, 말의 직무나 순명에 의해서도 성직매매를 범한다.

어떤 사람도 자기 주인의 뜻에 반하여 자기가 획득한 것을 합법적으로 보유할 수 없다. 그러나 "너희가 거저 받았으니 거저 주어라."라는 마태 10,8에 따라, 자기 교회의 고위 성직자들을 관리자와 직무자로 두고 있는 주님은 그들에게 영적인 것들을 거저 주라고 명령하셨다. 그러므로 선물의 개입을 통해 영적인 것을 얻는 사람들은 그것을 합법적으로 유지할 수 없다. 더 나아가, 성직매매자들은 영적인 것을 판매하는 자와 구매하는 자, 심지어 중개자들도 다른 처벌과 함께 처벌된다. 만일 그들이 성직자들이라면 추문(infamia), 면직(depositio)과 함께 처벌되며, 그들이 평신도라면 파문과 함께 처벌된다.

참고문헌

Barton, Tamsyn, *Ancient Astrology*, London, Routledge, 1994.

Bender, H.(ed.), *Parapsychologie: Entwicklung. Ergebnisse*, Probleme, 1971.

Blaschke, Robert, P., *Astrology: a language of life*, Oregon, Earthwalk School of Astrology publisher, 1998.

Boisvert, Francine, *Les astrologies du monde*, Outremont, Quebecor, 1997.

Cicero, Marcus Tullius, *De senectute*, *De amicitia*, *De divinatione*, Cambridge (Mass.), Harvard University. Press, 1979.

Cumont, Franz, *Astrology and religion among the Greeks and Romans*, New York, Dover Publications, 1960.

Frederick H. Cryer, *Divination in ancient Israel and its near eastern environment: a Socio-Historical investigation*, Sheffield(England), Jornal for the Study of the O.T., 1994.

Huntley, Janis, *Elements of astrology*, Shaftesbury, Element, 1994.

Joseph Rhine, "Zum Problem der spiritistischen Hypothese", in *Parapsychologie*, ed. by H. Bender, 1971.

Law, Donald, *Astrology, palmistry and dreams*, Totowa, Littlefied, Adams Co., 1975.

O'Loughin, Thomas, "Development of Augustine the bishop's critique of astrology", in *Augustinian Studies*: vol.30(1999), pp.83-103.

Tatem, Moira, *Dictionary of superstitions*, Oxford University Press, 1989.

Teresa Forcades i Vila, "La provvidenza di Dio e le idolatrie contemporanee", in *Concilium*(2023, 5), 2023, pp.105-116.

Willis, Roy, G., *Astrology, Science and Culture: Pulling Down the Moon*, Berg, 2004.

Zatelli, Ida, "Astrology and the worship of the stars in the bible", in *Zeitschrift fur die Alttestamentliche Wissenschaft*: 1991 (v.103 n.1), pp.86-99.

강승일, 『이스라엘과 고대 근동의 점술』, 기독교문서선교회, 2015.

게를라흐, 발터, 『미신 사전』, 정명순 옮김, 을유문화사, 2009.

곽승룡, 「미신행위를 버리고 거룩한 영에게서 위로를: 경향 돋보기-미신행위와 교회」, 『경향잡지』 1775호, 2016, 48-53쪽.

길로비치, 토머스, 『인간 그 속기 쉬운 동물: 미신과 속설은 어떻게 생기나』, 이양원·장근영 옮김, 모멘토, 2008.

김시헌, 「미신」, 『철학과 현실』, 1992년 가을, 철학문화연구소, 1992, 362-365쪽.

김영수, 「신앙과 미신: 특집 우리의 믿음 따라」, 『가톨릭 디다케』, 서울대교구 교육국, 2008, 42쪽.

김일희, 「그리스도인으로서 삶: 경향 돋보기-그리스도인과 미신 3」, 『경향잡지』 1849호, 2022, 58-62쪽.

드레이크, 새뮤얼 애덤스, 『신화와 미신 그 끝없는 이야기: 미신은 역사가 기록되기 훨씬 전부터 존재했다』, 윤경미 옮김, 책읽는귀족, 2017.

몬딘, 바티스타, 「미신」, 「성직매매」, 「우상숭배」, 「위증」, 「점」, 「점성술」, 「천문학」,『성 토마스 개념사전』, 이재룡 · 안소근 · 윤주현 옮김, 한국성토마스 연구소, 2020, 239-240쪽, 343-344쪽, 482-483쪽, 513쪽, 635쪽, 733쪽.
박우야전,「점술과 미신」,『천주교 문학』5호, 성황석두루가서원, 1993, 125-127쪽.
베리, 웬델,『삶은 기적이다』, 박경미 옮김, 녹색평론사, 2006.
엠브로즈, 데이비드,『미신』, 박희선 옮김, 한밭, 1997.
오세일,「왜 미신행위와 우상에 빠지는가: 경향 돋보기-미신행위와 교회」,『경향잡지』1775호, 2016, 36-41쪽.
오후,『믿습니까? 믿습니다!: 별자리부터 가짜 뉴스까지 인류와 함께해온 미신의 역사』, 동아시아, 2021.
유희석,「점치는 인간: 경향 돋보기-그리스도인과 미신 1」,『경향잡지』1849호, 2022, 48-52쪽.
이규태,『한국인의 성과 미신』, 기린원, 1985.
이금재,「너에게는 나 말고 다른 신이 있어서는 안 된다: 경향 돋보기-그리스도인과 미신 2」,『경향잡지』1849호, 2022, 53-57쪽.
이상진,『구약성경의 우상숭배와 그 금지』, 가톨릭대학교 신학대학, 2008.
이창익,『미신의 연대기: 지워진 믿음의 기록』, 테오리아, 2021.
조현진,「종교와 미신의 차이는 무엇인가 1: 스피노자와 우리」,『갈라진 시대의 기쁜소식』993호, 2011, 22-25쪽.
조현진,「종교와 미신의 차이는 무엇인가 2: 스피노자와 우리」,『갈라진 시대의 기쁜소식』996호, 2011, 20-23쪽.
주원준,「하느님 백성 안의 '다른 신앙': 경향 돋보기-미신행위와 교회」,『경향잡지』1775호, 2016, 42-47쪽.
최창무,「미신과 우상숭배: 경신례를 중심으로」,『논문집: 1984년(제10집)』, 1984, 5-24쪽.
패렐, 월터, OP,『신학대전 해설서 III』, 윤주현 옮김, 수원가톨릭대학교 출판부, 2021, 395-414.
페쉬케, K. H.,『그리스도교 윤리학 제2권: 대신 및 대인 윤리』, 김창훈 옮김, 분도출판사, 2021, 222-229.
플렁켓, 에멀린 M., 『고대의 달력과 별자리』, 전관수 옮김, 연세대학교 출판부, 2010.
허트슨, 매슈, 『왜 우리는 미신에 빠져드는가: 우리를 행복하고 건강하게 해주는 비합리적인 믿음』, 정은아 옮김, 소울메이트, 2013.

토마스 아퀴나스 신학대전 40

종교와 경신(II)

제2부 제2편
제92문 - 제100문

QUAESTIO XCII
DE SUPERSTITIONE
in duos articulos divisa

Deinde considerandum est de vitiis religioni oppositis.[1] Et primo, de illis quae cum religione conveniunt in hoc quod exhibent cultum divinum; secundo, de vitiis manifestam contrarietatem ad religionem habentibus, per contemptum eorum quae ad cultum divinum pertinent. Primum autem horum pertinet ad superstitionem; secundum ad irreligiositatem. Unde primo considerandum est de ipsa superstitione, et de partibus eius[2]; deinde de irreligiositate et partibus eius.[3]

Circa primum quaeruntur duo.

Primo: utrum superstitio sit vitium religioni contrarium.

Secundo: utrum habeat plures partes seu species.

Articulus 1
Utrum superstitio sit vitium religioni contrarium

Ad primum sic proceditur. Videtur quod superstitio non sit vitium

---

1. Cf. q.81, Introd.
2. Q.93.

제92문
미신에 대하여
(전2절)

　이제 종교에 반대되는 악습에 대해 다루기로 하자.[1] 첫째, 신적 예배를 드리는 한에서 종교와 공통된 것들에 대하여. 둘째, 신적 예배에 속하는 것들에 대한 멸시로 인해 명백하게 종교에 반대되는 악습들에 대하여. 그것들 가운데 첫째는 미신에 속한다. 둘째는 무종교(irreligiositas)에 [속한다]. 그러므로 첫째로 미신 자체에 관해, 그리고 그 부분들에 대해 고려해야 한다.[2] 그다음에 무종교와 그 부분들에 대해 [고려해야 한다].[3]

　첫째에 관해서는 두 가지가 조사된다.

　첫째, 미신은 종교에 반대되는 악습인가?

　둘째, 그것은 다수의 부분이나 종을 갖고 있는가?

제1절 미신은 종교에 반대되는 악습인가

Parall.: Infra, q.122, a.3; *In Sent.*, III, d.9, q.1, a.1, qc.3, ad3.

[반론] 첫째는 다음과 같이 진행된다. 미신(superstitio)은 종교에 반대

---
3. Q.97.

religioni contrarium.

1. Unum enim contrariorum non ponitur in definitione alterius. Sed religio ponitur in definitione superstitionis, dicitur enim superstitio esse *religio supra modum servata,* ut patet in Glossa[1] *ad Coloss.* 2, [23], super illud, *Quae sunt rationem habentia sapientiae in superstitione.* Ergo superstitio non est vitium religioni oppositum.

2. Praeterea, Isidorus dicit, in libro *Etymol.*[2]: *Superstitiosos ait Cicero*[3] *appellatos qui totos dies precabantur et immolabant ut sui sibi liberi superstites fierent.* Sed hoc etiam fieri potest secundum verae religionis cultum. Ergo superstitio non est vitium religioni oppositum.

3. Praeterea, *superstitio* quendam excessum importare videtur. Sed religio non potest habere excessum: quia sicut supra[4] dictum est, secundum eam non contingit aequale Deo reddere eius quod debemus. Ergo superstitio non est vitium religioni oppositum.

SED CONTRA est quod Augustinus dicit, in libro *de Decem Chordis*[5]: *Tangis primam chordam, qua colitur unus Deus, et cecidit bestia superstitionis.* Sed cultus unius Dei pertinet ad religionem. Ergo superstitio religioni opponitur.

RESPONDEO dicendum quod, sicut supra[6] dictum est, religio est

---

1. Inter.; Lombardus: PL 192, 278C.
2. X, ad litt. *S*, n.244: PL 82, 393B.
3. *De nat. deorum,* II, c.28: ed. C. F. W. Müller, Lipsiae, 1910, p.72, ll.5-7.

되는 악습이 아닌 것으로 보인다.

1. 상반되는 것들 가운데 하나는 다른 것의 정의에 들어가지 않는다. 그러나 종교는 미신의 정의에 포함된다. 콜로새서 2장 [23절]의 "미신에서 지혜의 근거를 갖는 것들이다."라는 구절에 대한 『주석』에서[1] 말하듯이 과도한 방식으로 준수되는 종교를 뜻한다. 그러므로 미신은 종교에 반대되는 악습이 아니다.

2. 이시도루스는 『어원』에서[2] "키케로는[3] 그들의 자녀들이 자유로운 생존자가 될 수 있도록 온종일 기도하고 희생제물을 드리는 이들을 미신적이라고 불렀다." 그러나 또한 이것은 참된 종교의 예배에 따라 이루어질 수 있다. 그러므로 미신은 종교에 반대되는 악습이 아니다.

3. 미신은 어떤 과도함을 내포하는 것으로 보인다. 그러나 종교는 과도함을 가질 수 없다. 왜냐하면 위에서 말한 바와 같이,[4] 그에 따라 우리가 빚진 것을 하느님께 되돌려드릴 수 없기 때문이다. 그러므로 미신은 종교에 반대되는 악습이 아니다.

[재반론] 반대로 아우구스티누스는 『열 개의 현(絃)』에서[5] "당신은 유일한 하느님이 흠숭받는 첫 번째 현을 건드리시오. 그러면 미신의 짐승이 넘어질 것이오."라고 말한다. 그러나 유일한 하느님에 대한 예배는 종교에 속한다. 그러므로 미신은 종교에 반대된다.

[답변] 위에서 말한 바와 같이,[6] 종교는 도덕적 덕이다. 그런데 위에

---

4. Q.81, a.5, ad3.
5. Serm. 9, al.96, c.9, n.13: PL 38, 85.
6. Q.81, a.5, ad3.

virtus moralis. Omnis autem virtus moralis in medio consistit, ut supra[7] habitum est. Et ideo duplex vitium virtuti morali opponitur: unum quidem secundum excessum; aliud autem secundum defectum. Contingit autem excedere medium virtutis non solum secundum circumstantiam quae dicitur *quantum*, sed etiam secundum alias circumstantias. Unde in aliquibus virtutibus, sicut in magnanimitate et magnificentia, vitium excedit virtutis medium non quia ad maius aliquid tendat quam virtus, sed forte ad minus: transcendit tamen virtutis medium, inquantum facit aliquid cui non debet, vel quando non debet, et similiter secundum alia huiusmodi; ut patet per Philosophum, in IV *Ethic.*.[8] Sic igitur superstitio est vitium religioni oppositum secundum excessum, non quia plus exhibeat in cultum divinum quam vera religio: sed quia exhibet cultum divinum vel cui non debet, vel eo modo quo non debet.

AD PRIMUM ergo dicendum quod sicut bonum metaphorice dicitur in malis, prout dicimus bonum latronem, ita etiam nomina virtutum quandoque transumptive accipiuntur in malis: sicut prudentia quandoque ponitur pro astutia, secundum illud Luc. 16, [8]: *Filii huius saeculi prudentiores filiis lucis sunt.* Et per hunc modum superstitio dicitur esse religio.

AD SECUNDUM dicendum quod aliud est etymologia nominis, et aliud est significatio nominis. Etymologia attenditur secundum id

---

7. I-II, q.64, a.1.

서 제시한 바와 같이,[7] 모든 도덕적 덕은 중용에 있다. 그러므로 두 가지 악습이 도덕적 덕에 반대된다. 하나는 과도함(excessum)에 따른 것이며, 반면 [다른 악습은] 결핍(defectum)에 따른 것이다. 그런데 양(量)으로 불리는 상황뿐만 아니라 다른 상황에 따라서도 덕의 중용을 초과하는 것이 일어난다. 그러므로 웅지(magnanimitas)와 관대(magnificentia)에서처럼, 어떤 덕에서 악습은 덕보다 큰 어떤 것을 향하기 때문이 아니라, 아마도 더 적은 것을 향하기 때문에 덕의 중용을 초과하는 것 같다. 그럼에도 『니코마코스 윤리학』 제4권에서[8] 철학자에 의해 분명히 드러나듯이, [악습은] 하지 말아야 하는 사람에게 또는 하지 말아야 할 때 어떤 것을 하는 한에서, 그리고 이와 같은 다른 것들에 따라 비슷하게 [어떤 것을 하는 한에서] 덕의 중용을 초월한다. 그러므로 미신은, 신적 예배에서 참된 종교가 하는 것보다 훨씬 더 많이 드리기 때문이 아니라 하지 말아야 할 자에게 또는 해서는 안 될 방식으로 신적 예배를 드리기 때문에, 과도함에 따라서 종교에 반대되는 악습이다.

[해답] 1. 훌륭한[유능한] 도둑이라고도 하고 선이 악행들에서 은유적으로 언급되는 것처럼, 덕들의 이름은 종종 악습을 설명하기 위해 취해진다. 예컨대, 루카복음서 16장 [8절]에서 "이 세상의 자녀들이 빛의 자녀들보다 영리하다."라고 하는 바에 따라, 현명(prudentia)은 종종 교활함(astitia)을 대신한다. 그러므로 이 방식으로 인해 미신은 종교라고 불린다.

---

8. Cc.1, 3-4, 6-7: 1120a27-29; 1121a21-27; 1122a32-34; 1123a19-27; b14-15, 25-26; S. Thomas, lect.2, n.668; lect.4, nn.688-689; lect.6, n.711; lect.7, n.732; lect.8, nn.741-744.

a quo imponitur nomen ad significandum: nominis vero significatio attenditur secundum id ad quod significandum nomen imponitur. Quae quandoque diversa sunt: nomen enim *lapidis* imponitur a *laesione pedis*, non tamen hoc significat; alioquin ferrum, cum pedem laedat, lapis esset. Similiter etiam nomen *superstitionis* non oportet quod significet illud a quo nomen est impositum.

AD TERTIUM dicendum quod religio non potest habere excessum secundum quantitatem absolutam. Potest tamen habere excessum secundum quantitatem proportionis: prout scilicet in cultu divino fit aliquid quod fieri non debet.

Articulus 2
Utrum sint diversae superstitionis species

Ad secundum sic proceditur. Videtur quod non sint diversae superstitionis species.

1. Quia secundum Philosophum, in I *Topic.*,[1] *si unum oppositorum dicitur multipliciter, et reliquum*. Sed religio, cui superstitio opponitur, non habet diversas species, sed omnes eius actus ad unam speciem referuntur. Ergo nec superstitio habet diversas species.

2. Praeterea, opposita sunt circa idem.[2] Sed religio, cui opponitur superstitio, est circa ea quibus ordinamur in Deum, ut supra[3] habi-

---

1. C.15: 106b14-15.

2. 이름의 어원과 의미는 다르다. 어원은 그에 따라 이름에 부과되는 것에 의존되는 데 반해, 이름의 의미는 그 이름이 의미하도록 부여되는 것에 의존되어 있다. 이것들은 종종 다르다. 왜냐하면 '돌(lapis)'의 이름은 "발에 상처를 입힘"에서 유래하지만, 이것을 의미하지는 않기 때문이다. 그렇지 않으면, 철이 발에 상처를 입힐 때 돌이 된다. 마찬가지로 '미신'의 이름은 그것이 유래하는 것을 의미해야 하는 것이 아니다.

3. 절대적인 양에 따라서는 종교가 과도함을 가질 수 없다. 그러나 비례적인 양에 따라서는 과도함을 가질 수 있는데, 이것은 물론 신적인 예배에서 해서는 안 되는 일을 하기 때문이다.

제2절 미신의 상이한 종들이 있는가

[반론] 둘째는 다음과 같이 진행된다. 미신의 상이한 종은 없는 것으로 보인다.

1. 철학자가 『변증론』 제1권에서[1] 말한 바에 따르면, "대립된 것들 가운데 하나가 다양한 형태이면, 나머지 것도 [그렇다]." 그러나 미신에 반대되는 종교는 다른 종을 갖지 않으며, 그것의 모든 행위는 하나의 종으로 되돌려진다. 그러므로 미신도 다른 종을 갖지 않는다.

2. 상반되는 것들은 동일한 것에[2] 관한 것들이다. 그러나 미신에서

---

2. Cf. q.1, a.1; etc. Cf. I, q.17, a.1.
3. Q.81, a.1.

tum est. Non ergo species superstitionis, quae opponitur religioni, potest attendi secundum aliquas divinationes humanorum eventuum, vel secundum aliquas observationes humanorum actuum.

3. Praeterea, *Coloss.* 2, super illud [23], *Quae sunt rationem habentia sapientiae in superstitione*, dicit Glossa[4]: *idest, in simulata religione.* Ergo etiam simulatio debet poni species superstitionis.

SED CONTRA est quod Augustinus, in II *de Doct. Christ.*,[5] diversas species superstitionis assignat.

RESPONDEO dicendum quod, sicut supra[6] dictum est, vitium religionis consistit in hoc quod transcenditur virtutis medium secundum aliquas circumstantias. Ut autem supra[7] dictum est, non quaelibet circumstantiarum corruptarum diversitas variat peccati speciem, sed solum quando referuntur ad diversa obiecta vel diversos fines: secundum hoc enim morales actus speciem sortiuntur, ut supra[8] habitum est. Diversificatur ergo superstitionis species, primo quidem, ex parte obiecti. Potest enim divinus cultus exhiberi vel cui exhibendus est, scilicet Deo vero, *modo tamen indebito*[9]: et haec est prima superstitionis species. — Vel ei cui non debet exhiberi, scilicet

---

4. Lombardus: PL 192, 279A; Cf. Ordin.: PL 114, 613D.
5. Cc.20sqq.: PL 34, 50sqq. Cf. q.96, a.3, sc.
6. 앞 절.

자신의 상반된 것을 갖는 종교는, 위에서 언급한 바와 같이,[3] 우리를 하느님께로 인도하는 것을 대상으로 갖는다. 따라서 종교에 반대되는 미신의 종(種)들은 인간적인 사건에 관한 어떤 신격화나 인간적인 행위들에 따라 주목될 수 없다.

3. 콜로새서 2장 [23절]과 관련해서 『주석』은[4] "미신에서 지혜의 근거를 갖는 것들이다."라고 하며 다음과 같이 덧붙였다: "즉 위선적 종교에서" 그러므로 위선(simulatio)은 미신의 종 가운데 제시되어야 한다.

[재반론] 그러나 반대로 아우구스티누스는 『그리스도교 교양』 제2권에서[5] 다양한 미신의 종들을 지정했다.

[답변] 위에서 언급한 바와 같이,[6] 종교에 관련된 악습은 어떤 상황에 따라 덕들의 중용을 넘어서는 데 있다. 그런데 위에서 언급한 바처럼,[7] 모든 부패한 상황이 죄에 종의 상이함을 부여하지 않고, 오직 상이한 대상이나 상이한 목적과 관련될 때만 [그렇다]. 사실 위에서 말한 바와 같이,[8] 도덕적 행위들은 그에 따라 나뉜다. 그러므로 미신의 종들은 우선적으로 대상의 편에서 분화된다. 사실 신적 예배는 마땅히 드려야 할 분, 즉 참된 하느님께 드릴 수 있다. 그러나 "부당한 방식으로"[9] [드릴 수 있다]. 그리고 이것은 미신의 첫 번째 종(種)이다. 또는 [신적 예배를] 드리지 않아야 할 이들, 즉 여하한 피조물에게 주는 것이다. 이것은 미신의 다른 유(類)로서, 신적 예배의 상이한 목적에 따라 많은 종

---

7. I-II, q.72, a.9.
8. Ibid., q.1, a.3; q.18, aa.2 et 6.
9. 다음 문 참조.

cuicumque creaturae. Et hoc est aliud superstitionis genus, quod in multas species dividitur, secundum diversos fines divini cultus.

Ordinatur enim, primo, divinus cultus ad reverentiam Deo exhibendam. Et secundum hoc, prima species huius generis est *idololatria*, quae divinam reverentiam indebite exhibet creaturae.[10] — Secundo, ordinatur ad hoc quod homo instruatur a Deo, quem colit. Et ad hoc pertinet superstitio *divinativa*, quae Daemones consulit per aliqua pacta cum eis inita, tacita vel expressa.[11] — Tertio, ordinatur divinus cultus ad quandam directionem humanorum actuum secundum instituta Dei, qui colitur. Et ad hoc pertinet superstitio quarundam *observationum*.[12]

Et haec tria tangit Augustinus, in II *de Doct. Christ.*,[13] dicens *superstitiosum esse quidquid institutum ab hominibus est ad facienda et colenda idola pertinens:* et hoc pertinet ad primum. Et postea subdit: *vel ad consultationes et pacta quaedam significationum cum Daemonibus placita atque foederata:* quod pertinet ad secundum. Et post pauca subdit: *Ad hoc genus pertinent omnes ligaturae,* etc.: quod pertinet ad tertium.

AD PRIMUM ergo dicendum quod, sicut Dionysius dicit, 4 cap. *de Div. Nom.*,[14] *bonum contingit ex una et integra causa: malum autem ex singularibus defectibus.* Et ideo uni virtuti plura vitia opponuntur, ut supra[15] habitum est. Verbum autem Philosophi veritatem habet in

---

10. Cf. q.94.

으로 나뉜다.

사실 신적 예배는 첫째로 하느님께 공경을 드리기 위해 질서 지어져 있다. 그리고 이에 따라 그 유의 첫 번째 종은 우상숭배로서, 신적 공경을 피조물에게 부당하게 주는 것이다.[10] 둘째, [신적 예배는] 인간이 자신이 공경하는 하느님에 의해 훈련되도록 질서 지어져 있다. 점술적 미신(superstitio divinativa)은 여기에 속한다. 그것은 마귀들과 무언의 또는 분명한 계약을 체결함으로써 그들에게 조언을 청하는 것이다.[11] 셋째, 신적 예배는 공경을 받으신 하느님의 가르침에 따라 인간적인 행위들에 어떤 방향을 부여하도록 질서 지어진다. 그리고 여기에 어떤 규정들의 미신이 속한다.[12]

아우구스티누스는 『그리스도교 교양』 제2권에서[13] 다음과 같이 말하며 이 세 가지를 다뤘다: "우상들을 만들고 예배를 드리기 위해 사람들에 의해 세워진 모든 것은 미신적이다." 이것은 첫째에 속한다. 그리고 이어서 다음과 같이 추가했다: "또는 마귀들과 합의되고 연합된 어떤 의미에 대한 자문(consultationes)과 계약(pacta)" 이것은 둘째에 속한다. 그리고 좀 더 뒤에서 다음과 같이 약간의 말을 덧붙였다: "이러한 유(類)에 모든 부적(ligatura)이 속한다." 이것은 셋째에 속한다.

[해답] 1. 디오니시우스는 『신명론』 제4장에서[14] 다음과 같이 말한다: "선은 하나이며 총체적인 원인에서 일어나는 데 반해, 악은 부분적인

---

11. Cf. q.95.
12. Cf. q.96.
13. C.20, n.30; PL 34, 50.
14. PG 3, 729 C; S. Thomas, lect.22, n.572.
15. q.10, a.5.

oppositis in quibus est eadem ratio multiplicationis.

AD SECUNDUM dicendum quod divinationes et observationes aliquae pertinent ad superstitionem inquantum dependent ex aliquibus operationibus Daemonum. Et sic pertinent ad quaedam pacta cum ipsis inita.

AD TERTIUM dicendum quod simulata religio ibi dicitur *quando traditioni humanae nomen religionis applicatur*, prout in Glossa[16] sequitur. Unde ista simulata religio nihil est aliud quam cultus Deo vero exhibitus modo indebito: sicut si aliquis tempore gratiae vellet colere Deum secundum veteris legis ritum. Et de hoc ad litteram loquitur Glossa.[17]

---

16. Ordin.: PL 114, 613 D; Lombardus: PL 192, 279A.

결함들로부터 유래한다." 그러므로 위에서 말한 바와 같이,[15] 하나의 덕에는 다수의 악습이 반대된다. 그러나 철학자의 말은 동일한 다수화의 근거를 갖는 대립 안에서 진리를 갖는다.

2. 점술과 규정들은 마귀들의 어떤 작용에 의존된 한에서 미신에 속한다. 이처럼 [그것은] 마귀들과 체결하는 계약에 속한다.

3. 『주석』에서[16] 계속해서 말하기를, "종교의 이름이 인간의 전통에 적용될 때", 거기에서는 종교가 가장된 것이라고 한다. 그러므로 이 가장된 종교는 옛 법의 예식에 따라 은총의 때에 하느님을 경배하고자 하는 것처럼, 누군가 참 하느님을 부당한 방식으로 경배하는 것에 불과하다. 이것이 『주석』[17]의 문자적 의미다.

---

17. Ordin.: PL 114, 613 CD; Lombardus: PL 192, 278.

QUAESTIO XCIII
DE SUPERSTITIONE INDEBITI CULTUS VERI DEI

in duos articulos divisa

Deinde considerandum est de speciebus superstitionis.[1] Et primo, de superstitione indebiti cultus veri Dei; secundo, de superstitione idololatriae[2]; tertio, de superstitione divinationum[3]; quarto, de superstitione observationum.[4]

Circa primum quaeruntur duo.

Primo: utrum in cultu Dei veri possit esse aliquid perniciosum.

Secundo: utrum possit ibi esse aliquid superfluum.

Articulus 1
Utrum in cultu veri Dei possit esse aliquid perniciosum

Ad primum sic proceditur. Videtur quod in cultu veri Dei non

---

1. Cf. q.92, Introd. et a.2.
2. Q.94.

제93문
참된 하느님께 부적절한 예배를 드리는 미신에 대하여
(전2절)

이제 미신의 다양한 종에 대해 숙고하기로 하자.[1] 첫째, 참된 하느님께 부적절한 예배를 드리는 미신에 대하여. 둘째, 우상숭배의 미신에 대하여.[2] 셋째, 점술 미신에 대하여.[3] 넷째, 규정들의 미신에 대하여.[4]

첫째에 대해서는 두 가지가 조사된다.

첫째, 참된 하느님께 드리는 예배에서 해로운 것이 있을 수 있는가?

둘째, 잉여적인 것이 있을 수 있는가?

제1절 참된 하느님께 드리는 예배에서 단죄할 만한 어떤 것이 있을 수 있는가

Parall.: I-II, q.103, a.4.

[반론] 첫째는 다음과 같이 진행된다. 참된 하느님께 드리는 예배에서

---

3. Q.95.
4. Q.96.

possit esse aliquid perniciosum.

1. Dicitur enim Ioel 2, [32][1]: *Omnis quicumque invocaverit nomen Domini, salvus erit.* Sed quicumque colit Deum quocumque modo, invocat nomen eius. Ergo omnis cultus Dei confert salutem. Nullus ergo est perniciosus.

2. Praeterea, idem Deus est qui colitur a iustis quacumque mundi aetate. Sed ante legem datam, iusti, absque peccato mortali, colebant Deum qualitercumque eis placebat: unde et Iacob proprio voto se obligavit ad specialem cultum, ut habetur *Gen.* 28, [20 sqq.]. Ergo etiam modo nullus Dei cultus est perniciosus.

3. Praeterea, nihil perniciosum in Ecclesia sustinetur. Sustinet autem Ecclesia diversos ritus colendi Deum: unde Gregorius scribit[2] Augustino Episcopo Anglorum, proponenti quod sunt diversae ecclesiarum consuetudines in missarum celebratione: *Mihi,* inquit, *placet ut, sive in Romanis sive in Galliarum sive in qualibet ecclesia aliquid invenisti quod plus omnipotenti Deo possit placere, sollicite eligas.* Ergo nullus modus colendi Deum est perniciosus.

SED CONTRA est quod Augustinus dicit, in epistola ad *Hieron.*,[3] et habetur in Glossa,[4] *Galat.* 2, [14], quod legalia observata post ver-

---

1. 로마 10,13 참조.
2. Registr., XI, ep.64; al. XII, ep.31, ad interr.3: PL 77, 1187A.

제93문 제1절

단죄할 만한 어떤 것은 있을 수 없는 것으로 보인다.

1. 요엘서 3장 [5절][1]에서는 "주님의 이름을 부르는 자는 누구나 구원될 것이다."라고 말한다. 그러나 하느님을 경배하는 이는 누구나 어떤 방식으로든 그분의 이름을 부른다. 그러므로 하느님께 드리는 모든 예배는 구원을 가져온다.

2. 세상의 모든 시대에서 의인들에 의해 경배받으시는 분은 같은 하느님이시다. 그러나 법이 주어지기 전에 의인들은 그들이 좋아하는 모든 방식으로 하느님을 경배했다. 그러므로 창세 28장 [20절 이하]에서 말하듯이, 야곱은 자신의 서원과 함께 특별한 예배를 드리기로 약속했다. 따라서 하느님께 드리는 예배에서 어떠한 방식도 단죄할 만하지 않다.

3. 교회에서는 단죄할 만한 그 어떤 것도 유지될 수 없다. 그러나 교회는 하느님께 드리는 예배에서 다양한 예식을 허용한다. 사실 그레고리우스는 미사 거행에서 다양한 교회들의 상이한 관습을 자신에게 제시한 영국 주교 아우구스티누스에게 다음과 같이 썼다:[2] "저는 당신이 전능하신 하느님께서 더 흡족해하시는 것을 로마와 갈리아 또는 다른 여하한 교회에서 발견한 것을 주의 깊게 선택하기를 바랍니다." 그러므로 하느님께 드리는 예배에서 어떠한 방식도 단죄할 만하지 않다.

[재반론] 그러나 반대로 아우구스티누스가 『히에로니무스에게 보낸 편지』에서[3] 말하고 갈라티아서 2장 [14절]에 대한 『주석』에서[4] 언급되

---

3. Epist.82, c.2, n.18: PL 33, 283. 다음을 보라: Hier., epist.112, *ad Aug.*, n.14: PL 22, 924.
4. Ordin.: PL 114, 574A; Lombardus: PL 192, 113D.

itatem Evangelii divulgatam, sunt mortifera. Et tamen legalia ad cultum Dei pertinent. Ergo in cultu Dei potest esse aliquid mortiferum.

RESPONDEO dicendum quod, sicut Augustinus dicit, in libro *contra Mendacium*,[5] mendacium maxime perniciosum est quod fit in his quae ad Christianam religionem pertinent. Est autem mendacium cum aliquis exterius significat contrarium veritati.[6] Sicut autem significatur aliquid verbo, ita etiam significatur aliquid facto: et in tali significatione facti consistit exterior religionis cultus, ut ex supradictis[7] patet. Et ideo si per cultum exteriorem aliquid falsum significetur, erit cultus perniciosus.

Hoc autem contingit dupliciter. Uno quidem modo, ex parte rei significatae, a qua discordat significatio cultus. Et hoc modo, tempore novae legis, peractis iam Christi mysteriis, perniciosum est uti caeremoniis veteris legis, quibus Christi mysteria significabantur futura: sicut etiam perniciosum esset si quis verbo confiteretur Christum esse passurum.

Alio modo potest contingere falsitas in exteriori cultu ex parte colentis: et hoc praecipue in cultu communi, qui per ministros exhibetur in persona totius Ecclesiae. Sicut enim falsarius esset qui aliqua

---

5. C.3, n.4: PL 40, 521. Cf. *De mend.*, c.14: PL 40, 505.
6. Cf. q.110, a.1.

었듯이, 복음의 진리가 보급된 이후 율법 준수는 치명적이다. 하지만 그런 법들은 하느님의 예배에 속한다. 그러므로 하느님께 드리는 예배에 어떤 치명적인 것이 있을 수 있다.

[답변] 아우구스티누스가 『거짓말』에서[5] 말하듯이, 가장 단죄할 만한 거짓말은 그리스도 종교에 속하는 것들과 관련된 것이다. 그런데 거짓말은 어떤 외적 표지들로써 진리에 반대되는 것을 표현한다.[6] 그러나 어떤 것이 말과 함께 표현되듯이, 또한 그것은 어떤 행위와 함께 표현될 수 있다. 그리고 위에서 언급한 것에 의해 분명하듯이,[7] 종교의 외적 예배는 그러한 표현들에 있다. 따라서 만일 외적 예배를 통해 거짓된 어떤 것이 표현된다면, 그것은 단죄될 만한 예배이다.

그런데 그것은 이중적으로 일어난다. 첫째 방식은 예배 행위와 그것에 의해 표현된 실재 간의 불일치를 통해 [일어난다]. 그러므로 그리스도의 신비들이 이루어진 새 법의 시대에 그분의 신비들이 미래적인 것들로 표현되는 옛 법의 예식의 관습은 단죄될 만하다. 마찬가지로 누군가 그리스도의 수난이 아직 일어나야 한다고 말로 표명하는 것은 단죄될 만하다.

다른 방식은 외적인 예배에서 예배를 드리는 자에 의해 위조(falsitas)가 일어날 수 있다. 그리고 이것은 특히 교회 전체의 위격 안에서 직무자들에 의해 수행된 공적인 예배에서 [일어날 수 있다]. 사실 누군가 위임받은 것과는 다른 것들을 어떤 사람의 편에서 하는 것은 위조자(falsarius)일 수 있듯이, 마찬가지로 신적 권위로 교회 자체에 의해 설정

---

7. Q.81, a.7.

proponeret ex parte alicuius quae non essent ei commissa, ita vitium falsitatis incurrit qui ex parte Ecclesiae cultum exhibet Deo contra modum divina auctoritate ab Ecclesia constitutum et in Ecclesia consuetum. Unde Ambrosius[8] dicit: *Indignus est qui aliter celebrat mysterium quam Christus tradidit.* Et propter hoc etiam Glossa[9] dicit, Coloss. 2, [23], quod superstitio est *quando traditioni humanae nomen religionis applicatur.*[10]

AD PRIMUM ergo dicendum quod, cum Deus sit veritas, illi invocant Deum qui *in spiritu et veritate* eum colunt, ut dicitur Ioan. 4, [24]. Et ideo cultus continens falsitatem non pertinet proprie ad Dei invocationem quae salvat.

AD SECUNDUM dicendum quod ante tempus legis, iusti per interiorem instinctum instruebantur de modo colendi Deum, quos alii sequebantur. Postmodum vero exterioribus praeceptis circa hoc homines sunt instructi, quae praeterire pestiferum est.[11]

AD TERTIUM dicendum quod diversae consuetudines Ecclesiae in cultu divino in nullo veritati repugnant. Et ideo sunt servandae; et eas praeterire illicitum est.

---

8. Cf. Glossam ordin. super 1Cor. 11, 27: PL 114, 539C; Lombardus, *ibid.*: PL 191, 1646C; Ambrosiastr., *ibid.*: PL 17, 243C.
9. Lombardus: PL 192, 279A; Ordin.: PL 114, 613D.
10. "신자 편에서 일반적인 예배의 거짓은 성사들이 교회의 예식에 반하여 거행되는지를 고려할 뿐만 아니라, 누군가 거짓 기적들을 예언하거나 가르치는 경우에도 드러난다. 왜냐하면 설교

되고 그 안에서 통상적으로 드리는 방식에 반대되는 예배를 하느님께 드리는 이는 위조의 죄를 무릅쓰는 것이다. 그러므로 암브로시우스는 다음과 같이 말한다:[8] "그리스도께서 제정하신 것과 다르게 신적 신비들을 거행하는 자는 자격이 없다." 이러한 이유로 인해 『주석』은[9] 콜로새서 2장 [23절]과 관련해서 "인간적인 전통에 종교의 이름이 적용될 때"[10] 미신이 있다고 말한다.

[해답] 1. 하느님은 진리이시므로, 요한복음서 4장 [24절]에서 말하듯이, 영과 진리 안에서 하느님을 예배하는 이들은 그분을 부른다. 그러므로 위조를 내포한 예배 행위는 구원하시는 하느님에 대한 부름에 고유하게 속하지 않는다.

2. 법이 공포되기 전에 의인들은 내적 충동에 의해 하느님을 예배하는 방식에 관해 배웠으며, 다른 이들은 그들을 따랐다. 그러나 그 후에 사람들은 그에 관해 외적인 계명에 의해 가르침을 받았다. 그것을 간과하는 것은 해롭다.[11]

3. 신적 예배에 있어서 교회의 다양한 관례들은 전혀 진리를 거스르지 않는다. 그러므로 그것은 보존되며, 그것을 간과하는 것은 부당하다.

자와 교사들은 교회의 인격 안에서 가르치고 설교해야 한다는 것이 합의되었기 때문이다. 그들은 또한 유해한 예배에 대한 어떤 경건한 의도로 인해서도 용서받지 않는다. 왜냐하면 그들 자신은 진리로 그리스도에 대한 믿음을 무효로 만들기 때문이다"(Caietanus in h. a., n.2.).
11. Cf. I-II, q.103, a.2.

Articulus 2
Utrum in cultu Dei possit esse aliquid superfluum

Ad secundum sic proceditur. Videtur quod in cultu Dei non possit esse aliquid superfluum.

1. Dicitur enim *Eccli.* 43, [32]: *Glorificantes Deum quantumcumque potueritis, supervalebit adhuc.* Sed cultus divinus ordinatur ad Deum glorificandum. Ergo nihil superfluum in eo esse potest.

2. Praeterea, exterior cultus est professio quaedam cultus interioris quo *Deus colitur fide, spe et caritate;* ut Augustinus dicit, in *Enchirid..*[1] Sed in fide, spe et caritate non potest esse aliquid superfluum. Ergo etiam neque in divino cultu.

3. Praeterea, ad divinum cultum pertinet ut ea Deo exhibeamus quae a Deo accepimus. Sed omnia bona nostra a Deo accepimus. Ergo si totum quidquid possumus facimus ad Dei reverentiam, nihil erit superfluum in divino cultu.

SED CONTRA est quod Augustinus dicit, in II *de Doct. Christ.*,[2] quod *bonus verusque Christianus etiam in litteris sacris superstitiosa figmenta repudiat.* Sed per sacras litteras Deus colendus ostenditur. Ergo

---

1. C.3: PL 40, 232.

제2절 하느님께 드리는 예배에서 과잉이 있을 수 있는가

Parall.: Supra, q.81, a.5, ad3; q.92, a.1.

[반론] 둘째는 다음과 같이 진행된다. 하느님께 드리는 예배에서 과잉(superfluum)이 있을 수 없는 것으로 보인다.

1. 집회서 43장 [32절]은 다음과 같이 말한다: "할 수 있는 한, 하느님께 영광을 드려라. 그분은 언제나 더 높으시기 때문이다." 그러나 신적 예배는 하느님께 영광을 드리도록 질서 지어져 있다. 그러므로 거기에는 전혀 과잉이 있을 수 없다.

2. 외적 예배는 내적 예배의 표현으로, 아우구스티누스가 『라우렌티우스에게 보낸 길잡이』[1]에 따르면, 내적 예배에서 "하느님은 신앙, 희망, 참사랑으로 예배를 받으신다." 그러나 이러한 덕에는 과잉이 있을 수 없다. 그러므로 신적 예배에서도 그렇다.

3. 우리가 하느님으로부터 받은 것들을 그분께 드리는 것은 신적 예배에 속한다. 그런데 우리는 하느님으로부터 우리의 모든 재산을 받았다. 그러므로 우리가 하느님을 경배하기 위해 최선을 다한다면, 신적 예배에서는 전혀 과잉이 있을 수 없다.

[재반론] 반대로 아우구스티누스는 『그리스도교 교양』에서[2] 이렇게 말한다. "선하고 진실한 그리스도인은 성경에서도 미신적인 허구를 거부한다." 그러나 성경을 통해 하느님을 경배해야 한다는 것이 드러난

---

2. C.18, n.28: PL 34, 49.

etiam in cultu divino potest esse superstitio ex aliqua superfluitate.

RESPONDEO dicendum quod aliquid dicitur superfluum dupliciter. Uno modo, secundum quantitatem absolutam. Et secundum hoc non potest esse superfluum in divino cultu: quia nihil potest homo facere quod non sit minus eo quod Deo debet.

Alio modo potest esse aliquid superfluum secundum quantitatem proportionis: quia scilicet non est fini proportionatum. Finis autem divini cultus est ut homo Deo det gloriam, et ei se subiiciat mente et corpore. Et ideo quidquid homo faciat quod pertinet ad Dei gloriam, et ad hoc quod mens hominis Deo subiiciatur, et etiam corpus per moderatam refrenationem concupiscentiarum,[3] secundum Dei et Ecclesiae ordinationem, et consuetudinem eorum quibus homo convivit, non est superfluum in divino cultu.

Si autem aliquid sit quod quantum est de se non pertinet ad Dei gloriam, neque ad hoc quod mens hominis feratur in Deum, aut quod carnis concupiscentiae moderate refrenantur; aut etiam si sit praeter Dei et Ecclesiae institutionem, vel contra consuetudinem communem (quae secundum Augustinum,[4] *pro lege habenda est*): totum hoc reputandum est superfluum et superstitiosum, quia, in exterioribus solum consistens, ad interiorem Dei cultum non pertinet. Unde Augustinus, in libro *de vera Relig.*,[5] inducit quod dicitur Luc. 17,

---

3. Cf. q.81, a.8.

다. 그러므로 신적 예배에서도 어떤 과잉에 대한 미신이 있을 수 있다.

[답변] 어떤 것은 두 가지 방식으로 과잉으로 불린다. 한 가지 방식은, 절대적인 양에 따라서 [그렇다]. 그에 따르면 신적 경배에는 과잉이 있을 수 없는데, 인간이 하느님께 드리는 것은 부족할 수밖에 없기 때문이다. 다른 방식은, 어떤 것이 비례적인 양에 따라 과잉이 될 수 있다. 왜냐하면 그것이 목적에 비례하지 않기 때문이다. 그런데 신적 예배의 목적은 인간이 하느님께 영광을 드리고 정신과 육체로 그분께 순종하는 것이다. 인간이 하느님께 영광을 드리기 위하여, 자기 정신을 하느님께 복종시키고 또한 육체도 하느님과 교회의 질서에 따라 그리고 자신이 함께 사는 이들의 관례에 따라 욕망들에 대한 절제된 제어를 통해[3] 육체를 하느님께 복종시키기 위하여 어떤 것을 하더라도 그것은 하느님께 예배를 드리는 데에서 잉여적이지 않다.

그러나 그 자체로 하느님의 영광에 속하지 않거나 인간의 정신을 하느님께 인도하거나 육(caro)의 욕망들을 절제 있게 제어하는 데 필요하지 않은 어떤 것이 있다면, 또는 하느님과 교회의 규정에 이질적인 것이거나 공통 관례에 반대되는 것이라면(아우구스티누스에 따라,[4] 법으로 고려되어야 한다), 이 모든 것은 과잉이자 미신적인 것으로 간주하여야 한다. 그것은 외적인 것이므로 하느님에 대한 내적 예배에 속하지 않는다. 그러므로 아우구스티누스는 『참된 종교』에서[5] 미신을 섬기는 자들을 거슬러 루카복음서 17장 [21절]에서 말한 것을 인용했다: "하느

---

4. *Ad Casulan.*, ep.36, a.86, c.1, n.2: PL 33, 136. Cf. I-II, q.97, a.3.
5. C.3, n.4: PL 34, 125.

[21], *Regnum Dei intra vos est, contra superstitiosos*, qui scilicet exterioribus principalem curam impendunt.

AD PRIMUM ergo dicendum quod in ipsa Dei glorificatione implicatur quod id quod fit pertineat ad Dei gloriam. Per quod excluditur superstitionis superfluitas.

AD SECUNDUM dicendum quod per fidem, spem et caritatem anima subiicitur Deo. Unde in eis non potest esse aliquid superfluum. Aliud autem est de exterioribus actibus, qui quandoque ad haec non pertinent.[6]

AD TERTIUM dicendum quod ratio illa procedit de superfluo quantum ad quantitatem absolutam.

---

6. Cf. q.81, a.5, obj.1 & ad1.

님의 나라는 너희 가운데에 있다." 그들은 기본적으로 외적인 것들에 관심을 기울인다.

[해답] 1. 하느님께 영광을 드리는 것은 그 자체로 그분의 영광에 속하는 것을 행하는 것을 내포한다. 이것은 모든 미신적인 과잉을 배제한다.

2. 영혼은 믿음과 희망과 참사랑을 통해 하느님께 순종한다. 그러므로 그것에는 과잉이 있을 수 없다. 그러나 때때로 이러한 것에 속하지 않는 외적 행위들과 관련해서 다른 것이 있다.[6]

3. 이 논거는 절대적인 양에 관한 과잉에 관련된다.

QUAESTIO XCIV
DE IDOLOLATRIA
in quatuor articulos divisa

Deinde considerandum est de idololatria.[1]

Et circa hoc quaeruntur quatuor.

Primo: utrum idololatria sit species superstitionis.

Secundo: utrum sit peccatum.

Tertio: utrum sit gravissimum peccatorum.

Quarto: de causa huius peccati.

Utrum autem cum idololatris sit communicandum, dictum est supra,[2] cum de infidelitate ageretur.

Articulus 1
Utrum idololatria recte ponatur species superstitionis

Ad primum sic proceditur. Videtur quod idololatria non recte ponatur species superstitionis.

1. Sicut enim haeretici sunt infideles, ita et idololatrae. Sed haeresis

---

1. Cf. q.93, Introd.

제94문

우상숭배에 대하여

(전4절)

이제 우상숭배에 대하여 숙고하기로 하자.[1] 이에 대해서는 네 가지가 조사된다.

첫째, 우상숭배는 미신의 종인가?
둘째, [그것은] 죄인가?
셋째, [그것은] 죄들 가운데 가장 위중한 죄인가?
넷째, 이 죄의 원인에 대하여.
반면, 우상숭배자들과 더불어 가질 수 있는 관계와 관련해서, 불신앙에 대해 다루는 가운데 이미 위에서[2] 그에 대해 언급한 바 있다.

제1절 우상숭배를 미신의 종들 가운데 열거하는 것은 맞는가

Parall.: *In Sent.*, III, d.9, q.1, a.1, qc.3, ad3; *ScG*, III, 120.

[반론] 첫째는 다음과 같이 진행된다. 우상숭배를 미신의 종들 가운데 열거하는 것은 맞지 않는 것으로 보인다.

1. 이단자들이 불신자인 것처럼, 우상숭배자들도 마찬가지다. 그러

---

2. Q.10, a.9.

est species infidelitatis, ut supra[1] habitum est. Ergo et idololatria: non autem superstitionis.

2. Praeterea, latria pertinet ad virtutem religionis, cui opponitur superstitio. Sed *idolo-latria* videtur univoce dici latria cum ea quae ad veram religionem pertinet: sicut enim appetitus falsae beatitudinis univoce dicitur cum appetitu verae beatitudinis, ita cultus falsorum deorum, qui dicitur idololatria, univoce videtur dici cum cultu veri Dei, qui est latria verae religionis. Ergo idololatria non est species superstitionis.

3. Praeterea, id quod nihil est non potest esse alicuius generis species. Sed idololatria nihil esse videtur. Dicit enim Apostolus, I *ad Cor.* 8, [4]: *Scimus quia nihil est idolum in mundo:* et infra, 10, [19]: *Quid ergo? Dico quod idolis immolatum sit aliquid? aut quod idolum sit aliquid?* quasi dicat, *Non.* Immolare autem idolis proprie ad idololatriam pertinet. Ergo idololatria, quasi nihil existens, non potest esse superstitionis species.

4. Praeterea, ad superstitionem pertinet exhibere cultum divinum cui non debetur. Sed cultus divinus, sicut non debetur idolis, ita nec aliis creaturis: unde *Rom.* 1, [25] quidam vituperantur de hoc quod *coluerunt et servierunt potius creaturis*[2] *quam Creatori.* Ergo inconvenienter huiusmodi superstitionis species *idolo-latria* nominatur, sed deberet potius nominari *latria creaturae.*

---

1. Q.11, a.1.
2. Vulgata: "creaturae."

나 위에서 말한 바와 같이,[1] 이단은 불신앙의 종(種)이다. 그러므로 우상숭배 역시 마찬가지다. 그러나 [그것은] 미신의 [종들 가운데 열거되지 않는다].

2. 흠숭(latria)은 미신에 반대되는 종교의 덕에 속한다. 그러나 우상(idolo)-흠숭(latria)에서 흠숭은 종교의 덕과 동일시되는 것과 온전히 닮은 것처럼 보인다. 거짓된 참행복과 참된 참행복에 대한 갈망이 동일한 용어로 지칭되듯이, 우상숭배로 불리는 거짓된 신들에 대한 예배는 참된 종교의 흠숭인 참된 하느님에 대한 예배와 동일한 방식을 가리킨다. 그러므로 우상숭배는 미신의 종이 아니다.

3. 무(無)는 어떠한 유(類)의 종(種)이 될 수 없다. 그러나 우상숭배는 무이다. 사실 사도는 코린토 1서 8장 [4절]에서 다음과 같이 말한다: "우리는 '세상에 우상이란 없다.'는 것을 알고 있습니다." 그리고 뒤에 10장 [19절]에서 다음과 같이 말한다: "내가 말하려는 것이 무엇이겠습니까? 우상에게 바쳤던 제물이 무엇이라도 된다는 말입니까? 우상이 무엇이라도 된다는 말입니까?" [사도는] 거의 아니라고 말한다. 그런데 우상에게 제물을 바치는 것은 고유하게 우상숭배에 속한다. 그러므로 우상숭배는 무이므로, 미신의 종이 될 수 없다.

4. [신적 예배를 드리지] 말아야 할 이에게 신적 예배를 드리는 것은 미신에 속한다. 그러나 신적 예배가 우상에게 마땅하지 않은 것처럼, 다른 피조물에게도 마땅하지 않다. 그래서 로마서 1장 [25절]에서 어떤 이들은 비난받았다. 왜냐하면 그들은 "창조주 대신에 피조물을[2] 경배하고 섬겼기" 때문이다. 그러므로 미신의 이런 종을 우상숭배로 부르는 것은 합당하지 않으며, 무엇보다도 피조물에 대한 흠숭으로 불러야 한다.

q.94, a.1

SED CONTRA est quod *Act.* 17, [16] dicitur quod *Paulus cum Athenis expectaret, incitabatur spiritus eius in ipso, videns idololatriae deditam civitatem:* et postea dixit, [v. 22]: *Viri Athenienses, per omnia quasi superstitiosos vos iudico.*[3] Ergo idololatria ad superstitionem pertinet.

RESPONDEO dicendum quod, sicut supra[4] dictum est, ad superstitionem pertinet excedere debitum modum divini cultus. Quod quidem praecipue fit quando divinus cultus exhibetur cui non debet exhiberi. Debet autem exhiberi soli summo Deo increato: ut supra[5] habitum est, cum de religione ageretur. Et ideo, cuicumque creaturae divinus cultus exhibeatur, superstitiosum est.

Huiusmodi autem cultus divinus, sicut creaturis sensibilibus exhibebatur per aliqua sensibilia signa, puta sacrificia, ludos et alia huiusmodi; ita etiam exhibebatur creaturae repraesentatae per aliquam sensibilem formam seu figuram, quae *idolum* dicitur. Diversimode tamen cultus divinus idolis exhibebatur. Quidam enim per quandam nefariam artem imagines quasdam construebant quae virtute Daemonum aliquos certos effectus habebant: unde putabant in ipsis imaginibus esse aliquid divinitatis; et quod per consequens divinus cultus eis deberetur. Et haec fuit opinio Hermetis Trimegisti[7]; ut Au-

---

3. Vulgata: "superstitiosiores vos video."
4. Q.92, aa.1-2.

[재반론] 그러나 반대로 사도행전 17장 [16절]은 다음과 같이 말한다: "바오로는 아테네에서 그들을 기다리는 동안, 그 도시가 우상으로 가득 찬 것을 보고 격분하였다." 그리고 뒤에[22절] 다음과 같이 말했다: "아테네 시민 여러분, 내가 보기에 여러분은 모든 면에서 거의 미신적입니다."[3] 그러므로 우상숭배는 미신에 속한다.

[답변] 위에서 말한 바와 같이,[4] 신적 예배에 마땅한 방식을 초과하는 것은 미신에 속한다. 이것은 특히 신적 예배를 드려서는 안 되는 자에게 [신적 예배가] 드려질 때 일어난다. 그러나 종교에 대해 다룰 때 위에서 말한 것처럼,[5] 오직 지고한 분이자 창조되지 않은 분이신 하느님께만 [예배를] 드려야 한다. 그러므로 여하한 모든 피조물에게 신적 예배를 드리는 것은 미신적이다.

그러나 이러한 신적 예배는 몇 가지 감각적 표지들, 예컨대 희생제물과 유희를 비롯해 그와 비슷한 것들을 통해 감각적 피조물에게 드려지곤 했다. 또한 우상으로 불리는 어떤 감각적 형상이나 모습에 의해 대변된 피조물에게 그렇게 봉헌되기도 했다. 그럼에도 불구하고 신적 예배는 다양한 방식을 통해 우상들에게 봉헌되었다. 사실 어떤 사람들은 마귀들의 힘 덕분에 어떤 효과가 있는 모상(模像)을 끔찍한 기예(技藝)와 함께 만들었다. 그들은 그 모상 자체에 신성(神性)이 있다고 생각했기에, 그들에게 신적 예배를 드렸다. 아우구스티누스가 『신국론』 제8권에서 말했듯이,[6] 이것은 헤르메티스 트리메지스티(Hermetis Trimegisti)

---

5. Q.81, a.1.
6. C.23, n.1: PL 41, 247.

gustinus dicit, in VIII *de Civ. Dei*.[6] Alii vero non exhibebant cultum divinitatis ipsis imaginibus, sed creaturis quarum erant imagines. Et utrumque horum tangit Apostolus, *ad Rom.* 1. Nam quantum ad primum, dicit [v. 23]: *Mutaverunt gloriam incorruptibilis Dei in similitudinem imaginis corruptibilis hominis, et volucrum et quadrupedum et serpentum.* Quantum autem ad secundum, subdit [v. 25]: *Coluerunt et servierunt potius creaturae quam Creatori.*[8]

Horum tamen fuit triplex opinio. Quidam[9] enim aestimabant quosdam homines deos fuisse, quos per eorum imagines colebant: sicut Iovem, Mercurium, et alios huiusmodi. — Quidam[10] vero aestimabant totum mundum esse unum Deum: non propter corporalem substantiam, sed propter animam, quam Deum esse credebant, dicentes Deum nihil aliud esse quam *animam motu et ratione mundum gubernantem*[11]; sicut et homo dicitur sapiens propter animam, non propter corpus. Unde putabant toti mundo, et omnibus partibus eius, esse cultum divinitatis exhibendum, caelo, aeri, aquae, et omnibus huiusmodi. Et ad haec referebant nomina et imagines suorum deorum: sicut Varro dicebat, et narrat Augustinus, VII *de Civ. Dei*.[12] — Alii vero, scilicet Platonici,[13] posuerunt unum esse summum Deum, causam omnium; post quem ponebant esse substantias quasdam

---

7. Cf. *Corpus Hermeticum*, t.II, *Asclepius*, ed. A. D. Nock et A.-J. Festugière, Paris, 1945, pp.325-326, 347-348.
8. Vulgata: "creaturae potius quam Creatori."
9. CIC., *De natura deorum*, II, c.24; III, c.16: ed. C. F. W. Müller, Lipsiae, 1910, pp.68, 120. Cf. Aug., *De civ. Dei*, XVIII, c.14: PL 41, 572.

의 견해였다.[7] 반면 다른 이들은 모상 자체가 아니라 그것에 의해 대변되는 피조물들에게 신적 예배를 드렸다. 사도는 로마서 1장에서 이 두 가지를 언급했다. 첫째와 관련해서는 다음과 같이 말했다[23절]: "불멸하시는 하느님의 영광을 썩어 없어질 인간과 날짐승과 네발짐승과 길짐승 같은 형상으로 바꾸어버렸습니다." 반면 둘째와 관련해서는 다음과 같이 첨가했다[25절]: "그들은 창조주 대신에 피조물을 예배하고 섬겼습니다."[8]

그러나 이것들 가운데 세 가지 견해가 있다. 어떤 이들은[9] 그 모상을 경배하던 요베(Iove), 메르쿠리우스(Mercurius), 그리고 그와 비슷한 사람들을 신들로 여겼다. 반면 다른 이들은[10] 세상 전체가 그 형체적인 본체가 아니라 그 혼(魂)으로 인해 유일한 하느님이었다고 생각했다. 그들은 하느님이 "운동과 이성으로 세상을 통치하는 혼 이외에 다른 게 아니다."[11]라고 말하며, 그 혼을 하느님이라고 믿었다. 그것은 마치 인간이 육체가 아니라 그의 영혼으로 인해 현자(sapiens)로 불리는 것과 같다. 거기서부터 그들은 신성을 향한 예배를 세상 전체에, 그리고 세상의 모든 부분에, 하늘과 공기와 물과 그 밖의 모든 것에 드려야 한다고 생각했다. 그리고 바로(Varro)가 말하고 아우구스티누스가 『신국론』 제7권에서[12] 이야기하듯이, 이런 것들에 자기 신들의 이름과 모상들을 연관시켰다. 그러나 다른 사람들, 분명히 플라톤주의자들은[13] 모든 것의 원인인 지고하신 한 분의 신(神)이 존재한다고 주장했다. 그다음에

---

10. Cf. CIC., *De nat. deor.*, I, cc.10-15; II, c.24; III, c.16: ed. C. F. W. Müller, Lipsiae, 1910, pp.68 & 120; Aug., *De civ. Dei*, XVIII, c.14: PL 41, 572
11. Cf. Aug., *De civ. Dei*, IV, c.31, n.2: PL 41, 138.
12. Cc.5sqq.: PL 41, 198sqq.
13. Cf. Nemesius, *De nat. hom.*, c.44: PG 40, 793; Aug., *De civ. Dei*, VIII, c.14: PL 41, 238.

spirituales a summo Deo creatas, quas deos nominabant, participatione scilicet divinitatis, nos autem eos Angelos dicimus; post quos ponebant animas caelestium corporum; et sub his Daemones, quos dicebant esse aerea quaedam animalia; et sub his ponebant animas hominum, quas per virtutis meritum ad deorum vel Daemonum societatem assumi credebant. Et omnibus his cultum divinitatis exhibebant: ut Augustinus narrat, in XVIII *de Civ. Dei*.[14]

Has autem duas ultimas opiniones dicebant pertinere ad *physicam theologiam:* quam philosophi considerabant in mundo, et docebant in scholis. — Aliam vero, de cultu hominum, dicebant pertinere ad *theologiam fabularem:* quae secundum figmenta poetarum repraesentabatur in theatris. — Aliam vero opinionem, de imaginibus, dicebant pertinere ad *civilem theologiam,* quae per pontifices celebrabatur in templis.[15]

Omnia autem haec ad superstitionem idololatriae pertinebant. Unde Augustinus dicit, in II *de Doct. Christ.*[16]: *Superstitiosum est quidquid institutum ab hominibus est ad facienda et colenda idola pertinens, vel ad colendam sicut Deum creaturam partemve ullam creaturae.*

AD PRIMUM ergo dicendum quod sicut religio non est fides, sed fidei protestatio per aliqua exteriora signa, ita superstitio est quaedam

---

14. C.14: PL 41, 572. Cf. VIII, cc.13-14 (num.2), 16: PL 41, 237, 239, 241.
15. Ibid. VI, c.5: PL 41, 180-182. Cf. M.-J. Congar, "Théologie", in *Dict. Théol. Cath.*, t.XV, col. 342-343; C. Pera, OP, *Le fonti del pensiero di S. Tommaso d'Aquino nella Somma Teologica*

그들은 지고하신 신에 의해 창조된 영적 실체들(substantias spirituales)이 존재한다고 주장했다. 그들은 이 영적 실체들이 신성에 참여하기 때문에 신들이라고 불렸으며, 우리는 그들을 천사들이라고 말한다. 그들 다음에 천체들의 영혼을 제시했으며, 이들 아래 대기(大氣)의 어떤 동물들이라고 말하는 마귀들을 [제시했다]. 그리고 이들 아래 사람들의 영혼을 두었다. 그들에게는 덕의 공로를 통해 신들이나 마귀들의 교제에 [참여하도록] 허용되었다고 생각했다. 아우구스티누스가 『신국론』 제18권에서 이야기하듯이,[14] 그들은 이 모든 것에 신성에 대한 예배를 드렸다.

이 마지막 두 견해는 철학자들이 세상에 대해 숙고하며 학교에서 가르치던 자연 신학(physica theologia)에 속한다. 반면 사람들에 대한 예배와 관련된 [견해는] 시인들이 [만든] 허구에 따라 무대에서 재현되던 설화 신학(theologia fabularis)에 속한다. 그리고 모상에 관한 또 다른 견해는 [로마 제국의] 대사제들에 의해 성전에서 거행된 소위 국가 신학(civilis theologia)에 속한다.[15]

이 모든 것은 우상숭배의 미신에 속했다. 그래서 아우구스티누스는 『그리스도교 교양』 제2권에서[16] 다음과 같이 말한다: "우상에 관한 제작과 흠숭과 관련해서 피조물이나 피조물의 일부를 하느님처럼 흠숭하기 위해 사람들에 의해 제정된 모든 것은 미신적이다."

[해답] 1. 종교가 신앙이 아니라 외적 표지들을 통한 신앙의 표명이

(I, §3, a), apud S. Tommaso d'A., *La Somma Teol.* (trad. e commento a cura dei Domenicani italiani), *Introd. gen.*, Firenze, 1949, p.63.
16. C.20, n.30: PL 34, 50.

infidelitatis protestatio per exteriorem cultum. Quam quidem protestationem nomen idolatriae significat: non autem nomen haeresis, sed solum falsam opinionem. Et ideo haeresis est species infidelitatis: sed idololatria est species superstitionis.

AD SECUNDUM dicendum quod nomen latriae dupliciter accipi potest.[17] Uno modo potest significare humanum actum ad cultum Dei pertinentem. Et secundum hoc, non variatur significatio huius nominis *latria*, cuicumque exhibeatur: quia illud cui exhibetur non cadet, secundum hoc, in eius definitione. Et secundum hoc latria univoce dicetur secundum quod pertinet ad veram religionem, et secundum quod pertinet ad idolatriam: sicut solutio tributi univoce dicitur sive exhibeatur vero regi, sive falso. — Alio modo accipitur latria prout est idem religioni. Et sic, cum sit virtus, de ratione eius est quod cultus divinus exhibeatur ei cui debet exhiberi. Et secundum hoc latria aequivoce dicetur de latria verae religionis, et de idolatria: sicut prudentia aequivoce dicitur de prudentia quae est virtus, et de prudentia quae est carnis.

AD TERTIUM dicendum quod Apostolus intelligit *nihil esse in mundo,* quia imagines illae quae idola dicebantur, non erant animatae aut aliquam virtutem divinitatis habentes, sicut Hermes ponebat,[18] quasi esset aliquid compositum ex spiritu et corpore. — Et similiter intelligendum est quod *idolis immolatum non est aliquid,* quia per huiusmodi immolationem carnes immolatitiae neque aliquam sanctificationem consequebantur, ut gentiles putabant; neque aliquam

듯이, 미신은 외적 예배를 통한 불신앙(infidelitas)의 공언(protestatio)이다. 그리고 그러한 공언은 단지 견해의 거짓을 말하는 이단(haeresia)의 이름이 아닌 우상숭배(idolatria)의 이름으로 지시된다. 그러므로 이단은 불신앙의 종(種)인 데 반해, 우상숭배는 미신의 종(種)이다.

2. '라트리아(latria)'의 이름은 이중적으로 취해질 수 있다.[17] 첫째 방식으로는 하느님에 대한 예배와 관련된 인간적 행위를 의미할 수 있다. 그리고 이러한 의미에서 그 이름의 의미는 그러한 예배의 대상에 따라 바뀌지 않는다. 왜냐하면 이러한 관점에서 대상은 그 정의에 들어가지 않기 때문이다. 그러므로 '라트리아'는 이러한 측면 아래에서 참된 종교를 가리키든, 우상숭배를 가리키든 일의적(一義的) 의미를 갖는다. 이는 합법적 임금에게 내든 거짓 임금에게 내든 세금을 내는 것은 동일한 것과 마찬가지다. 다른 방식으로는 '라트리아'는 참된 종교에 속하는 것에 일의적으로 적용된다. 따라서 그것은 하나의 덕이므로, 신적 예배를 [이것을 받는 것이] 마땅한 분에게 드리는 것은 그것의 개념이다. 이에 따르면, '라트리아'가 종교와 우상숭배에 혼합되어 적용된다면, 그것은 모호하다. 이는 마치 현명이 현명의 덕과 육의 현명에 혼합되어 적용될 때 모호한 것과 같다.

3. 사도는 우상이 세상에서 무(無)라고 이해했다. 그렇게 명명된 모상들은, 헤르메스가 제시하는 것처럼,[18] 마치 영과 육체로 구성되었듯이 혼을 지니지도 않았고 신성의 능력을 갖고 있지도 않았기 때문이다. 다음의 표현에 대해서도 같은 말을 할 수 있다: "우상들에게 바친 제물은 어떤 것이 아니다." 왜냐하면 이런 제물 봉헌을 통해 고기는,

---

17. '라트리아'에 대해서는 위의 제84문을 보라.
18. 답변 참조.

immunditiam, ut putabant Iudaei.

AD QUARTUM dicendum quod ex communi consuetudine qua creaturas quascumque colebant gentiles sub quibusdam imaginibus, impositum est hoc nomen *idololatria* ad significandum quemcumque cultum creaturae, et etiam si sine imaginibus fieret.

Articulus 2
Utrum idololatria sit peccatum

Ad secundum sic proceditur. Videtur quod idololatria non sit peccatum.

1. Nihil enim est peccatum quod vera fides in cultum Dei assumit. Sed vera fides imagines quasdam assumit ad divinum cultum: nam et in tabernaculo erant imagines cherubin, ut legitur *Exod.* 25, [18 sqq.]; et in Ecclesia quaedam imagines ponuntur quas fideles ador-

이교인들이 생각하듯이 어떠한 성화(sanctificatio)에도 이르지 못하며 유다인들이 생각하듯이 어떠한 불결함(immunditia)에도 이르지 못하기 때문이다.

4. 우상숭배의 이름은, 어떠한 모상도 없이 이루어지는 것을 포함해서 피조물에 대한 여하한 모든 흠숭을 가리키기 위해, 이교도들이 어떤 모상 아래 피조물을 경배하던 공통된 관습에서 부과된 것이다.

제2절 우상숭배는 죄인가

Parall.: *ScG*, III, 120; *De Dec. Praecept.* etc., c. de *Primo Praecept.*; *In Ep. ad Rom.*, c.1, lect.7.

Doctr. Eccl. (해답1에서 읽을 수 있는 것에 관해서): 성화에 대한 예배는 허용된다 (DS 250[=DH 479], 302sqq.[=DH 600-601sqq.], 306[=DH 605], 337[=DH 653-656], 679[=DH 1269], 985sqq.[=DH 1822sqq.], 998[=DH 1867], 1466[=DH 2532]; – cf. *Cod. Iur. Can.*, can.1276). 또한 성부 하느님과 삼위일체에 대하여(DS 1315[=DH 2325], 1569[=DH 2669]). 하지만 이러한 예배는 단지 상대적이다(DS 302[=DH 600], 337[=DH 653-656], 985sq.[=DH 1822sq.]; cf. *Cod. Iur. Can.*, can.1255, § 2). 어떤 성화들에게 드러내는 특별한 예배를 비난할 수 없다(DS 1570sqq.[=DH 2670sqq.]). Cf. Denzinger-Umberg, *Enchir. symbol.*, Friburgi Br. 1937, p. [34].

[반론] 둘째는 다음과 같이 진행된다. 우상숭배는 죄가 아닌 것으로 보인다.

1. 참된 신앙이 하느님에 대한 예배에서 사용하는 것 가운데 아무것도 죄가 될 수는 없다. 그런데 신적 예배에서 참된 신앙은 몇 가지 모상을 사용한다. 사실 탈출기 25장 [18절]에서 읽을 수 있듯이, 옛 성궤(tabernaculum)에는 커룹들의 모상이 있었다. 그리고 신자들이 흠숭하는

q.94, a.2

ant. Ergo idololatria, secundum quam idola adorantur, non est peccatum.

2. Praeterea, cuilibet superiori est reverentia exhibenda. Sed Angeli et animae sanctorum sunt nobis superiores. Ergo, si eis exhibeatur reverentia per aliquem cultum vel sacrificiorum vel aliquorum huiusmodi, non erit peccatum.

3. Praeterea, summus Deus interiori cultu mentis est colendus, secundum illud Ioan. 4, [24]: *Deum oportet adorare in spiritu et veritate.*[1] Et Augustinus dicit, in *Enchirid.*,[2] quod *Deus colitur fide, spe et caritate*. Potest autem contingere quod aliquis exterius idola colat, interius tamen a vera fide non discedat. Ergo videtur quod sine praeiudicio divini cultus possit aliquis exterius idola colere.

SED CONTRA est quod *Exod.* 20, [5] dicitur: *Non adorabis ea*, scilicet exterius, *neque coles*, scilicet interius, ut Glossa[3] exponit: et loquitur de sculptilibus et imaginibus. Ergo peccatum est idolis exteriorem vel interiorem cultum exhibere.

RESPONDEO dicendum quod circa hoc aliqui dupliciter erraverunt. Quidam[4] enim putaverunt quod offerre sacrificium et alia ad la-

---

1. Vulgata: "Spiritus est Deus et eos, qui adorant eum, in spiritu et veritate oportet adorare."
2. C.3: PL 40, 232.

모상은 교회에 제시되었다. 그러므로 우상을 흠숭하는 우상숭배는 죄가 아니다.

2. 모든 장상에게는 존경심을 드려야 한다. 그런데 천사들과 성인들의 영혼은 우리보다 우월하다. 그러므로 만일 예배나 희생제사 또는 그와 비슷한 다른 것들로 그들에게 존경심을 표한다면, 죄가 없을 것이다.

3. "영과 진리 안에서 하느님께 예배를 드려야 한다."[1]라는 요한복음서 4장 [24절]에 따르면, 지고하신 하느님은 정신의 내적 예배와 함께 경배받으신다. 그리고 아우구스티누스는 『라우렌티우스에게 보낸 길잡이』에서[2] 다음과 같이 말한다: "하느님은 신앙, 희망 그리고 참사랑으로 경배받으신다." 그런데 누군가 내적으로 신앙에서 일탈하지 않은 채, 외적으로 우상들을 흠숭할 수 있다. 그러므로 신적 예배에 대한 손해 없이도 외적으로 우상들을 흠숭할 수 있는 것으로 보인다.

[재반론] 그러나 반대로 조각과 성화들과 관련해서 탈출기 20장 [5절]에서 "너는 그것들을 흠숭하지 말아라.", 즉 외적으로 [흠숭하지 말라고] 말하고 그 『주석』에서는[3] "그것들에게 경배하지 말아라.", 즉 내적으로 [경배하지 말라고] 말한다. 그러므로 우상들에게 외적이거나 내적인 예배를 드리는 것은 죄이다.

[답변] 이와 관련해서 어떤 이들은 두 가지 잘못을 범했다. 어떤 이들은[4] 희생제사를 비롯해 흠숭과 관련된 다른 것들을 최고의 하느님만이

---

3. Ordin.: PL 113, 252C.
4. 플라톤주의자들. 다음을 보라: Aug., *De civ. Dei*, X, c.1: PL 41, 277.

triam pertinentia non solum summo Deo, sed etiam aliis supra[5] dictis, est debitum et per se bonum, eo quod superiori cuilibet naturae divinam reverentiam exhibendam putant, quasi Deo propinquiori. — Sed hoc irrationabiliter dicitur. Nam etsi omnes superiores revereri debeamus, non tamen eadem reverentia omnibus debetur, sed aliquid speciale debetur summo Deo, qui singulari ratione omnes excellit: et hic est latriae cultus.[6] — Nec potest dici, sicut quidam putaverunt,[7] *haec visibilia sacrificia diis aliis congruere, illi vero summo Deo, tanquam meliori, meliora, scilicet purae mentis officia:* quia, ut Augustinus dicit, in X *de Civ. Dei*,[8] *exteriora sacrificia ita sunt signa interiorum sicut verba sonantia signa sunt rerum. Quocirca, sicut orantes atque laudantes ad eum dirigimus significantes voces cui res ipsas in corde quas significamus offerimus, ita, sacrificantes, non alteri visibile sacrificium offerendum esse noverimus quam ei cuius in cordibus nostris invisibile sacrificium nos ipsi esse debemus.*

Alii vero aestimaverunt latriae cultum exteriorem non esse idolis exhibendum tanquam per se bonum aut opportunum, sed tanquam vulgari consuetudini consonum: ut Augustinus, in VI *de Civ. Dei*,[9] introducit Senecam dicentem: *Sic, inquit, adorabimus ut meminerimus huiusmodi cultum magis ad morem quam ad rem pertinere.* Et in

---

5. A.1.
6. Cf. q.84, a.1, ad1.
7. Cf. Aug., *De civ. Dei*, X, c.19: PL 41, 297.
8. C.19: PL 41, 297.

아니라 위에서 언급한[5] 다른 이들에게 봉헌하는 것은 의무이며 그 자체로 좋은 것이라고 생각한다. 왜냐하면 하느님께 더욱 가까운 이들로서 모든 상위 피조물에게 신적 공경을 드려야 한다고 생각했기 때문이다. 그러나 이것은 불합리하게 언급되었다. 비록 모든 상급자가 공경받아야 하지만, 모든 [상급자들]에게 같은 공경을 드려서는 안 되며 최고의 하느님께는 특별한 어떤 것이 마땅하다. 그분은 독특한 방식으로 만유 위에 탁월하시다. 그리고 이것이 라트리아[흠숭]의 예배이다.[6] 그러나 몇몇 사람이 생각하듯이,[7] 다음과 같이 말할 수는 없다: 이 가시적인 희생제사들은 다른 신들에게 적절하다. 반면 참된 최고의 하느님께는 그분의 탁월함으로 인해 가장 탁월한 희생제사들, 즉 정신의 순수한 [희생제사들]이 마땅하다. 왜냐하면 아우구스티누스는 『신국론』 제10권에서[8] 다음과 같이 말하고 있기 때문이다: "소리 나는 말이 사물의 표지이듯이, 외적 희생제사는 내적인 것의 표지이다. 그러므로 우리가 기도하거나 찬미를 드릴 때, 우리 마음에서 의미하는 것을 봉헌하는 분께 그것을 뜻하는 말이 향하듯이, 우리는 희생제사를 드릴 때 다른 이가 아니라 우리 마음에서 우리 자신이 보이지 않는 희생제사가 되어야 하는 분을 위해 [희생제사를 봉헌해야 한다]."

반면 다른 이들은 라트리아[흠숭]의 외적 예배가 그 자체로 좋고 적절한 것으로서 우상에게 봉헌되는 것이 아니라, 아우구스티누스가 『신국론』 제6권에서[9] 세네카의 말을 제시한 바 있듯이, 통속적인 관습과 조화를 이루는 것으로서 우상에게 봉헌되어야 한다고 생각한다: "그러므로 우리는 이와 같은 예배가 실재보다는 관습에 속한다는 것을 기억

---

9. C.10, n.3: PL 41, 191-192.

libro *de Vera Relig.*¹⁰ Augustinus dicit *non esse religionem a philosophis quaerendam, qui eadem sacra recipiebant cum populis, et de suorum deorum natura ac summo bono diversas contrariasque sententias in scholis personabant.* Et hunc etiam errorem secuti sunt quidam haeretici¹¹ asserentes non esse perniciosum si quis, persecutionis tempore deprehensus, exterius idola colat, dum tamen fidem servat in mente. — Sed hoc apparet manifeste falsum. Nam cum exterior cultus sit signum interioris cultus, sicut est perniciosum mendacium si quis verbis asserat contrarium eius quod per veram fidem tenet in corde, ita etiam est perniciosa falsitas si quis exteriorem cultum exhibeat alicui contra id quod sentit in mente. Unde Augustinus dicit contra Senecam, in VI *de Civ. Dei.*¹² quod *eo damnabilius colebat idola, quo illa quae mendaciter agebat sic ageret ut cum populo veraciter agere existimaretur.*

AD PRIMUM ergo dicendum quod neque in veteris legis tabernaculo seu templo,¹³ neque etiam nunc in ecclesia imagines instituuntur ut eis cultus latriae exhibeatur: sed ad quandam significationem, ut per huiusmodi imagines mentibus hominum imprimatur et con-

---

10. C.5, n.8: PL 34, 126.
11. 이단자들: 엘카사이에 의해 설립된 영지주의 분파(2세기 초). Cf. Eusebius, *Hist. Eccl.*, VI,

하는 가운데 흠숭하기로 하자." 아우구스티누스는 『참된 종교』에서[10] 다음과 같이 말한다: "참된 종교는 철학자들 사이에서 찾아져서는 안 된다. 그들은 백성들 가운데서 같은 성사를 받으며 학교에서 자신들의 신과 최고선에 대해 상이하고 반대된 견해들을 주장한다." 이러한 잘못은 몇몇 이단자들에[11] 의해 추구되었다. 그들은 만일 박해 시대에 놀란 누군가가 정신에는 신앙을 보존하면서도 우상들을 외적으로 흠숭했다면 해롭지 않다고 말한다. 그러나 이것은 분명하게 잘못인 것으로 보인다. 외적 예배가 내적 예배의 표지인 것처럼, 만일 누군가 참된 신앙을 통해 자기 마음에 간직한 것에 반대되는 것을 말로 드러낸다면, 이는 매우 해로운 거짓말인 것처럼, 만일 누군가 어떤 이에게 정신에서 느끼는 것에 반대되는 외적인 예배를 드린다면, 이것 역시 매우 해로운 거짓이다. 그래서 아우구스티누스는 『신국론』 제6권에서[12] 세네카를 거슬러 다음과 같이 말한다: "그는 우상들에게 예배를 드림으로써 더욱 단죄될 만한 방식으로 행동했다. 왜냐하면 거짓으로 행동하는 사람은 백성과 함께 진심으로 행동하는 것으로 여겨지는 방식으로 행동했기 때문이다."

[해답] 1. 옛 법의 성궤에서나 성전에서 그리고 오늘날 교회에서 성화들은 허용되었는데,[13] 이는 그 성화들에 흠숭의 예배를 드리기 위한 것이 아니라 단지 어떤 것을 표현하기 위해, 즉 그것과 함께 천사들과 성인들의 탁월함 가운데 사람의 정신에 신앙을 새기고 공고히 하기 위

---

c.38: PG 20, 600A.
12. C.10, n.3: PL 41, 192.
13. 1열왕 6,23 이하.

firmetur fides de excellentia Angelorum et sanctorum. — Secus autem est de imagine Christi, cui, ratione deitatis, latria debetur, ut dicetur in Tertio.[14]

AD SECUNDUM et tertium patet responsio per ea quae dicta sunt.[15]

Articulus 3
Utrum idololatria sit gravissimum peccatorum

Ad tertium sic proceditur. Videtur quod idololatria non sit gravissimum peccatorum.

1. *Pessimum* enim *optimo opponitur*, ut dicitur in VIII *Ethic.*.[1] Sed cultus interior, qui consistit in fide, spe et caritate, est melior quam cultus exterior. Ergo infidelitas, desperatio et odium Dei, quae opponuntur cultui interiori, sunt graviora peccata quam idololatria, quae opponitur cultui exteriori.

2. Praeterea, tanto aliquod peccatum est gravius quanto magis est contra Deum. Sed directius videtur aliquis contra Deum agere blasphemando, vel fidem impugnando, quam cultum Dei alii exhibendo, quod pertinet ad idololatriam. Ergo blasphemia vel impugnatio fidei est gravius peccatum quam idololatria.

3. Praeterea, minora mala maioribus malis puniri videntur. Sed

---

14. Q.25, a.3. Cf. supra q.81, a.3, ad3.
15. 답변.

해서이다. 그러나 그리스도의 성화들은 경우가 다르다. 제3부에서 보게 되듯이,[14] 신성의 이유로 그 성화들에는 흠숭을 드려야 한다.

2. 3. 둘째와 셋째에는 언급된 것으로[15] 인해 대답이 분명하다.

제3절 우상숭배는 죄들 가운데 가장 위중한가

Parall.: *In Sent.*, IV, d.13, q.2, a.2; *In Ep. I ad Cor.*, c.12, lect.1.

[반론] 셋째는 다음과 같이 진행된다. 우상숭배가 죄들 가운데 가장 위중하지는 않은 것으로 보인다.

1. [철학자는] 『니코마코스 윤리학』 제8권에서[1] 다음과 같이 말한다: "최악은 최고에 반대된다." 그러나 신앙, 희망, 참사랑에 있는 내적 예배는 외적 예배보다 낫다. 그러므로 내적 예배에 반대되는 불신앙, 절망, 하느님을 미워함은 외적 예배에 반대되는 우상숭배보다 더 위중한 죄들이다.

2. 어떤 죄는 하느님을 거스를수록 더욱 위중하다. 그러나 우상숭배에서 일어나듯이 다른 이에게 하느님에 대한 예배를 드리는 것보다 독성(瀆聖)하거나 신앙을 공격하는 가운데 더욱 직접적으로 하느님을 거슬러 행동하는 것으로 보인다. 그러므로 독성이나 신앙에 대한 공격은 우상숭배보다 더 위중한 죄이다.

3. 작은 악은 더욱 큰 악에 의해 처벌받는 것으로 보인다. 그러나 로

---

1. C.12: 1160b9-12; S. Thomas, lect.10, n.1677.

peccatum idololatriae punitum est peccato contra naturam, ut dicitur *Rom.* 1, [23 sqq.]. Ergo peccatum contra naturam est gravius peccato idololatriae.

4. Praeterea, Augustinus dicit, XX *contra Faust.*[2]: *Neque vos*, scilicet Manichaeos, *paganos dicimus, aut schisma paganorum: sed habere cum eis quandam similitudinem, eo quod multos colatis deos. Verum vos esse eis longe deteriores: quod illi ea colunt quae sunt, sed pro diis colenda non sunt; vos autem ea colitis quae omnino non sunt.* Ergo vitium haereticae pravitatis est gravius quam idololatria.

5. Praeterea, super illud *Gal.* 4, [9], *Quomodo convertimini iterum ad infirma et egena elementa?* dicit Glossa Hieronymi[3]: *Legis observantia, cui dediti tunc erant, erat peccatum paene par servituti idolorum, cui ante conversionem vacaverant.* Non ergo peccatum idololatriae est gravissimum.

SED CONTRA est quod *Levit.* 15, super illud quod dicitur de immunditia mulieris patientis fluxum sanguinis, dicit Glossa[4]: *Omne peccatum est immunditia animae, sed idololatria maxime.*

---

2. C.5: PL 42, 317.
3. Lombardus: PL 192, 141B. Cf. Interl. 다음을 보라: Hier., *Comment. in Gal.*, II, super 4,9: PL

마서 1장 [23절]에서 언급되듯이, 우상숭배의 죄는 자연에 반대되는 죄로 처벌받았다. 그러므로 자연에 반대되는 죄는 우상숭배의 죄보다 더 위중하다.

4. 아우구스티누스는 『마니교도 파우스투스 반박』 제20권에서² 다음과 같이 말한다: "우리는 너희들, 즉 마니교도를 이교도나 이교도의 분파라고 부르지 않고, 그들과 일정한 유사함을 갖는다고 말한다. 왜냐하면 너희는 많은 신에게 예배를 드리기 때문이다. 그러나 진실로 너희는 그들보다 훨씬 더 나쁘다. 왜냐하면 그들은 신으로 공경받지 말아야 할, 존재하는 존재자들에게 예배를 드리지만, 너희는 전혀 존재하지 않는 것들에게 예배를 드리기 때문이다." 그러므로 이단적 타락의 악습은 우상숭배보다 더 위중하다.

5. "여러분은 어떻게 그 약하고 초라한 요소들에게 돌아갈 수가 있습니까?"라는 갈라티아서 4장 [9절]에 대해 히에로니무스는 『주석』에서³ 다음과 같이 말한다: "그때 헌신했던 법에 대한 준수는 회심 이전에 이행했던 우상을 섬기는 것과 거의 같은 죄였다." 그러므로 우상숭배의 죄는 가장 위중하다.

[재반론] 그러나 반대로 『주석』은,⁴ 피의 유출을 겪은 여성의 불결함에 대해 말하는 레위기 15장 [31절]을 주해하면서, 다음과 같이 말한다: "모든 죄는 영혼의 불결함(immunditia)이지만, 특히 우상숭배가 그러하다."

26, 376.
4. Ordin.: PL 113, 340C.

RESPONDEO dicendum quod gravitas alicuius peccati potest attendi dupliciter. Uno modo, ex parte ipsius peccati. Et sic peccatum idololatriae est gravissimum. Sicut enim in terrena republica gravissimum esse videtur quod aliquis honorem regium alteri impendat quam vero regi, quia quantum in se est, totum reipublicae perturbat ordinem; ita in peccatis quae contra Deum committuntur, quae tamen sunt maxima, gravissimum esse videtur quod aliquis honorem divinum creaturae impendat: quia quantum est in se, facit alium Deum in mundo, minuens principatum divinum.[5]

Alio modo potest attendi gravitas peccati ex parte peccantis: sicut dicitur esse gravius peccatum eius qui peccat scienter[6] quam eius qui peccat ignoranter. Et secundum hoc nihil prohibet gravius peccare haereticos, qui scienter corrumpunt fidem quam acceperunt, quam idololatras ignoranter peccantes. Et similiter etiam aliqua alia peccata possunt esse maiora propter maiorem contemptum peccantis.

AD PRIMUM ergo dicendum quod idololatria praesupponit interiorem infidelitatem, et adiicit exterius indebitum cultum. Si vero sit exterior tantum idololatria absque interiori infidelitate, additur culpa falsitatis, ut prius[7] dictum est.

AD SECUNDUM dicendum quod idololatria includit magnam blasphemiam: inquantum Deo subtrahitur dominii singularitas. Et

---

5. Cf. I-II, q.100, a.6.

[답변] 죄의 위중함은 두 가지 방식으로 고려될 수 있다. 한 가지 방식으로, 죄 자체의 편에서 [고려될 수 있다]. 따라서 우상숭배의 죄는 가장 위중하다. 왜냐하면 지상 국가에서 누군가가 왕의 영역을 참된 왕이 아닌 다른 누군가에게 줄 때 그것은 그 자체로 국가의 질서 전체를 혼란하게 하므로 가장 위중하다. 이처럼 더욱 위중한 죄인 하느님을 거슬러 범한 죄에서는 어떤 사람이 피조물에게 신적 영예를 부여하는 것이 가장 위중한 것처럼 보인다. 왜냐하면 그 자체로 신적 수위권(principatum)을 축소하는 가운데 세상에서 다른 하느님을 세우기 때문이다.[5]

다른 방식으로, 죄인의 편에서 죄의 위중함을 고려할 수 있다. 왜냐하면 의식적으로 죄를 범하는 이의 죄는[6] 무지로 죄를 범하는 이의 죄보다 훨씬 더 위중하기 때문이다. 그리고 이것에 따르면 받은 신앙을 의식적으로 부패시키는 이단자들이 무지로 죄를 범하는 우상숭배자보다 더욱 위중하게 죄를 범하는 것을 아무것도 막지 않는다. 마찬가지로 다른 몇몇 죄는 죄인의 더욱 큰 경멸로 인해 더 클 수 있다.

[해답] 1. 우상숭배는 내적 불신앙을 전제하며, 거기에 부당한 예배가 외적으로 추가된다. 그러나 만일 내적 불신앙 없이 우상숭배의 외적 행위만 있다면, 먼저 언급했듯이[7] 거짓의 죄과에 대한 추가가 있다.

2. 우상숭배는 하느님에게서 통치의 유일성(singularitas)을 부인하는 한에서, 커다란 독성(瀆聖)을 내포한다. 더 나아가 그것은 행실과 함께

---

6. 즉 어떤 악의로: I-II, q.78, a.1.
7. 앞 절.

fidem opere impugnat idololatria.

AD TERTIUM dicendum quod quia de ratione poenae est quod sit contra voluntatem, peccatum per quod aliud punitur oportet esse magis manifestum, ut ex hoc homo sibi ipsi et aliis detestabilis reddatur: non autem oportet quod sit gravius. Et secundum hoc, peccatum contra naturam minus est quam peccatum idololatriae, sed quia est manifestius, ponitur quasi conveniens poena peccati idololatriae[8]: ut scilicet, sicut homo per idololatriam pervertit ordinem divini honoris, ita per peccatum contra naturam propriae naturae confusibilem perversitatem patiatur.

AD QUARTUM dicendum quod haeresis Manichaeorum, etiam quantum ad genus peccati, gravior est quam peccatum aliorum idololatrarum: quia magis derogant divino honori, ponentes duos deos contrarios, et multa vana fabulosa de Deo fingentes. Secus autem est de aliis haereticis, qui unum Deum confitentur et eum solum colunt.

AD QUINTUM dicendum quod observatio legis tempore gratiae non est omnino aequalis idololatriae secundum genus peccati, sed *paene aequalis:* quia utrumque est species pestiferae superstitionis.

---

8. Cf. I-II, q.87, a.2.

신앙을 공격한다.

3. 처벌의 이유는 의지에 반대된다는 것이므로, 그것으로써 처벌하는 죄는 처벌을 받는 죄보다 더 명백하고 그럼으로써 이로 인해 인간이 자신과 다른 이들에게 더욱 증오스럽게 되어야 한다. 그러나 [그것이] 더욱 위중할 필요는 없다. 그러므로 이에 따르면, 자연[본성]을 거스르는 죄는 우상숭배의 죄보다 덜 위중하다. 그러나 [그것은] 더욱 분명하므로, 우상숭배의 죄에 합당한 형벌로 제시된다.[8] 따라서 인간이 우상숭배로 인해 신적 명예의 질서를 타락시켰듯이, 자연[본성]을 거스르는 죄로 인해 자기 본성의 혼란스러운 타락을 겪게 되었다.

4. 마니교도의 이단은 죄의 유(類)와 관련해서 다른 우상숭배의 죄보다 더욱 위중하다. 왜냐하면 그들은 상반된 두 신을 제시하고 하느님에 대한 많은 헛된 설화를 날조하는 가운데 신적 명예를 더욱 감소시키기 때문이다. 그러나 유일한 하느님을 고백하고 공경하는 다른 이단들의 경우는 다르다.

5. 은총의 시대에 [율]법의 준수는, 종적으로 우상숭배와 완전히 같은 것은 아니지만, '거의 같은' 죄라고 할 수 있다. 왜냐하면 둘은 모두 해로운 미신의 종이기 때문이다.

Articulus 4
Utrum causa idololatriae fuerit ex parte hominis

Ad quartum sic proceditur. Videtur quod causa idololatriae non fuerit ex parte hominis.

1. In homine enim nihil est nisi vel natura, vel virtus, vel culpa. Sed causa idololatriae non potuit esse ex parte naturae hominis: quin potius naturalis ratio hominis dictat quod sit unus Deus, et quod non sit mortuis cultus divinus exhibendus, neque rebus inanimatis. Similiter etiam nec idololatria habet causam in homine ex parte virtutis: quia *non potest arbor bona fructus malos facere,*[1] ut dicitur Matth. 7, [18]. Neque etiam ex parte culpae: quia, ut dicitur *Sap.* 14, [27]: *Infandorum idolorum cultura omnis mali causa est, et initium et finis.* Ergo idololatria non habet causam ex parte hominis.

2. Praeterea, ea quae ex parte hominis causantur, omni tempore in hominibus inveniuntur. Non autem semper fuit idololatria, sed in secunda aetate[2] legitur[3] esse adinventa: vel a Nemrod, qui, ut dicitur, cogebat homines ignem adorare; vel a Nino, qui imaginem patris

---

1. Vulgata: "malos fructus facere."
2. 세상에서는 아담부터 노아에 이르기까지 인류의 정착과 타락이 있었던 시기를 첫 번째 시대라고 일컫는다. 두 번째 시대는 노아부터 아브라함에 이르기까지이며, 이 시대에 홍수로 인한 인류의 멸망과 쇄신이 일어났다. 세 번째 시대는 아브라함부터 다윗에 이르기까지로, 이 시대에 할례와 율법의 제도가 있었다. 네 번째 시대는 다윗으로부터 바빌론으로 이주하기까지이

제4절 우상숭배의 원인은 인간 편에 있는가

Parall.: *ScG*, III, 120; *De Dec. Praecept.*, c. de *Primo Praecept.*; *In Ep. I ad Cor.*, c.12, lect.1.

[반론] 넷째는 다음과 같이 진행된다. 우상숭배의 원인은 인간 편에 있지 않은 것으로 보인다.

1. 인간에게는 본성, 덕 또는 죄과 이외에 다른 게 없다. 그러나 우상숭배의 원인은 인간 본성의 편에 있을 수 없다. 오히려 언급된 인간의 자연적 이성은 유일한 하느님이 계시며 죽은 이들과 생기가 없는 것들에게 신적 예배를 드리지 말아야 한다고 지시한다. 마찬가지로 우상숭배는 인간에게 있어 덕의 편에서 원인을 갖지 않는다. 왜냐하면 마태오복음서 7장 [18절]에서 다음과 같이 언급되기 때문이다: "좋은 나무가 나쁜 열매를 맺을 수 없고 나쁜 나무가 좋은 열매를 맺을 수 없다."[1] 또한 지혜서 14장 [27절]에서 "이름조차 붙일 수 없는 우상들을 예배하는 것이 모든 악의 시작이고 원인이며 끝이다."라고 말하듯이, 죄과의 편에서도 [그 원인이 있을 수 없다]. 그러므로 우상숭배는 인간 편에 원인이 없다.

2. 인간 편에서 초래된 것들은 모든 시대에 인간들에게 있다. 그러나 우상숭배는 모든 시대에 속하지 않고 세상의 두 번째 시대에[2] 고안되었음을 읽을 수 있다.[3] 사람들이 불을 흠숭하도록 강요했다고 말하

며, 이 시대에 율법이 왕들과 예언자들 아래에서 번성하였다. 다섯 번째 시대는 바빌론 이주에서 그리스도까지로, 이 시대에 백성의 포로살이와 해방이 있었다. 여섯 번째 시대는 그리스도로부터 끝까지며, 이 시대에 인류의 구속(救贖)이 있다. *In Sent.*, d.40, Expos. textus.
3. Cf. Petrus Comestor., *Hist. Schol.*, Gen., cc.37 & 40; PL 198, 1088B, 1090B.

sui Beli adorari fecit. Apud Graecos autem, ut Isidorus[4] refert, *Prometheus primus simulacra hominum de luto finxit. Iudaei vero dicunt quod Ismael primus simulacra de luto fecit.* Cessavit etiam in sexta aetate idololatria ex magna parte. Ergo idololatria non habuit causam ex parte hominis.

3. Praeterea, Augustinus dicit, XXI *de Civ. Dei*[5]: *Neque potuit primum, nisi illis,* scilicet daemonibus, *docentibus, disci quid quisque illorum appetat, quid exhorreat, quo invitetur nomine, quo cogatur: unde magicae artes, earumque artifices extiterunt.* Eadem autem ratio videtur esse de idololatria. Ergo idololatriae causa non est ex parte hominum.

SED CONTRA est quod dicitur *Sap.* 14, [14]: *Supervacuitas hominum haec,* scilicet idola, *adinvenit in orbe terrarum.*[6]

RESPONDEO dicendum quod idololatriae est duplex causa. Una quidem dispositiva. Et haec fuit ex parte hominum. Et hoc tripliciter. Primo quidem, ex inordinatione affectus: prout scilicet homines aliquem hominem vel nimis amantes vel nimis venerantes, honorem divinum ei impenderunt. Et haec causa assignatur *Sap.* 14, [15]: *Acerbo luctu dolens pater cito sibi rapti filii fecit imaginem; et illum*

---

4. *Etymol.*, VIII, c.11, nn.7-8: PL 82, 315A.
5. C.6, n.1: PL 41, 717.

는 니므롯이나 자신의 아버지 벨을 흠숭하게 했던 니누스에 의해 [그렇다]. 그러나 이시도루스가 언급하듯이,⁴ 그리스인들 가운데 "프로메테우스가 처음으로 진흙으로 사람의 모형(simulacrum)을 만들었다. 반면 유다인들은 진흙으로 모형을 처음 만든 사람이 이스마엘이었다고 말한다." 여섯 번째 시대에 대부분의 우상숭배는 그쳤다. 그러므로 우상숭배는 인간 편에 원인을 갖지 않았다.

3. 아우구스티누스는 『신국론』 제21권에서⁵ 다음과 같이 말한다: "만일 그들, 즉 마귀들로부터 배워서 그들 가운데 각자가 원하는 것, 두려워하는 것, 어떤 이름으로 초대되고 쫓겨나는지를 알지 않았다면, 거기에서부터 마술적인 기예와 그들의 기예가들이 생겨날 수 없었을 것이다." 그러나 같은 이유가 우상숭배에 적용되는 것으로 보인다. 그러므로 우상숭배의 원인은 인간 편에 없다.

[재반론] 그러나 반대로 지혜서 14장 [14절]에서는 다음과 같이 말한다: "사람들의 허영이 이것들", 즉 우상을 "온 세상에 만들었다."⁶

[답변] 우상숭배의 원인은 이중적이다. 하나는 '태세적(dispositiva)'이다. 이것은 사람들 편에 있었다. 그리고 이것은 삼중적이다. 첫째, 감정의 무질서로 인해 [그렇다]. 즉 사람들은 어떤 사람을 지나치게 사랑하거나 존경하는 가운데 그에게 신적 명예를 드렸다. 이 원인은 지혜서 14장 [15절]에서 지정되었다: "때 이르게 자식을 잃고 슬픔에 잠긴 아비가 갑자기 빼앗긴 자식의 상을 만들어 조금 전까지만 해도 죽은

---

6. Vulgata: "advenit in orbem terrarum."

qui tunc, quasi homo, mortuus fuerat, tanquam Deum colere coepit. Et ibidem etiam subditur [v. 21] quod *homines, aut affectui aut regibus deservientes, incommunicabile nomen, scilicet divinitatis, lignis et lapidibus imposuerunt.*[7]

Secundo, propter hoc quod homo naturaliter de repraesentatione delectatur, ut Philosophus dicit, in *Poetria* sua.[8] Et ideo homines rudes a principio videntes per diligentiam artificum imagines hominum expressive factas, divinitatis cultum eis impenderunt. Unde dicitur *Sap.* 13, [11, 13, 17]: *Si quis artifex faber de silva lignum rectum secuerit; et per scientiam suae artis figuret illud et assimilet imagini hominis: de substantia sua, et filiis et nuptiis, votum faciens, inquirit.*[9]

Tertio, propter ignorantiam veri Dei: cuius excellentiam homines non considerantes, quibusdam creaturis, propter pulchritudinem seu virtutem, divinitatis cultum exhibuerunt. Unde dicitur *Sap.* 13, [1-2]: *Neque, operibus attendentes, agnoverunt quis esset artifex. Sed aut ignem, aut spiritum, aut citatum aerem, aut gyrum stellarum, aut nimiam aquam, aut solem, aut*[10] *lunam, rectores orbis terrarum, deos putaverunt.*

Alia autem causa idololatriae fuit consummativa, ex parte daemonum, qui se colendos hominibus errantibus exhibuerunt in idolis, dan-

---

7. Vulgata: "aut affectui aut regibus deservientes homines incommunicabile nomen lapidibus et lignis imposuerunt."
8. C.4, 1448b9-12. Cf. I-II, q.32, a.8.
9. Vulgata: "et per scientiam artis suae figuret illud et assimilet illud imagini hominis... Et de

사람에 지나지 않던 것을 신으로 예배하기 시작했다." 또한 같은 곳에서[21절] 계속해서 말한다: "사람들은 정념이나 임금들의 노예가 되어 나뭇조각이나 돌에 상통(相通)할 수 없는 이름", 즉 신성의 [이름]을 "부여했다."[7]

둘째, 철학자가 자신의 『시학』에서[8] 말하는 것처럼, 인간은 본성적으로 재현(repraesentatio)을 좋아하기 때문이다. 그러므로 교육받지 못한 사람들은 처음부터 예술가의 정성으로 분명하게 만들어진 사람의 형상(形象)을 보면서 그것에게 신성에 대한 예배를 드렸다. 그래서 지혜서 13장 [11절, 13절, 17절]은 다음과 같이 말한다: "노련한 목수는 숲에서 곧은 나무를 잘라 자신의 예술적 지식으로 그것에 형태를 부여하고 사람의 형상과 비슷하게 만든다. 그다음에 자신의 재산과 자신의 자녀들 그리고 자신의 결혼을 위해 그것에게 서원하며 기도한다."[9]

셋째, 사람들이 하느님의 진리에 대한 무지로 인해 그분의 탁월함을 숙고하지 않은 채, 일부 피조물에게 그들의 아름다움과 능력 때문에 신성의 예배를 드렸기 때문이다. 그러므로 지혜서 13장 [1-2절]은 다음과 같이 말한다: "사람들은 작품에 주의를 기울이면서도 [그것을 만든] 장인을 알아보지 못하였다. 오히려 불이나 영이나 빠른 공기, 별들의 회전이나 엄청난 물, 태양이나[10] 달, 빛을 온 세상의 통치자들, 신들로 여겼다."

반면 우상숭배의 다른 원인은 마귀들 편에서 완성된다. 그들은 오류에 잠긴 사람들에 의해 흠숭받기 위해 그들에게 응답하고 그들이 보기

---

substantia sua et de filiis suis et de nuptiis, votum faciens, inquirit."
10. Vulgata: "et."

do responsa et aliqua quae videbantur hominibus mirabilia faciendo. Unde et in Psalm. [95, 5] dicitur: *Omnes dii gentium daemonia.*

AD PRIMUM ergo dicendum quod causa dispositiva idololatriae fuit, ex parte hominis, naturae defectus vel per ignorantiam intellectus vel per deordinationem affectus, ut dictum est.[11] Et hoc etiam ad culpam pertinet. — Dicitur autem idololatria esse *causa, initium et finis omnis peccati,* quia non est aliquod genus peccati quod interdum idololatria non producat: vel expresse inducendo, per modum causae; vel occasionem praebendo, per modum initii; vel per modum finis, inquantum peccata aliqua assumebantur in cultum idolorum, sicut occisiones hominum et mutilationes membrorum, et alia huiusmodi. Et tamen aliqua peccata possunt idololatriam praecedere, quae ad ipsam hominem disponunt.

AD SECUNDUM dicendum quod in prima aetate non fuit idololatria propter recentem memoriam creationis mundi, ex qua adhuc vigebat cognitio unius Dei in mente hominum. — In sexta autem aetate idololatria est exclusa per doctrinam et virtutem Christi, qui de diabolo triumphavit.

AD TERTIUM dicendum quod ratio illa procedit de causa consummativa idololatriae.

---

11. 답변.

에 기적적인 것들을 행하는 가운데 우상의 형상 아래 드러난다. 그러므로 시편 95[96]장 [5절]에서 다음과 같이 말한다: "민족들의 신은 마귀들이다."

[해답] 1. 언급한 바와 같이,[11] 인간 편에서 우상숭배의 태세적 원인은 지성의 무지 또는 감정의 무질서로 인한 본성의 결함이었다. 또한 이것은 죄과(culpa)에 속한다. 그런데 우상숭배는 "모든 죄의 원인이자 시작이며 마지막"이라고 말한다. 왜냐하면 원인의 방식으로 우상숭배를 분명하게 도입하는 가운데, 또는 시작의 방식으로 기회를 제공하는 가운데, 또는 목적의 방식으로 우상들에게 예배를 드리는 가운데 사람들의 살해와 지체들의 절단 그리고 그와 비슷한 다른 것들처럼 어떤 죄들을 취함으로써, 우상숭배가 때때로 일으키지 않는 죄의 유(類)가 없기 때문이다. 그렇지만 어떤 죄들은 인간 자신을 준비시키는 우상숭배에 선행할 수 있다.

2. 첫 번째 시대에는 세상의 창조에 대한 최근 기억으로 인해 우상숭배가 없었다. 그 기억으로부터 여전히 사람들의 정신에 유일하신 하느님에 대한 인식이 번창했다. 그러나 여섯 번째 시대에 우상숭배는 악마에 대해 승리하신 그리스도의 가르침과 덕으로 인해 배제되었다.

3. 그러한 이유는 우상숭배가 완성되게 하는 원인에 관련된다.

QUAESTIO XCV
DE SUPERTITIONE DIVINATIVA
in octo articulos divisa

Deinde considerandum est de superstitione divinativa.[1]

Et circa hoc quaeruntur octo.

Primo: utrum divinatio sit peccatum.

Secundo: utrum sit species superstitionis.

Tertio: de speciebus divinationis.

Quarto: de divinatione quae fit per Daemones.

Quinto: de divinatione quae fit per astra.

Sexto: de divinatione quae fit per somnia.

Septimo: de divinatione quae fit per auguria et alias huiusmodi observationes.

Octavo: de divinatione quae fit per sortes.

Articulus 1
Utrum divinatio sit peccatum

Ad primum sic proceditur. Videtur quod divinatio non sit peccatum.

제95문
점술적 미신에 대하여
(전8절)

이제 점술적 미신에 대해 숙고하기로 하자.[1] 이에 대해서는 여덟 가지가 다뤄진다.

첫째, 점술은 죄인가?

둘째, [그것은] 미신의 종(種)인가?

셋째, 점술의 종들에 대하여.

넷째, 마귀들을 통해 행하는 점술에 대하여.

다섯째, 별을 통해 행하는 점술에 대하여.

여섯째, 꿈들을 통해 행하는 점술에 대하여.

일곱째, 새들을 관찰하거나 이와 비슷한 다른 것들을 통해 행하는 점술에 대하여.

여덟째, 제비뽑기를 통해 하는 미신에 대하여.

제1절 점술은 죄인가

Parall.: *ScG*, III, 154; *In Isaiam*, c.3.

[반론] 첫째는 다음과 같이 진행된다. 점술은 죄가 아닌 것으로 보

---

1. Cf. q.93, Introd.

1. Divinatio enim ab aliquo *divino* nominatur. Sed ea quae sunt divina magis ad sanctitatem pertinent quam ad peccatum. Ergo videtur quod divinatio non est peccatum.

2. Praeterea, Augustinus dicit, in libro *de Lib. Arbit.*[1]: *Quis audeat dicere disciplinam esse malum?* Et iterum: *Nullo modo dixerim aliquam intelligentiam malam esse posse.* Sed aliquae artes sunt divinativae: ut patet per Philosophum, in libro *de Memoria*.[2] Videtur etiam ipsa divinatio ad aliquam intelligentiam veritatis pertinere. Ergo videtur quod divinatio non sit peccatum.

3. Praeterea, naturalis inclinatio non est ad aliquod malum: quia natura non inclinat nisi ad simile sibi. Sed ex naturali inclinatione homines sollicitantur praenoscere futuros eventus, quod pertinet ad divinationem. Ergo divinatio non est peccatum.

SED CONTRA est quod dicitur *Deut.* 18, [11]: *Non sit qui pythones consulat, neque divinos.*[3] Et in Decretis, XXVI, qu. 5,[4] dicitur: *Qui divinationes expetunt, sub regulis quinquennii iaceant, secundum gradus poenitentiae definitos.*

RESPONDEO dicendum quod in nomine divinationis intelligitur quaedam praenuntiatio futurorum. Futura autem dupliciter praenosci possunt: uno quidem modo, in suis causis; alio modo, in

---

1. I, c.1, nn.2: PL 32, 1223.
2. C.1, 449b12-13; S. Thomas, lect.1, n.304.

인다.

1. 점술(divinatio)이라는 이름은 어떤 신적인 것에서 유래한다. 그런데 신적인 것은 죄보다는 거룩함에 더욱 속한다. 그러므로 점술은 죄가 아닌 것으로 보인다.

2. 아우구스티누스는 『자유재량론』에서[1] 다음과 같이 말한다: "누가 감히 가르침이 악하다고 말하는가?" 그리고 다시 한 번 [이렇게 말한다]: "어떤 방식으로든 모든 지성이 악하다고 감히 말할 수 없다." 그러나 『기억과 상기에 대하여』에서[2] 철학자에 의해 분명히 드러나듯이, 어떤 기예는 점술들이다. 점술 자체는 진리에 대한 이해에 속하는 것으로 보인다. 그러므로 점술은 죄가 아닌 것으로 보인다.

3. 자연적 경향은 어떤 악을 향하지 않는다. 왜냐하면 자연[본성]은 오직 자신에게 비슷한 것으로 기울어지기 때문이다. 그런데 사람들은 자연적 경향으로 인해 미래의 사건, 즉 점술에 속하는 것을 미리 알기 위해 걱정한다. 그러므로 점술은 죄가 아니다.

[재반론] 그러나 반대로 신명기 18장 [11절]은 다음과 같이 말한다: "너희 가운데 점쟁이들과 점술가들에게 물어보는 자가 있어서는 안 된다."[3] 그리고 『교령』 제26권 제5문에서[4] 다음과 같이 말한다: "점술을 추구하는 자들은 정해진 형벌의 다양한 단계에 따라, 5년간 벌을 받아야 한다."

[답변] 점술의 이름에서 미래에 대한 어떤 예언(praenuntiatio)이 파악

---

3. Vulgata: "Nec sit… qui pythones consulat nec divinos."
4. Gratianus, *Decretum*, p.2, causa 26, q.5, can.2: ed. Richter-Friedberg, t.1, p.1027.

seipsis.⁵ Causae autem futurorum tripliciter se habent. Quaedam enim producunt ex necessitate et semper suos effectus. Et huiusmodi effectus futuri per certitudinem praenosci possunt et praenuntiari ex consideratione suarum causarum: sicut astrologi praenuntiant eclipses futuras. — Quaedam vero causae producunt suos effectus non ex necessitate et semper, sed ut in pluribus, raro tamen deficiunt. Et per huiusmodi causas possunt praenosci futuri effectus, non quidem per certitudinem, sed per quandam coniecturam: sicut astrologi per considerationem stellarum quaedam praenoscere et praenuntiare possunt de pluviis et siccitatibus, et medici de sanitate vel morte.⁶

Quaedam vero causae sunt quae, si secundum se considerentur, se habent ad utrumlibet: quod praecipue videtur de potentiis rationalibus, quae se habent ad opposita, secundum Philosophum.⁷ Et tales effectus, vel etiam si qui effectus ut in paucioribus casu accidunt ex naturalibus causis, per considerationem causarum praenosci non possunt: quia eorum causae non habent inclinationem determinatam ad huiusmodi effectus. Et ideo effectus huiusmodi praenosci non possunt nisi in seipsis considerentur. Homines autem in seipsis huiusmodi effectus considerare possunt solum dum sunt praesentes, sicut cum homo videt Socratem currere vel ambulare. Sed considerare huiusmodi in seipsis antequam fiant, est Dei proprium, qui solus

---

5. Cf. q.171, a.6, ad2; q.172, a.1, ad1-2; q.174, a.1.
6. Cf. a.5.

된다. 그런데 미래는 이중적으로 미리 알려질 수 있다. 첫째로는 그 일의 원인이 알려질 수 있고, 둘째로는 미래 자체가 알려질 수 있다.[5] 그러나 미래의 원인은 삼중적이다. 어떤 것들은 필연적으로 언제나 그들의 결과를 산출한다. 그리고 그러한 미래의 결과는, 천문학자가 미래의 식(蝕, eclipsis)을 예언하듯이, 그것의 원인에 대해 숙고하는 가운데 확실하게 미리 알려지고 예언될 수 있다. 그러나 어떤 원인은 필연적이 아니라 대부분의 경우에 어떤 결과를 산출하고 드물게는 그 결과를 산출하지 않는다. 마치 천문학자가 별들에 대한 숙고를 통해 비와 가뭄에 대해 그리고 의사들이 건강이나 죽음에 대해 미리 알고 예언하듯이, 그러한 원인을 통해 미래의 결과를 확실하게 [미리 아는 것이] 아니라 추측을 통해 미리 알 수 있다.[6]

한편 만일 분리해서 숙고한다면, 어떤 것과도 마찬가지의 관계를 갖는 어떤 원인이 있다. 이것은 철학자에 따르면,[7] 특히 상반되는 것과의 관계 안에 있는 이성적 능력의 경우 분명해 보인다. 그리고 그런 결과는, 소수의 경우에 그런 결과가 자연적 원인에서 유래한다고 해도, 그 원인을 숙고함으로써 미리 알려질 수 없다. 왜냐하면 그것의 원인은 그러한 결과를 향한 결정된 어떤 경향을 갖고 있지 않기 때문이다. 그러므로 그러한 결과가 그 자체로 숙고되지 않는다면, 그것은 미리 알려질 수 없다. 그러나 어떤 사람이 소크라테스가 뛰거나 걷는 것을 볼 때처럼, 사람은 현재 있는 동안만 그 자체로 그러한 결과를 숙고할 수 있다. 그러한 것을 [그것이] 일어나기 전에 그 자체로 고려하는 것은

---

7. *Met.*, IX, cc.2 & 5: 1046b4-7; 1048a8-10; 1050b30-34; S. Thomas, lect.2, n.1789; lect.4, n.1819; lect.9, n.1881.

in sua aeternitate videt ea quae futura sunt quasi praesentia, ut in Primo[8] habitum est: unde dicitur Isaiae 41, [23]: *Annuntiate quae futura sunt in futurum, et sciemus quoniam dii estis vos.*[9] Si quis ergo huiusmodi futura praenoscere aut praenuntiare quocumque modo praesumpserit, nisi Deo revelante, manifeste usurpat sibi quod Dei est. Et ex hoc aliqui *divini* dicuntur: unde dicit Isidorus, in libro *Etymol*[10]: *Divini dicti quasi Deo pleni: divinitate enim se plenos simulant, et astutia quadam fraudulentiae hominibus futura coniectant.* Divinatio ergo non dicitur si quis praenuntiet ea quae ex necessario eveniunt vel ut in pluribus, quae humana ratione praenosci possunt. Neque etiam si quis futura alia contingentia, Deo revelante, cognoscat: tunc enim non ipse *divinat*, idest, quod divinum est facit, sed magis quod divinum est suscipit. Tunc autem solum dicitur divinare quando sibi indebito modo usurpat praenuntiationem futurorum eventuum. Hoc autem constat esse peccatum. Unde divinatio semper est peccatum. Et propter hoc Hieronymus dicit, *super Michaeam*,[11] quod *divinatio semper in malam partem accipitur.*

AD PRIMUM ergo dicendum quod divinatio non dicitur ab ordinata participatione alicuius divini, sed ab indebita usurpatione, ut dictum est.[12]

AD SECUNDUM dicendum quod artes quaedam sunt ad prae-

---

8. Cf. I, q.14, a.13; q.57, a.3; q.86, a.4.
9. Vulgata: "Annuntiate quae ventura sunt in futurum, et sciemus quia dii estis vos."

하느님의 고유함이다. 제1부에서 말했듯이,⁸ 오직 그분만이 자신의 영원함 속에서 미래의 것을 마치 현재처럼 보신다. 이사야서 41장 [23절]에서 다음과 같이 말한다: "너희가 신이라는 것을 우리가 알 수 있도록 다가올 일들을 알려 보아라."⁹ 그러므로 만일 누군가 감히 그와 같은 미래의 일을 하느님의 계시 이외에 여하한 방식으로 미리 알거나 예언한다면, 그 자체로 분명하게 하느님을 침해하는 것이다. 이로 인해 이시도루스가 『어원』에서¹⁰ 다음과 같이 말하듯이, 어떤 이들은 신적이라고 불린다: "이들은 마치 하느님으로 가득한 것처럼 신적이라고 불린다. 이는 그들이 일종의 기만하는 간교함으로 사람들의 미래를 추측하기 때문이다." 그러므로 만일 누군가 필연적으로 일어나는 것들을 미리 선언하거나 많은 경우 인간의 이성에 의해 알 수 있는 것을 미리 선언한다면, 점술이라고 부르지 않는다. 만일 누군가 계시하시는 하느님과 함께 미래의 우연적인 일들을 안다고 해도 [점술이라고 부르지 않는다]. 그렇게 되면 인간이 알아맞히는 것이 아니라, 즉 신적인 것을 하는 것이 아니라 무엇보다도 신적인 것을 받기 때문이다. 반면 누군가 미래의 사건에 대한 예언을 부당하게 횡령할 때, 알아맞힌다고 말한다. 그러나 이것은 죄이다. 그래서 히에로니무스는 미카서에 대해 다음과 같이 말한다: "점술은 언제나 부정적 의미를 갖는다."¹¹

[해답] 1. 점술은 어떤 신적인 것에 대한 질서 있는 참여가 아니라 부당한 횡령(usurpatio)에 의해 언급된다.¹²

---

10. VIII, c.9, n.14: PL 82, 312B.
11. I, super 3, 9ssq.: PL 25, 1183B.
12. 답변.

cognoscendum futuros eventus qui ex necessitate vel frequenter proveniunt, quod ad divinationem non pertinet. Sed ad alios futuros eventus cognoscendos non sunt aliquae verae artes seu disciplinae, sed fallaces et vanae, ex deceptione daemonum introductae; ut dicit Augustinus, in XXI *de Civ. Dei*.[13]

AD TERTIUM dicendum quod homo habet naturalem inclinationem ad cognoscendum futura secundum modum humanum: non autem secundum indebitum divinationis modum.

Articulus 2
Utrum divinatio sit species superstitionis

Ad secundum sic proceditur. Videtur quod divinatio non sit species superstitionis.

1. Idem enim non potest esse species diversorum generum. Sed divinatio videtur esse species curiositatis; ut Augustinus dicit, in libro *de vera Relig.*.[1] Ergo videtur quod non sit species superstitionis.

2. Praeterea, sicut religio est cultus debitus, ita superstitio est cultus indebitus. Sed divinatio non videtur ad aliquem cultum indebitum pertinere. Ergo divinatio non pertinet ad superstitionem.

3. Praeterea, superstitio religioni opponitur. Sed in vera religione

---

13. C.8, n.2: PL 41, 721. Cf. V, c.7: PL 41, 147, *De Gen ad litt.*, II, c.17: PL 34, 278.

2. 필연적으로 또는 자주 일어나는 미래의 사건을 미리 알기 위한, 점술에 속하지 않는 몇 가지 기예들이 있다. 그러나 아우구스티누스가 『신국론』 제21권에서 말했듯이, 그 밖의 미래에 대해 아는 것은 참된 기예나 가르침들이 있는 게 아니라, 마귀들의 속임수에 의해 도입된 사기적이고 헛된 기예나 가르침들이 있을 뿐이다.[13]

3. 인간은 점술의 부당한 방식에 따라서가 아니라 인간적인 방식에 따라 미래를 알기 위한 자연적 경향을 갖는다.

제2절 점술은 미신의 종인가

Parall.: Supra, q.92, a.2

[반론] 둘째는 다음과 같이 진행된다. 점술은 미신의 종이 아닌 것으로 보인다.

1. 상이한 유(類)의 종(種)은 같지 않다. 그러나 아우구스티누스가 『참된 종교』에서[1] 말하듯이, 점술은 호기심의 종인 것으로 보인다. 그러므로 [점술은] 미신의 종이 아닌 것으로 보인다.

2. 종교가 마땅한 예배인 반면, 미신은 부당한 예배이다. 그러나 점술은 어떤 부당한 예배에 속한 것으로 보이지 않는다. 그러므로 점술은 미신에 속하지 않는다.

3. 미신은 종교에 반대된다. 그러나 참된 종교에는 점술에 상응하는

---

1. Cf. *De doctr. christ.*, II, c.23, n.35; c.24, n.37: PL 34, 52, 53; *De divin. daemon.*, c.3: PL 40, 584.

non invenitur aliquid divinationi per contrarium respondens. Ergo divinatio non est species superstitionis.

SED CONTRA est quod Origenes dicit, in *Periarchon*[2]: *Est quaedam operatio daemonum in ministerio praescientiae, quae artibus quibusdam ab his qui se daemonibus mancipaverunt, nunc per sortes, nunc per auguria, nunc ex contemplatione umbrarum comprehendi videtur. Haec autem omnia operatione daemonum fieri non dubito.* Sed sicut Augustinus dicit, in II *de Doct. Christ.*,[3] quidquid procedit ex societate daemonum et hominum superstitiosum est. Ergo divinatio est species superstitionis.

RESPONDEO dicendum quod, sicut supra[4] dictum est, superstitio importat indebitum cultum divinitatis. Ad cultum autem Dei pertinet aliquid dupliciter. Uno modo, cum aliquid Deo offertur: vel sacrificium, vel oblatio, vel aliquid huiusmodi. Alio modo, cum aliquid divinum assumitur: sicut dictum est supra[5] de iuramento. Et ideo ad superstitionem pertinet non solum cum sacrificium daemonibus offertur per idololatriam, sed etiam cum aliquis assumit auxilium daemonum ad aliquid faciendum vel cognoscendum. Omnis autem divinatio ex operatione daemonum provenit: vel quia expresse daemones

---

2. Cf. Hom.16 *in Num.*, n.7: PG 12, 697B.
3. Cc.20 & 23: PL 34, 50, 52.

실천이 없다. 그러므로 점술은 미신의 종이 아니다.

[재반론] 오리게네스는 『원리론』에서² 다음과 같이 말한다: "예지(praescientia)에 봉사하는 마귀들의 어떤 활동이 있는데, 그것은 마귀들에게 예속된 자들에 의해 어떤 기예와 함께 포착되는 것처럼 보이며, 이제 [그것은] 제비뽑기(sors)에 의해서, 또는 조점(鳥占, augurium)이나 그림자에 대한 관조에 의해서 이루어진다. 나는 이 모든 것이 마귀들의 활동에 의해 이루어진다는 것을 의심하지 않는다." 그런데 아우구스티누스가 『그리스도교 교양』에서³ 말하듯이, 마귀들과 사람의 친교에서 유래하는 모든 것은 미신적이다. 그러므로 점술은 미신의 종이다.

[답변] 위에서 말한 바와 같이,⁴ 미신은 신성(神性)에 부당한 예배를 내포한다. 그런데 어떤 것이 하느님에 대한 예배에 속하는 데에는 두 가지 방식이 있다. 한 가지 방식은, 희생제사나 봉헌물이나 그와 비슷한 어떤 것이 하느님께 봉헌될 때 [그렇게 속한다]. 다른 방식은, 맹세에 대해 위에서 말한 바와 같이⁵ 어떤 신적인 것이 취해질 때 [그렇게 속한다]. 그러므로 우상숭배를 통해 마귀들에게 희생제사를 봉헌할 때만이 아니라 누군가 어떤 것을 행하거나 알기 위해 마귀들의 도움을 취할 때에도 미신에 속한다. 그런데 모든 점술은 마귀들의 활동에서 유래한다. 왜냐하면 미래를 드러내기 위해 마귀들이 분명하게 부름

---

4. Q.92, aa.1-2; q.94, a.1.
5. Q.89, Introd.; a.4, ad2.

invocantur ad futura manifestanda; vel quia daemones se ingerunt vanis inquisitionibus futurorum, ut mentes hominum implicent vanitate; de qua vanitate in Psalm. [39, 5] dicitur: *Non respexit in vanitates et insanias falsas*. Vana autem inquisitio futurorum est quando aliquis futurum praenoscere tentat unde praenosci non potest. Unde manifestum est quod divinatio species superstitionis est.

AD PRIMUM ergo dicendum quod divinatio pertinet ad curiositatem quantum ad finem intentum, qui est praecognitio futurorum. Sed pertinet ad superstitionem quantum ad modum operationis.

AD SECUNDUM dicendum quod huiusmodi divinatio pertinet ad cultum Daemonum, inquantum aliquis utitur quodam pacto tacito vel expresso cum Daemonibus.

AD TERTIUM dicendum quod in nova lege mens hominis arcetur a temporalium sollicitudine: et ideo non est in nova lege aliquid institutum ad praecognitionem eventuum futurorum de temporalibus rebus. In veteri autem lege, quae promittebat terrena, erant consultationes de futuris ad religionem pertinentes: unde dicitur Isaiae 8, [19]: Et cum dixerint ad vos: Quaerite a pythonibus et a divinis, qui strident incantationibus suis,[6] subdit, quasi responsionem: Numquid non populus a Deo suo requiret visionem pro vivis et mortuis?[7] — Fuerunt tamen in novo Testamento etiam aliqui prophetiae spiritum habentes, qui multa de futuris eventibus praedixerunt.[8]

---

6. Vulgata: "in incarnationibus suis."

을 받거나, 허영으로 사람들의 정신을 복잡하게 하기 위해 미래에 대한 헛된 조사에 전념하기 때문이다. 시편 40[39]편 [5절]은 그에 대해 다음과 같이 말한다: "거짓된 허영과 광기를 바라보지 않는다." 그러나 누군가 미리 알 수 없는 것으로부터 시작해서 미래를 미리 알고자 시도할 때, 미래에 대한 조사는 헛되다. 그러므로 점술은 미신의 종(種)임이 분명하다.

[해답] 1. 점술은 추구하는 목적이 예지라는 점에서는 호기심에 속한다. 그러나 그것은 작용의 방식과 관련해서 미신에 속한다.

2. 이러한 점술은, 마귀들과의 무언의 또는 분명한 계약으로 이용되는 한에서 마귀들에 대한 예배에 속한다.

3. 새 법에서 사람의 마음은 현세적인 것에 대한 염려로부터 멀리 떨어져 있으며, 따라서 현세적인 문제들과 관련된 미래의 사건에 대한 예지를 위해 새 법에 제정된 것은 아무것도 없다. 그러나 지상 것들을 약속했던 옛 법에는 종교에 속한 미래에 대한 문의들이 있었다. 그래서 이사야서 8장 [19절]은 다음과 같이 말한다: "사람들이 너희에게 말한다: 속살거리며 중얼대는 점쟁이들과 점술가들에게 물어보아라.[6] 그리고 다음과 같이 대답한다: 백성이 자신의 하느님께 산 자들에 대하여 죽은 자들에게 물어보아야 하지 않느냐?"[7] 신약성경에도 예언의 영을 가진 사람들이 있었는데, 그들은 미래의 사건에 대해 많은 것을 예언하였다.[8]

---

7. Vulgata: "Numquid non populus a Deo suo requiret, pro vivis a mortuis?"
8. '예언'에 대해서는: Cf. infra, qq.171-174; *ScG*, III, 154.

Articulus 3
Utrum sit determinare plures divinationis species

Ad tertium sic proceditur. Videtur quod non sit determinare plures divinationis species.

1. Ubi enim est una ratio peccandi, non videntur esse plures peccati species. Sed in omni divinatione est una ratio peccandi: quia scilicet utitur aliquis pacto Daemonum ad cognoscendum futura. Ergo divinationis non sunt diversae species.

2. Praeterea, actus humanus speciem sortitur ex fine, ut supra[1] habitum est. Sed omnis divinatio ordinatur ad unum finem, scilicet ad praenuntiationem futurorum. Ergo omnis divinatio est unius speciei.

3. Praeterea, signa non diversificant speciem peccati: sive enim aliquis detrahat verbis, vel scripto vel nutu, est eadem peccati species. Sed divinationes non videntur differre nisi secundum diversa signa ex quibus accipitur praecognitio futurorum. Ergo non sunt diversae divinationis species.

SED CONTRA est quod Isidorus, in libro *Etymol.*,[2] enumerat diversas species divinationis.

제3절 더 많은 점술의 종을 정해야 하는가

Parall.: *De sortibus*, c.3.
Doctr. Eccl.: DS 1653[=DH 2823-2824](최면술에 대하여), DS 2182[=DH 3642 혼령적 현상에 대하여].

[반론] 셋째는 다음과 같이 진행된다. 더 많은 점술의 종을 정하지 말아야 하는 것으로 보인다.

1. 죄를 지을 이유가 한 가지만 있는 곳에는 다양한 죄의 종이 있는 것으로 보이지 않기 때문이다. 모든 점술에는 죄의 근거가 한 가지인데, 그것은 누군가 마귀들의 계약을 미래를 알기 위해 사용하기 때문이다. 그러므로 다른 점술의 종은 없다.

2. 위에서 이미 말했듯이[1] 인간적 행위는 목적에 의하여 종이 할당된다. 하지만 모든 점술은 한 가지 목적, 즉 미래에 대한 예언을 향해 질서 지어져 있다. 그러므로 모든 점술은 하나의 종이다.

3. 표지들은 죄의 종을 차별화하지 않는다. 누군가 말이나 글 또는 행동으로 다른 사람의 명예를 떨어트려도, 죄의 종은 같기 때문이다. 그러나 미래에 대한 예지를 받아들이는 다양한 표지들에 따라서가 아니면, 점술들은 차별화되지 않는 것으로 보인다. 그러므로 점술의 다양한 종들은 없다.

[재반론] 이시도루스는 『어원』에서[2] 점술의 다양한 종을 열거한다.

---

1. I-II, q.1, a.3; q.18, a.6.
2. VIII, c.9: PL 82, 310-314.

RESPONDEO dicendum quod, sicut dictum est,[3] omnis divinatio utitur ad praecognitionem futuri eventus aliquo daemonum consilio et auxilio. Quod quidem vel expresse imploratur: vel praeter petitionem hominis, se occulte daemon ingerit ad praenuntiandum quaedam futura quae hominibus sunt ignota, eis autem cognita per modos de quibus in Primo[4] dictum est. Daemones autem expresse invocati solent futura praenuntiare multipliciter. Quandoque quidem praestigiosis quibusdam apparitionibus se aspectui et auditui hominum ingerentes ad praenuntiandum futura. Et haec species vocatur *praestigium*, ex eo quod oculi hominum *praestringuntur*. — Quandoque autem per somnia. Et haec vocatur *divinatio somniorum*. — Quandoque vero per mortuorum aliquorum apparitionem vel locutionem. Et haec species vocatur *nigromantia*: quia, ut Isidorus dicit, in libro *Etymol.*,[5] 《*nigrum*》 *Graece mortuus,* 《*mantia*》 *divinatio nuncupatur: quia quibusdam praecantationibus, adhibito sanguine, videntur resuscitati mortui divinare et ad interrogata respondere.* — Quandoque vero futura praenuntiant per homines vivos: sicut in arreptitiis patet. Et haec est divinatio per *pythones:* et ut Isidorus dicit,[6] *pythones a Python Apolline sunt dicti, qui dicebatur esse auctor divinandi.* — Quandoque vero futura praenuntiant per aliquas figuras vel signa quae in rebus inanimatis apparent. Quae quidem si appareant in aliquo corpore terrestri, puta in ligno vel ferro aut lapide polito,

---

3. 앞 절.

제95문 제3절

[답변] 앞서 말한 것처럼,³ 모든 점술은 마귀들의 조언과 도움을 통해 미래의 사건에 대한 예지를 사용한다. 이것은 명시적으로 간청하거나 사람의 청원 외에도, 사람들은 알지 못하지만, 제1부에서 언급된⁴ 수단들을 통해서 알려지는 어떤 미래를 예언하기 위해 마귀들이 은밀하게 간섭한다. 그리고 명시적으로 부름을 받은 마귀들은 여러 방법으로 미래를 예언한다. 때로 그들은 미래를 예고하기 위하여 날조된 발현을 통하여 인간의 시각과 청각에 나타난다. 이 종은 눈속임(praestigium)이라고 불리는데, 이는 사람들의 눈이 그로 인해 현혹되기 때문이다. 그리고 때로는 꿈(somnium)을 통해 [미래를 예언하려는 사람들도 있다]. 이것은 꿈의 점술이라고 불린다. 때로는 죽은 사람의 발현이나 말을 통해 [미래를 예언하려는 사람들도 있다]. 이 종은 강신술(nigromantia)이라 불린다. 이시도루스가 『어원』에서⁵ 다음과 같이 말했기 때문이다: "그리스어로 'nekros'는 죽은 자를 의미하며, 'manteia'는 점술을 의미한다. 왜냐하면 어떤 마법 주문을 한 다음, 피를 사용해서 다시 살아난 죽은 이들이 점을 치고 물음에 대답하기 때문이다." 그리고 때로 그들은 광신적인 사람에게서 일어나듯이 살아있는 사람을 통해 미래를 예언하기도 한다. 이것은 이시도루스가 말한 것처럼⁶ "탁선자(託宣者)에 의한 점술로서, 그 이름은 아폴론에게 죽임을 당한 퓌톤(Python)에게서 유래한다." 반면 때로는 생기가 없는 것에서 드러나는 어떤 형상이나 표지들을 통해 미래를 예언하기도 한다. 만일 이것이 어떤 지상적인 형체들, 예컨대 나무나 철 또는 광택이 나는 돌에서 드러나면 흙

---

4. Q.57, a.3. Cf. *ScG*, III, 154.
5. VIII, c.9, n.11: PL 82, 312A.
6. Ibid., n.21: PL 82, 313A.

vocatur *geomantia*[7]; si autem in aqua, *hydromantia;* si autem in aere, *aeromantia;* si autem in igne, *pyromantia;* si autem in visceribus animalium immolatorum in aris daemonum, vocatur *aruspicium.*

Divinatio autem quae fit absque expressa daemonum invocatione, in duo genera dividitur. Quorum primum est cum ad praenoscendum futura aliquid consideramus in dispositionibus aliquarum rerum. Et si quidem aliquis conetur futura praenoscere ex consideratione situs et motus siderum, hoc pertinet ad *astrologos;* qui et *geneatici* dicuntur, propter natalium considerationes dierum. — Si vero per motus vel voces avium, seu quorumcumque animalium; sive per sternutationes hominum, vel membrorum saltus; hoc pertinet generaliter ad *augurium*, quod dicitur a *garritu avium*, sicut *auspicium* ab *inspectione avium*, quorum primum pertinet ad aures, secundum ad oculos; in avibus enim huiusmodi praecipue considerari solent. — Si vero huiusmodi consideratio fiat circa verba hominum alia intentione dicta, quae quis retorquet ad futurum quod vult praenoscere, hoc vocatur *omen*. Et sic ut Maximus Valerius dicit,[8] *ominum observatio aliquo contractu religioni innexa est. Quoniam non fortuito motu, sed divina providentia constare creditur quae fecit: ut, Romanis deliberantibus utrum ad alium locum migrarent, forte eo tempore centurio quidam exclamavit, 《Signifer, statue signum: hic optime manebimus》; quam vocem auditam pro omine acceperunt, transeundi consilium omittentes.* — Si autem considerentur aliquae dispositiones figurarum in aliqui-

---

7. 즉 마귀가 우상을 통해서 대답을 문의할 때 신탁과 관련되며, 마귀가 탁자들을 중개하는 가운

점(geomantia)이라 불린다.[7] 반면 물에서 [드러나면] 수점(水占, hydromantia)이라 불린다. 그리고 공기에서 [드러나면] 기상점(氣象占, aeromantia)이라 불린다. 불에서 [드러나면] 불점(pyromantia)이라 불리며, 마귀들의 제단에서 희생된 동물의 내장에서 [드러나면] 전조(前兆, aruspicium)라고 불린다.

한편 마귀들에 대한 명시적인 부름 없이 이루어지는 점술은 두 가지 유(類)로 나뉜다. 그 가운데 첫째는 우리가 미래를 예언하기 위해 어떤 사물의 배열에서 무언가를 고려할 때이다. 만약 어떤 사람이 별들의 위치와 움직임을 고려하여 미래를 예언하려고 한다면, 그것은 점성가들에게 속한다. 태어난 날짜들을 고려하여 [미래를 예언하려고 한다면], 그들은 사주 점술가들이라 불린다. 반면 새들이나 다른 동물의 움직임이나 소리, 또는 사람들의 재채기나 지체의 반응을 통해 [미래를 예언하려고 한다면], 이것은 전조가 새들에 대한 관찰(avium inspectio)에서 [유래하듯이], 일반적으로 새들의 지저귐(garritus avium)에 의해 언급되는 조짐에 속한다. 그 가운데 첫째는 눈에 속하며, 둘째는 귀에 속한다. 그러나 다른 의도로 말한 사람들의 말에 대해 이런 고려를 한다면, 즉 예언하고자 하는 미래로 돌아간다면, 이것을 징조(徵兆, omen)라고 한다. 막시무스 발레리우스(Maximus Valerius)는 다음과 같이 말한다:[8] "모든 [전조들에 대한] 관찰은 어떤 종교적인 계약에 묶여 있다. 왜냐하면 그것이 우연한 움직임이 아니라 신적 섭리였다고 생각했기 때문이다. 그래서 로마인들이 다른 곳으로 이주할지를 숙고하고 있을 때, 아마도 그 순간에 어떤 백인대장이 이렇게 외쳤을 것이다: '기수는

데 그들에게 대답을 줄 때 둥근 탁자들과 관련된다.
8. *Factor. et dictor. memor.*, I, c.5: ed. C. Kempf, Lipsiae, 1888, p.21, ll.8-17.

bus corporibus visui occurrentes, erit alia divinationis species. Nam ex lineamentis manus consideratis divinatio sumpta *chiromantia* vocatur, quasi *divinatio manus: chiros* enim Graece dicitur manus. Divinatio vero ex quibusdam figuris in spatula alicuius animalis apparentibus, *spatulimantia* vocatur.

Ad secundum autem divinationis genus quae est sine expressa Daemonum invocatione, pertinet divinatio quae fit ex consideratione eorum quae eveniunt ex quibusdam quae ab hominibus serio fiunt ad aliquid occultum inquirendum: sive per protractionem punctorum (quod pertinet ad artem geomantiae); sive per considerationem figurarum quae proveniunt ex plumbo liquefacto in aquam proiecto; sive ex quibusdam cedulis, scriptis vel non scriptis, in occulto repositis, dum consideratur quis quam accipiat; vel etiam ex festucis inaequalibus propositis, quis maiorem vel minorem accipiat; vel etiam ex taxillorum proiectione, quis plura puncta proiiciat; vel etiam dum consideratur quid aperienti librum occurrat. Quae omnia *sortium* nomen habent.

Sic igitur patet triplex esse divinationis genus. Quorum primum est per manifestam daemonum invocationem: quod pertinet ad *nigromanticos*. Secundum autem est per solam considerationem dispositionis vel motus alterius rei: quod pertinet ad *augures*. Tertium est dum facimus aliquid ut nobis manifestetur aliquid occultum: quod pertinet ad *sortes*. Sub quolibet autem horum multa continentur, ut patet ex dictis.[9]

깃발을 꽂아라. 최선을 다해 여기 머물기로 하자.' 그들은 이 음성을 들었을 때, 이 말을 징조로 받아들이고 옮겨가지 않았다." 그러나 만일 몇몇 가시적인 형체에서 일어나는 형태의 몇 가지 태세를 숙고한다면, 다른 점술들의 종이 있다. 손금으로부터 취해진 점술은 손으로 하는 점술처럼 수상술(手相術, chiromantia)로 불린다. 왜냐하면 그리스어로 'cheir'는 손으로 불리기 때문이다. 그러나 몇몇 동물의 어깨에서 드러나는 점술은 견갑골 숭배(spatulimantia)로 불린다.

반면 두 번째 점술의 유가 있다. 이것은 감춰진 어떤 것을 조사하기 위해 사람들에 의해 진지하게 이룩된 것 가운데 일어나는 것들에 대한 숙고로 이루어지거나, 점들의 연장(이것은 흙점술에 속한다)을 통해, 또는 융해되고 물에 던져진 납(plumbum)에 의해 형성되는 형태의 숙고를 통해, 표시가 있거나 없는 쪽지를 뽑는 것을 통해, 길이가 서로 다른 지푸라기(festuca) 중에서 누가 어떤 것을 뽑는지를 통해, 또는 심지어 누가 더 많은 점수를 내는지 보기 위해 작은 주사위(taxillus)를 던지는 것에 의해, 그리고 책을 열 때 일어나는 것을 고려함으로써 이루어지는 점술에 속한다. 이것은 모두 제비뽑기의 이름을 갖고 있다.

그러므로 점술의 유(類)는 세 가지다. 그 가운데 첫째는 강신술사(nigromanticus)에게 속하는 것으로서, 이는 마귀들에 대한 분명한 부름을 통해 일어난다. 둘째는 조점사(augures)에게 속하는 것으로서, 이는 다른 사물의 태세 또는 운동에 대한 고려를 통해 [일어난다]. 셋째는 우리가 어떤 것을 할 때, 숨겨진 어떤 것이 우리에게 드러난다. 이것은 제비뽑기에 속한다. 그러나 언급한 바에 따라 분명하듯이,[9] 이것들 가

---

9. "나머지 두 종류의 점술, 즉 두 번째와 세 번째 점술과 관련해서, 편지에 열거된 것에서 가져온 점술은 불법이며 일종의 미신이라고 명시적으로 언급하지 않았다. 그러므로 그것들이 점술의 행위인 한에서, 점술은 그것들을 단죄할 수 없다. 점술이 아닌 다른 방법으로 할 수 있는

AD PRIMUM ergo dicendum quod in omnibus praedictis[10] est eadem ratio generalis peccandi, sed non eadem specialis. Multo enim gravius est daemones invocare quam aliqua facere quibus dignum sit ut se daemones ingerant.

AD SECUNDUM dicendum quod cognitio futurorum vel occultorum est ultimus finis, ex quo sumitur generalis ratio divinationis. Distinguuntur autem diversae species secundum propria obiecta sive materias: prout scilicet in diversis rebus occultorum cognitio consideratur.

AD TERTIUM dicendum quod res quas divinantes attendunt considerantur ab eis non sicut signa quibus exprimant quod iam sciunt, sicut accidit in detractione: sed sicut principia cognoscendi. Manifestum est autem quod diversitas principiorum diversificat speciem, etiam in scientiis demonstrativis.

Articulus 4
Utrum divinatio quae fir per invocationes daemonum sit illicita

Ad quartum sic proceditur. Videtur quod divinatio quae fit per invocationes Daemonum non sit illicita.

일이 있다면, 그 구절과 언어를 검토하고[cf. Aug., De civ. Dei, V, c.1: PL 41, 141], 모든 가능한 방법을 먼저 논의한 후에, 절대적이고 참으로 있을 수 있는 의도로 행해진 일들을 손상하지 말아야 한다. 하지만 이것은 어려운 일이기도 하다"(Caietanus in h. u. a. n.IV).

운데 각각은 많은 것을 내포한다.

[해답] 1. 이전에 말한 모든 것에서[10] 죄의 근거가 되는 한 가지의 일반적인 이유가 있다. 그러나 특수한 근거는 하나가 아니다. 왜냐하면 마귀들에 의해 사로잡힐 만한 어떤 것을 하는 것보다 마귀들을 부르는 것이 더 많이 위중하기 때문이다.

2. 미래의 일이나 숨겨진 일에 대한 인식은 최종 목적으로, 여기서 점술의 일반적 근거가 유래한다. 그런데 서로 다른 것에서 숨겨진 것에 대한 인식이 고려되듯이, 상이한 종들은 자신의 고유한 대상이나 질료에 따라 구별된다.

3. 점술이 전념하는 것은 추론에서 일어나듯이 이미 알고 있는 것을 표현하는 표지들이 아니라 인식의 원리로서 고려된다. 그런데 원리의 상이성은 증명적인 학문에서도 종을 상이하게 한다.

제4절 마귀들에 대한 부름을 통해 이루어지는 점술은 부당한가

Parall.: *In Sent.*, II, d.7, q.3, a.2; *In Isaiam*, c.3.

[반론] 넷째는 다음과 같이 진행된다. 마귀들에 대한 부름을 통해 이루어지는 점술은 부당하지 않은 것으로 보인다.

---
10. 답변.

q.95, a.4

1. Christus enim nihil illicitum commisit: secundum illud I Pet. 2, [22]: *Qui peccatum non fecit.* Sed Dominus a Daemone interrogavit: *Quod tibi nomen est?* Qui respondit: *Legio: multi enim sumus,* ut habetur Marc. 5, [9].[1] Ergo videtur quod liceat a Daemonibus aliquid occultum interrogare.

2. Praeterea, sanctorum animae non favent illicite interrogantibus. Sed Sauli interroganti de eventu futuri belli a muliere habente spiritum pythonis, apparuit Samuel, et ei futurum eventum praedixit: ut legitur I *Reg.* 28, [8 sqq.]. Ergo divinatio quae fit per interrogationem a Daemonibus non est illicita.

3. Praeterea, licitum esse videtur veritatem ab aliquo sciente inquirere, quam utile est scire. Sed quandoque utile est scire aliqua occulta quae per Daemones sciri possunt: sicut apparet in inventione furtorum. Ergo divinatio quae fit per invocationem Daemonum non est illicita.

SED CONTRA est quod dicitur *Deut.* 18, [10-11]: *Non inveniatur in te qui ariolos sciscitetur, neque Pythones consulat.*[2]

RESPONDEO dicendum quod omnis divinatio quae fit per invo-

---

1. Vulgata: "Legio···, quia multi sumus."

제95문 제4절

1. "그는 죄를 저지르지도 않았다."는 베드로 1서 2장 [22절]에 따르면, 그리스도는 부당한 것을 전혀 범하지 않으셨다. 그러나 마르코복음서 5장 [9절]에서 말하듯이,[1] 주님께서 마귀에게 "네 이름이 무엇이냐?" 하고 물으시자, 그가 이렇게 대답했다: "제 이름은 군대입니다. 저희 수가 많기 때문입니다." 그러므로 마귀들에게 어떤 은밀한 것을 묻는 일은 합당한 것으로 보인다.

2. 성인들의 영혼은 부당한 질문을 좋아하지 않는다. 성인들의 영혼은 그들에게 부당한 질문을 하는 사람을 도와주지 않는다. 그러나 사무엘기 상권 28장 [8절 이하]에서 읽을 수 있듯이, 탁선자의 영을 가진 여인이 미래 전쟁의 결과에 대해 사울에게 묻자, 사무엘이 등장하여 미래 사건을 예언했다. 그러므로 마귀들에게 묻는 가운데 이루어지는 점술은 부당하지 않다.

3. 유용한 것을 아는 사람에게 진리를 조사하는 것은 합당해 보인다. 그러나 도둑을 찾아내는 경우와 같이, 종종 마귀들을 통해 알려질 수 있는 어떤 숨겨진 것들을 아는 것은 유익하다. 그러므로 마귀들에 대한 부름을 통해 이루어지는 점술은 부당하지 않다.

[재반론] 신명기 18장 [10-11]은 다음과 같이 말한다: "너희에게는 점쟁이들에게 물어보거나 탁선자들에게 조언을 청하는 사람이 있어서는 안 된다."[2]

[답변] 마귀들에 대한 부름을 통해 이루어지는 모든 점술은 두 가지

---

2. Vulgata: "Nec inveniatur in te⋯ qui hariolos sciscitetur⋯ nec qui pythones consulat."

cationes daemonum est illicita, duplici ratione. Quarum prima sumitur ex parte principii divinationis, quod scilicet est pactum expresse cum daemone initum per ipsam daemonis invocationem. Et hoc est omnino illicitum. Unde contra quosdam dicitur Isaiae 28, [15]: *Dixistis: Percussimus foedus cum morte, et cum Inferno fecimus pactum.* Et adhuc gravius esset si sacrificium vel reverentia daemoni invocato exhiberetur.

Secunda ratio sumitur ex parte futuri eventus. Daemon enim, qui intendit perditionem hominum, ex huiusmodi suis responsis, etiam si aliquando vera dicat, intendit homines assuefacere ad hoc quod ei credatur: et sic intendit perducere in aliquid quod sit saluti humanae nocivum. Unde Athanasius, exponens id quod habetur Luc. 4, [35], *Increpavit illum, dicens, Obmutesce,* dicit[3]: *Quamvis vera fateretur daemon, compescebat tamen Christus eius sermonem, ne simul cum veritate etiam suam iniquitatem promulget. Ut nos etiam assuefaciat ne curemus de talibus, etsi vera loqui videantur: nefas enim est ut, cum adsit nobis Scriptura divina, a diabolo instruamur.*

AD PRIMUM ergo dicendum quod, sicut Beda dicit,[4] Luc. 8, [30], *non velut inscius Dominus inquirit: sed ut, confessa peste quam tolerabat, virtus curantis gratior emicaret.* Aliud autem est quaerere

---

3. *Fragm. in Luc.*, super 4, 33: PG 27, 1397C. Cf. *Catena aur. in Luc.*, c.4, §7, super v.33.

이유로 인해 부당하다. 그 가운데 첫째는 점술의 원리의 편에서 취한 것이다. 그것은 물론, 마귀에 대한 부름 자체를 통해 마귀와 명시적으로 맺은 계약이다. 그리고 이것은 완전히 불법적이다. 그러므로 이사야서 28장 [15절]은 몇몇 사람을 거슬러 다음과 같이 말했다: "너희는 이렇게 말한다. '우리는 죽음과 협약을 맺고 지옥과 계약을 체결하였지.'" 그리고 만일 불려온 마귀에게 희생제사를 바치거나 공경을 드린다면, 이는 더욱 위중해질 것이다.

둘째 이유는 미래 사건의 편에서 취해진다. 사람의 멸망을 의도하는 마귀는, 자신의 응답으로 때때로 진리를 말하면서 사람들이 자기를 믿는 것에 익숙해지게 하고, 그럼으로써 인간의 구원에 해로운 어떤 것으로 그들을 인도하려고 한다. 그러므로 아타나시우스는 루카복음서 4장 [35절]에서 말하는 것을 설명하면서 다음과 같이 말한다:[3] "그를 꾸짖으며 '조용히 하라.'고 말씀하셨다. 비록 마귀가 진리를 고백하긴 했지만, 그럼에도 그리스도는 진리와 더불어 그의 불의도 공포하는 것을 피하고자 그의 말들을 억제했다. [이것은] 우리가 이런 것들에 대하여 개의치 않는 것에 익숙해지게 하려는 것으로, 이는 그들이 진리를 말하는 것으로 보인다고 해도, 우리가 성경을 갖고 마귀에 의해 가르침을 받는 것이 나쁜 것이기 때문이다."

[해답] 1. 베다는 루카복음서 8장 [30절]에서 다음과 같이 말한다:[4] "주님은 모르셔서 물으신 것이 아니라, 그가 겪은 재앙을 고백하는 가운데 치유하시는 분의 힘이 더 유리하게 빛날 수 있게 했다." 한편 다

---

4. *In Luc.*, III, super 8, 30: PL 92, 438A.

aliquid a daemone sponte occurrente, quod quandoque licet propter utilitatem aliorum, maxime quando virtute divina potest compelli ad vera dicendum: et aliud est daemonem invocare ad cognitionem occultorum acquirendum ab ipso.

AD SECUNDUM dicendum quod, sicut Augustinus dicit, *ad Simplicianum,*[5] *non est absurdum credere aliqua dispensatione permissum fuisse ut, non dominante arte magica vel potentia, sed dispensatione occulta, quae pythonissam et Saulem latebat, se ostenderet spiritus iusti aspectibus regis, divina eum sententia percussurus. Vel, non vere spiritus Samuelis a requie sua excitatus est, sed aliquod phantasma et illusio imaginaria, diaboli machinationibus facta: quam Scriptura Samuelem appellat, sicut solent imagines rerum suarum nominibus appellari.*[6]

AD TERTIUM dicendum quod nulla utilitas temporalis potest comparari detrimento spiritualis salutis, quod imminet ex inquisitione occultorum per daemonum invocationem.

Articulus 5
Utrum divinatio quae fit per astra sit illicita

Ad quintum sic proceditur. Videtur quod divinatio quae fit per astra non sit illicita.

---

5. *De div. quaest. ad Simplic.*, II, c.3, nn.1,2: PL 40, 142-143.

른 사람의 이익을 위해 때때로 허용되는 것, 특히 신적 권능에 의해서 진리를 말하도록 강요될 수 있을 때, 자발적으로 일어나는 어떤 것을 마귀로부터 찾는 것과 숨겨진 것들에 대한 지식을 마귀로부터 얻기 위해 그를 부르는 것은 서로 다르다.

2. 아우구스티누스는 심플리키아누스에게 다음과 같이 말한다:[5] "어떤 지배적인 기예나 마술적인 능력에 의해서가 아니라 탁선자들과 사울에게 숨겨진 은밀한 분배에 의해 의인의 영이 임금의 눈에 드러나고 신적 판결이 그를 칠 것을 믿는 것은 터무니없는 것이 아니다. 아니면 사무엘의 실제 영이 자신의 쉼에서 깬 것이 아니라, 사물들의 이미지가 흔히 그 이름에 의해 불리듯이, 성경이 사무엘이라고 부르는 마귀에 의해 날조된 환상적이고 상상적인 어떤 환영이었다."[6]

3. 어떤 현세적 이익도 마귀들에 대한 부름을 통해 숨은 것을 추구함으로써 위협받게 되는 영적 구원의 상실과 비교할 수 없다.

제5절 별들을 통해 이루어지는 점술은 부당한가

Parall.: I-II, q.9, a.5, ad3; *In Sent.*, II, d.15, q.1, a.3, ad4; *ScG*, III, 154; *De sortibus*, c.4 & 5; *De Iudic. Astror.*; *In Ep. ad Galat.*, c.4, lect.4.
Doctr. Eccl.: DS 35[=DH 235], 239sq[=DH 459sq].

[반론] 다섯째는 다음과 같이 진행된다. 별들을 통해 이루어지는 점술은 부당하지 않은 것으로 보인다.

---

6. Cf. I, q.89, a.8, ad2; et, infra, q.174, a.5, ad4.

q.95, a.5

1. Licitum enim est ex consideratione causarum praenuntiare effectus: sicut medici ex dispositione aegritudinis praenuntiant mortem. Sed corpora caelestia sunt causa eorum quae fiunt in hoc mundo: ut etiam Dionysius dicit, 4 cap. *de Div. Nom.*.[1] Ergo divinatio quae fit per astra non est illicita.

2. Praeterea, scientia humana ex experimentis originem sumit: ut patet per philosophum, in principio *Metaphys.*.[2] Sed per multa experimenta aliqui compererunt ex consideratione siderum aliqua futura posse praenosci. Ergo non videtur esse illicitum tali divinatione uti.

3. Praeterea, divinatio dicitur esse illicita inquantum innititur pacto cum Daemonibus inito. Sed hoc non fit in divinatione quae fit per astra, sed solum consideratur dispositio creaturarum Dei. Ergo videtur quod huiusmodi divinatio non sit illicita.

SED CONTRA est quod Augustinus dicit, in IV *Confess.*[3]: *Illos planetarios quos mathematicos vocant, consulere non desistebam: quod quasi nullum esset eis sacrificium, et nullae preces ad aliquem spiritum ob divinationem dirigerentur. Quod tamen Christiana et vera pietas expellit et damnat.*

RESPONDEO dicendum quod, sicut dictum est,[4] divinationi quae ex opinione falsa vel vana procedit, ingerit se operatio daemo-

---

1. PG 3, 697B, 700A; S. Thomas, lect.2, n.300
2. C.1, 981a1-12; S. Thomas, lect.1, nn.17-19.

1. 의사들이 병의 태세로 죽음을 예고하는 것처럼, 원인을 고려함으로써 결과를 예고하는 것은 합당하다. 그런데 천체들은 이 세상에서 일어나는 일의 원인이며, 디오니시우스 역시 『신명론』 제4장에서[1] 말한 바 있다. 그러므로 별들을 통해서 이루어지는 점술은 부당하지 않다.

2. 철학자가 『형이상학』의 시작에서[2] 분명히 밝힌 것처럼 인간의 지식은 경험에서 기원한다. 그런데 몇몇 사람은 많은 경험을 통해 별을 보면서 어떤 미래가 예견될 수 있다는 것을 발견했다. 그러므로 이러한 점술을 사용하는 것은 부당하지 않은 것으로 보인다.

3. 점술은 악마와 맺은 계약에 근거하고 있으므로 부당하다고 한다. 그러나 이것은 별들을 통해 이루어지는 [점술이 아니라] 오직 하느님의 피조물의 배열이 고려되는 점술에서 행해지는 것이다. 그러므로 이와 같은 점술은 부당하지 않은 것으로 보인다.

[재반론] 아우구스티누스는 『고백록』 제4권에서[3] 다음과 같이 말한다: "나는 수학자들이라고 부르는 점성가(planetarius)에게, 마치 그들에게는 희생도 없고 어떤 점술의 영을 향한 청원도 없는 것처럼, 조언을 청하기를 멈추지 않았다. 그러나 이것은 그리스도교적이고 참된 경건함을 쫓아내고 단죄한다."

[답변] 위에서 말한 바와 같이,[4] 거짓되거나 헛된 의견에서 나오는 점술에서 마귀의 작용이 간섭해 사람의 영혼을 허영심이나 거짓으로 말

---

3. C.3, n.4: PL 32, 694.
4. A.1, ad2; a.2.

nis, ut hominum animos implicet vanitati aut falsitati. Vana autem aut falsa opinione utitur si quis ex consideratione stellarum futura velit praecognoscere quae per ea praecognosci non possunt. Est igitur considerandum quid per caelestium corporum inspectionem de futuris possit praenosci. Et de his quidem quae ex necessitate eveniunt, manifestum est quod per considerationem stellarum possunt praenosci: sicut astrologi praenuntiant eclipses futuras.[5] Circa praecognitionem vero futurorum eventuum ex consideratione stellarum, diversi diversa dixerunt.

Fuerunt enim qui dicerent[6] quod stellae significant potius quam faciant ea quae ex earum consideratione praenuntiantur. — Sed hoc irrationabiliter dicitur. Omne enim corporale signum vel est effectus eius cuius est signum, sicut fumus significat ignem, a quo causatur: vel procedit ab eadem causa, et sic, dum significat causam, per consequens significat effectum, sicut iris quandoque significat serenitatem, inquantum causa eius est causa serenitatis. Non autem potest dici quod dispositiones caelestium corporum et motus sint effectus futurorum eventuum. Nec iterum possunt reduci in aliquam superiorem causam communem quae sit corporalis. Possunt autem reduci in unam causam communem quae est providentia divina: sed alia ratione disponuntur a divina providentia motus et situs caelestium corporum, et alia ratione eventus contingentium futurorum; quia

---

5. Cf. a.1.

려들게 한다. 그러나 누군가 별들에 대한 고려에 의해 미래를 미리 알려고 한다면, 헛되거나 거짓된 견해가 [마귀에 의해] 사용된다. 별들을 통해서 [미래를] 미리 알 수는 없다. 그러므로 천체의 검사를 통해 미래에 대해 미리 알 수 있는 것이 무엇인지를 고려해야 한다. 그리고 필연적으로 일어나는 이러한 일 가운데, 천문학자들이 미래의 식을 예언하는 것처럼, 별들에 대한 고려를 통해 미리 알 수 있는 것은 분명하다.[5] 별들에 대한 고려에 의해 이루어지는 미래의 사건에 대한 예지와 관련해서, 다양한 사람들이 서로 다른 말을 했다.

별들은 그것의 고려에 의해 예언되는 것보다 더 많은 것을 의미한다고 말한[6] 사람들이 있었기 때문이다. 그러나 이것은 불합리하게 언급된 것이다. 연기가 그것이 원인이 되는 불을 의미하는 것처럼, 모든 형체적인 표지는 가리키는 것의 결과이거나 같은 원인으로부터 유래하기 때문이다. 따라서 원인을 가리킬 때 결과적으로 결과도 가리키게 된다. 그것은 마치 무지개(iris)가, 그 원인이 고요함의 원인과 같기 때문에 고요함을 가리키는 것과 같다. 그러나 천체의 배열과 움직임이 미래 사건의 결과라고 말할 수는 없다. 그것을 어떤 형체적인 상위 공통 원인으로 환원할 수도 없다. 반면 그것을 신적 섭리인 하나의 공통 원인으로 환원할 수 있다. 그러나 천체의 움직임과 위치는 신적 섭리에 의해 다른 이유로 질서 지어졌으며, 미래의 우연적인 사건은 또 다른 방식으로 [질서 지어졌다]. 왜냐하면 저것들[전자]은 필요의 이유에 따라 질서 지어져 있으므로, 언제나 같은 방식으로 유래하기 때문이다. 그러나 이것들[후자]은 우연의 이유에 따라 [유래한다]. 따라서 다

---

6. *In Somn. Scip.*, I, c.19: ed. Fr. Eyssenhardt, Lipsiae, 1893, p.563, ll.23-31.

illa disponuntur secundum rationem necessitatis, ut semper eodem modo proveniant; haec autem secundum rationem contingentiae, ut variabiliter contingant.

Unde non potest esse quod ex inspectione siderum accipiatur praecognitio futurorum nisi sicut ex causis praecognoscuntur effectus. Duplices autem effectus subtrahuntur causalitati caelestium corporum. Primo quidem, omnes effectus per accidens contingentes, sive in rebus humanis sive in rebus naturalibus. Quia, ut probatur in VI *Metaphys.*,[7] ens per accidens non habet causam: et praecipue naturalem, cuiusmodi est virtus caelestium corporum. Quia quod per accidens fit neque est ens proprie neque unum: sicut quod, lapide cadente, fiat terraemotus, vel quod, homine fodiente sepulcrum, inveniatur thesaurus; haec enim, et huiusmodi, non sunt unum, sed simpliciter multa. Operatio autem naturae semper terminatur ad aliquid unum: sicut et procedit ab uno principio, quod est forma rei naturalis.

Secundo autem, subtrahuntur causalitati caelestium corporum actus liberi arbitrii, quod est *facultas voluntatis et rationis*.[8] Intellectus enim, sive ratio, non est corpus nec actus organi corporei; et per consequens nec voluntas, quae est in ratione, ut patet per Philosophum, in III *de Anima*.[9] Nullum autem corpus potest imprimere in rem incorpoream. Unde impossibile est quod corpora caelestia directe imprimant in intellectum et voluntatem: hoc enim esset ponere intellectum non differre a sensu; quod Aristoteles, in libro *de Anima*,[10]

양하게 우연히 일어날 수 있다.

그러므로 원인에 의해 결과가 예지되지 않는 한, 별들에 대한 관찰로 미래에 대한 예지가 받아들여지는 것은 아니다. 그러나 이중적 결과는 천체의 인과율에서 벗어난다. 첫째, 모든 결과는 인간적인 일에서든 자연적인 일에서든 우유적으로 일어난다. 왜냐하면 『형이상학』 제6권에서[7] 입증되듯이, 우유에 의한 존재자(ens per accidens)는 아무런 원인도 없고, 특히 천체의 힘처럼 자연적 [원인]을 갖지 않기 때문이다. 우유적으로 발생하는 것은, 돌이 떨어질 때 지진이 발생하거나 사람이 무덤을 파면 보물이 발견되는 것처럼, 고유하게 하나인 존재자도 아니기 때문이다. 이들을 비롯해 이와 같은 것은 하나가 아니라 단적으로 많다. 그러나 자연의 작용은, 자연적 사물의 형상인 원리로부터 유래하듯이, 항상 어떤 하나에 국한된다.

둘째로, 의지와 이성의 능력인 자유재량(liberum arbitrium)의 행위들은 천체의 인과율로부터 제거된다.[8] 왜냐하면 지성이나 이성은 육체도 육체적 기관의 행위도 아니기 때문이다. 따라서 『영혼론』 제3권에서[9] 철학자에 의해 분명히 드러나듯이, 그것은 이성에 있는 의지도 아니다. 또한 어떤 육체도 무형적인 것에 무언가를 새길 수 없다. 그러므로 천체가 지성과 의지에 [무언가를] 직접 새기는 것은 불가능하다. 왜냐하면 이것은 지성이 감각과 다르지 않다고 말하는 것이기 때문이다. 이것은 아리스토텔레스가 『영혼론』에서[10] "사람들에게는 매일 그들의

---

7. C.3, 1027a29-b11; S. Thomas, lect.3, nn.1191-1200.
8. Mag., 11, *In Sent*, II, d.24.
9. C.4, 9a18-24; 432b5-7; S. Thomas, lect.7, nn.677-683; lect.14, nn.802-806.
10. III, c.3, 427a25-26; S. Thomas, lect.4, nn.617-621.

imponit his qui dicebant quod *talis voluntas est in hominibus qualem in die inducit Pater virorum deorumque*,[11] scilicet sol vel caelum. Unde corpora caelestia non possunt esse per se causa operum liberi arbitrii. — Possunt tamen ad hoc dispositive inclinare: inquantum imprimunt in corpus humanum, et per consequens in vires sensitivas, quae sunt actus corporalium organorum, quae inclinant ad humanos actus. Quia tamen vires sensitivae obediunt rationi, ut patet per Philosophum, in III *de Anima*[12] et in I *Ethic.*,[13] nulla necessitas ex hoc libero arbitrio imponitur, sed contra inclinationem caelestium corporum homo potest per rationem operari.[14]

Si quis ergo consideratione astrorum utatur ad praecognoscendos futuros casuales vel fortuitos eventus, aut etiam ad cognoscendum per certitudinem futura opera hominum, procedet hoc ex falsa et vana opinione. Et sic operatio Daemonis se immiscet. Unde erit divinatio superstitiosa et illicita. — Si vero aliquis utatur consideratione astrorum ad praecognoscendum futura quae ex caelestibus causantur corporibus, puta siccitates et pluvias et alia huiusmodi, non erit illicita divinatio nec superstitiosa.

Et secundum hoc patet responsio AD PRIMUM.

AD SECUNDUM dicendum quod hoc quod astrologi ex consideratione astrorum frequenter vera praenuntiant,[15] contingit duplic-

---

11. Homer., Odyss., XVIII, vv.135-137: ed. A. Ludwich, Lipsiae, 1891, p.161.
12. C.11, 434a12-15; S. Thomas, lect.16, nn.843-844.
13. C.13, 1102b25-28; S. Thomas, lect.20, n.239.

아버지와 신들의 아버지, 즉 태양과 하늘이 주는 의지가 있다."[11]고 말하는 이들을 비난한 것이기도 하다. 그러므로 천체는 그 자체로 자유재량 행위의 원인이 될 수 없다. 그러나 그것은, 인간 육체에 [무언가]를 새기며, 따라서 인간적 행위를 향해 쏠리는 육체적 기관의 행위인 감각 능력에 [무언가를] 새기는 한에서, 태세적으로(dispositive) 자유재량에 기울 수 있다. 『영혼론』 제3권[12]과 『니코마코스 윤리학』 제1권[13]에서 철학자에 의해 분명히 드러나듯이, 감각적 능력은 이성에 순종하므로 자유재량에 의해 어떤 필요성도 부과되지 않지만, 인간은 이성을 통해 천체의 기울어짐에 맞서 행동할 수 있다.[14]

그러므로 만일 누군가 미래의 우연적이거나 우발적인 사건을 예지하거나 심지어 사람의 미래 일을 확실하게 알기 위해 별들에 대한 고려를 사용한다면, 이것은 거짓되고 헛된 견해에서 나온 것이다. 이렇게 해서 마귀의 작용이 개입한다. 그러므로 점술은 미신적이고 부당하다. 그러나 만일 누군가 별들에 대한 고려를 사용해서 예컨대 가뭄과 비 그리고 그와 비슷한 다른 것과 같이 천체에 의해 야기된 미래적인 것들을 미리 안다면, 그것은 부당하거나 미신적인 점술이 아닐 것이다.

이에 따라 첫째 [반론]에 대한 해답은 분명하다.

[해답] 2. 천문학자들이 별에 대한 고려에 의해 자주 진리를 예고한다는 것은[15] 두 가지 방식으로 일어난다. 첫째, 대부분의 사람들은 육체적 정념을 따르며, 따라서 그들의 행위는 많은 경우 천체의 경향에

---

14. Cf. *ScG*, III, 84-86, 특히 85, in fine.
15. "그들은 진리 대신에 거짓을 말하지만 그것은 진리로 표시되지 않는다."

iter. Uno quidem modo, quia plures hominum passiones corporales sequuntur, et ideo actus eorum disponuntur, ut in pluribus, secundum inclinationem caelestium corporum: pauci autem sunt, idest soli sapientes, qui ratione huiusmodi inclinationes moderentur. Et ideo astrologi in multis vera praenuntiant: et praecipue in communibus eventibus, qui dependent ex multitudine.

Alio modo, propter daemones se immiscentes. Unde Augustinus dicit, in II *super Gen. ad Litt.*[16]: *fatendum est, quando a mathematicis vera dicuntur, instinctu quodam occultissimo dici, quem nescientes humanae mentes patiuntur. Quod cum ad decipiendos homines fit, spirituum immundorum et seductorum operatio est, quibus quaedam vera de temporalibus rebus nosse permittitur.* Unde concludit[17]: *Quapropter bono Christiano sive mathematici, sive quilibet impie divinantium, et maxime dicentes vera, cavendi sunt: ne consortio daemoniorum animam deceptam pacto quodam societatis irretiant.*

Et per hoc patet responsio AD TERTIUM.

Articulus 6
Utrum divinatio quae fit per somnia sit illicita

Ad sextum sic proceditur. Videtur quod divinatio quae fit per somnia non sit illicita.

---

16. C.17, n.37: PL 34, 278.

따라 배열되어 있다. 이성으로 그러한 경향을 조절하는 이들은 소수로서, 지혜로운 이들만 그렇게 한다. 그래서 천문학자들은 많은 것, 특히 군중에 의존하는 공통된 사건들에서 진리를 예언한다.

다른 방식으로, [천문학자들은] 악마의 간섭에 의해 [예고한다]. 그러므로 아우구스티누스는 『창세기의 문자적 해설』 제2권에서 다음과 같이 말한다:[16] "수학자들이 진리를 말할 때, 그들은 인간의 정신이 알 수 없는 지극히 은밀한 어떤 본능에 의해 말한다는 것을 인정해야 한다. 사람을 속이는 것은 부정하고 유혹하는 영들의 작용으로, 그들에게는 현세적인 것에 대한 어떤 진리를 아는 것이 허용된다." 그러므로 다음과 같이 결론 짓는다:[17] "좋은 그리스도인은, 수학자들이든 아니면 불경스러운 점술가들이든 특히 진리를 말하는 사람들은 마귀의 협력이 어떤 친교의 계약에 의해 속아 넘어간 영혼을 붙잡지 않도록 조심해야 한다."

이로 인해 셋째 [반론]에 대한 해답은 분명하다.

제6절 꿈을 통해 하는 점술은 부당한가

Parall.: *ScG*, III, 154.

[반론] 여섯째는 다음과 같이 진행된다. 꿈을 통해서 하는 점술은 부당하지 않은 것으로 보인다.

---

17. Ibid.: PL 34, 279.

1. Uti enim instructione divina non est illicitum. Sed in somniis homines instruuntur a Deo: dicitur enim *Iob* 33, [15-16]: *Per somnium in visione nocturna, quando irruit sopor super homines et dormiunt in lectulo, tunc aperit,* scilicet Deus, *aures virorum, et erudiens eos instruit disciplina*. Ergo uti divinatione quae est per somnia non est illicitum.

2. Praeterea, illi qui interpretantur somnia, proprie utuntur divinatione somniorum. Sed sancti viri leguntur somnia interpretari: sicut Ioseph interpretatur somnia pincernae Pharaonis et magistri pistorum, ut legitur 40, [8 sqq.], et somnium Pharaonis, ut legitur *Gen*. 41, [15 sqq.]; et Daniel interpretatus est somnium Regis Babylonis, ut habetur Dan. 2, [26 sqq.] et 4, [5 sqq]. Ergo divinatio somniorum non est illicita.

3. Praeterea, illud quod communiter homines experiuntur, irrationabile est negare. Sed omnes experiuntur somnia habere aliquam significationem futurorum. Ergo vanum est negare somnia habere vim divinationis. Ergo licitum est eis intendere.

SED CONTRA est quod dicitur *Deut*. 18, [10]: *Non inveniatur in te qui observet somnia*.

RESPONDEO dicendum quod, sicut dictum est,[1] divinatio quae innititur falsae opinioni est superstitiosa et illicita. Ideo considerare oportet quid sit verum circa praecognitionem futurorum de somniis.

1. 하느님의 가르침을 이용하는 것은 부당하지 않다. 그런데 "사람들이 깊은 잠에 빠져 침대 위에서 잠들었을 때 꿈과 밤의 현시 속에서 그분께서는 사람들의 귀를 여시고 그들을 교육하는 가운데 규범들을 가르치셨다."라고 욥기 33장 [15-16절]에서 말하듯이, 사람들은 꿈에서 하느님에 의해 가르침을 받는다. 그러므로 꿈을 통해 점술을 활용하는 것은 부당하지 않다.

2. 꿈을 올바르게 해석하는 사람은 꿈의 점술을 사용한다. 창세기 40장 [8절 이하]에서 요셉이 파라오의 헌작시종(獻酌侍從)과 제빵시종의 꿈을 해석하고 창세기 41장 [15절 이하]에서는 파라오의 꿈을 해석했듯이, 거룩한 사람들은 꿈들을 해석하기 위해 읽는다. 그리고 다니엘서 2장 [26절 이하]과 4장 [5절 이하]에서 말하듯이, 다니엘은 바빌론 왕의 꿈을 해석했다. 그러므로 꿈의 점술은 부당하지 않다.

3. 사람들이 공통적으로 경험하는 일을 부정하는 것은 불합리적이다. 그런데 모든 사람은 미래의 어떤 의미를 지닌 꿈들을 경험한다. 그러므로 꿈이 점술의 힘을 지닌다는 것을 부정하는 일은 헛되다. 따라서 그것들에 집중하는 것이 합당하다.

[재반론] 신명기 18장 [10절]은 다음과 같이 말한다: "너희에게는 꿈에 주의를 기울이는 자가 없어야 한다."

[답변] 이미 말했듯이,[1] 거짓 견해에 근거한 점술은 미신적이고 부당하다. 따라서 미래의 사건에 대한 예지와 관련해서 무엇이 진리인지

---

1. Aa.2 & 5.

Sunt autem somnia futurorum eventuum quandoque quidem causa: puta cum mens alicuius, sollicita ex his quae videt in somniis, inducitur ad aliquid faciendum vel vitandum. — Quandoque vero somnia sunt signa aliquorum futurorum eventuum, inquantum reducuntur in aliquam causam communem somniis et futuris eventibus. Secundum hoc plurimum praecognitiones futurorum ex somniis fiunt. Est ergo considerandum quae sit causa somniorum; et an possit esse causa futurorum eventuum; vel ea possit cognoscere.

Sciendum est ergo quod somniorum causa quandoque quidem est interius, quandoque autem exterius. Interior autem somniorum causa est duplex. Una quidem animalis: inquantum scilicet ea occurrunt hominis phantasiae in dormiendo circa quae eius cogitatio et affectio fuit immorata in vigilando. Et talis causa somniorum non est causa futurorum eventuum. Unde huiusmodi somnia per accidens se habent ad futuros eventus: et si quandoque simul concurrant, erit casuale. — Quandoque vero causa intrinseca somniorum est corporalis. Nam ex interiori dispositione corporis formatur aliquis motus in phantasia conveniens tali dispositioni: sicut homini in quo abundant frigidi humores, occurrit in somniis quod sit in aqua vel nive. Et propter haec medici dicunt esse intendendum somniis ad cognoscendum interiores dispositiones.

Causa autem somniorum exterior similiter est duplex: scilicet corporalis, et spiritualis. Corporalis quidem, inquantum imaginatio dormientis immutatur vel ab aere continenti vel ex impressione

고려해야 하지만, 때때로 꿈들은 미래 사건의 원인이 된다. 예컨대 꿈에서 본 것으로 인해 걱정하는 사람의 정신이 무언가를 하거나 피하도록 인도될 때 [그렇다]. 그리고 때때로 꿈들은, 꿈과 미래 사건의 공통된 어떤 원인으로 환원되는 한에서, 어떤 미래 사건의 표지들이다. 이에 따르면, 미래에 대한 예지의 대부분은 꿈에 의해 이루어진다. 그러므로 꿈들의 원인이 무엇인지, 그것이 미래 사건의 원인이 될 수 있는지, 또는 미래 사건을 알 수 있는지 고려해야 한다.

그러므로 꿈의 원인이 때로는 내적이고 때로는 외적이라는 것을 알아야 한다. 그러나 꿈의 내적 원인은 두 가지다. 하나는 사람의 표상(phantasiae)이 깨어있는 동안 그의 생각과 정감이 머물렀던 것들과 관련된 표상과 꿈에서 만나는 한에서, 영혼적인 원인이다. 그리고 꿈의 그러한 원인은 미래 사건의 원인이 아니다. 그러므로 이와 같은 꿈들은 미래의 사건과 우유적으로 연결되어 있으며, 만약 종종 그것이 함께 일어난다면, [그것은] 우연적일 것이다. 때때로 꿈의 본질적인 원인은 육체적이다. 왜냐하면 마치 차가운 습기가 풍부한 사람이 꿈에서 물속에 있거나 눈 속에 있을 수 있듯이, 육체의 내적인 태세로부터 출발해서 그러한 태세의 고유한 움직임이 표상에서 형성되기 때문이다. 이로 인해 의사들은 우리가 내적 태세를 알기 위해 꿈에 주의를 기울여야 한다고 말한다.

꿈의 외부 원인 또한 두 가지다. 즉 육체적이고 영적이다. 육체적인 [원인은], 포함된 공기에 의해 또는 천체의 인상에 의해 잠자는 자의 상상력이 변화되는 한, 그래서 천상적인 것의 배열에 따라 어떤 표상이 잠자는 자에게 나타난다. 그러나 "너희 가운데에 주님의 예언자가 있으면 나는 현시 속에서 나를 드러내거나 꿈속에서 그에게 말할 것이

caelestis corporis, ut sic dormienti aliquae phantasiae appareant conformes caelestium dispositioni. — Spiritualis autem causa est quandoque quidem a Deo, qui ministerio angelorum aliqua hominibus revelat in somniis: secundum illud *Num.* 12, [6]: *Si quis fuerit inter vos propheta Domini, in visione apparebo ei, vel per somnium loquar ad illum*.[2] Quandoque vero operatione Daemonum aliquae phantasiae dormientibus apparent, ex quibus quandoque aliqua futura revelant his qui cum eis habent pacta illicita.

Sic ergo dicendum quod si quis utatur somniis ad praecognoscenda futura secundum quod somnia procedunt ex revelatione divina; vel ex causa naturali, intrinseca sive extrinseca, quantum se potest virtus talis causae extendere: non erit illicita divinatio. Si autem huiusmodi divinatio causetur ex revelatione daemonum cum quibus pacta habentur expressa, quia ad hoc invocantur; vel tacita, quia huiusmodi divinatio extenditur ad quod se non potest extendere: erit divinatio illicita et superstitiosa.

Et per hoc patet responsio AD OBIECTA.

Articulus 7
Utrum divinatio quae est per auguria et omina et alias huiusmodi observationes exteriorum rerum, sit illicita.

Ad septimum sic proceditur. Videtur quod divinatio quae est per auguria et omina et alias huiusmodi observationes exteriorum rerum,

다."[2]라는 민수기 12장 [6절]에 따라, 영적인 원인은 때때로 천사의 직무를 통해 꿈속에서 사람들에게 계시하시는 하느님에게서 온다. 그리고 때로는 마귀들의 작용에 의해 잠자는 자들에게 어떤 표상이 나타나는데, 때로는 그 표상으로부터 그들과 불법적인 계약을 맺은 자들에게 어떤 미래를 계시한다.

그러므로 꿈이 신적 계시나 그러한 원인의 힘이 확장될 수 있는 한에서 자연적, 내재적 또는 외재적 원인에서 유래한다는 사실에 따라 미래를 미리 알기 위해 꿈을 사용한다면, 그것은 불법적인 점술이 아니다. 그러나 이와 같은 점술이 [사람들이] 계약을 체결한 마귀들의 계시로부터 야기되며, 그 마귀들이 이 목적을 위해 부름을 받았거나, 이와 같은 종류의 점술이 그 자체로 확장될 수 없는 것으로 확장되기 때문에 조용하다면, [그것은] 불법적이고 미신적이다.

이로 인해 [반론]에 대한 해답은 분명하다.

제7절 조점을 비롯해 그와 같이 사물의 외면에 대한 관찰을 통해서 하는 모든 점술은 부당한가

Parall.: *ScG*, III, 154; *De sortibus*, c.5; *In Isaiam*, c.2.

[반론] 일곱째는 다음과 같이 진행된다. 조점을 비롯해 그와 같이 사물의 외면에 대한 관찰을 통해서 하는 모든 점술은 부당한 것으로 보

---

2. Cf. I-II, q.113, a.3, ad2 et infra, q.173, a.3, obj.1 & ad1.

non sit illicita.

1. Si enim esset illicita, sancti viri ea non uterentur. Sed de Ioseph legitur quod auguriis intendebat: legitur enim *Gen.* 44, [5] quod dispensator Ioseph dixit: *Scyphus quem furati estis ipse est in quo bibit dominus meus, et in quo augurari solet;* et ipse postea dixit [v. 15] fratribus suis: *An ignoratis quod non sit similis mei in augurandi scientia?* Ergo uti tali divinatione non est illicitum.

2. Praeterea, aves aliqua circa futuros temporum eventus naturaliter cognoscunt: secundum illud Ierem. 8, [7]: *Milvus in caelo cognovit tempus suum: turtur et hirundo et ciconia custodierunt tempus adventus sui.* Sed naturalis cognitio est infallibilis, et a Deo. Ergo uti cognitione avium ad praenoscendum futura, quod est augurari, non videtur esse illicitum.

3. Praeterea, Gedeon in numero Sanctorum ponitur, ut patet *Heb.* 11, [32]. Sed Gedeon usus fuit omine ex hoc quod audivit recitationem et interpretationem cuiusdam somnii, ut legitur *Iudic.* 7, [13 sqq.]. Et similiter Eliezer, servus Abrahae, ut legitur *Gen.* 24, [13-14]. Ergo videtur quod talis divinatio non sit illicita.

SED CONTRA est quod dicitur *Deut.* 18, [10]: *Non inveniatur in te qui observet auguria.*

인다.

　1. 만일 부당하다면, 거룩한 사람들은 그것을 사용하지 않을 것이기 때문이다. 그런데 창세기 44장 [5절]에서는 조점을 실천하던 요셉에 대해 읽을 수 있다. 요셉은 집사에게 다음과 같이 말하였다: "너희가 훔친 이 잔은 내 주인께서 마실 때 쓰시는 잔이며 조점을 치시는 잔이다." 그리고 조금 후에 그가 친히 자신의 형제들에게 다음과 같이 말했다: "나 같은 사람이 조점을 치는 줄을 너희는 알지 못하였더냐?" 그러므로 그러한 점술을 사용하는 것은 부당하지 않다.

　2. "하늘을 나는 솔개(milvus)도 제철을 알고 산비둘기(turtur)와 제비(hirundo)와 황새(ciconia)도 때맞춰 돌아온다."라는 예레미야서 8장 [7절]에 따라, 새들은 시간과 관련해서 미래 사건에 관한 어떤 것들을 자연적으로 안다. 그런데 자연적 앎은 틀림이 없으며 하느님에게서 온다. 그러므로 미래를 미리 알기 위해 새들의 앎을 활용하는 것, 즉 조점을 하는 것은 부당한 것으로 보이지 않는다.

　3. 히브리서 11장 [32절]에서 분명하듯이, 기드온은 성인(聖人)의 수에 포함된다. 그런데 판관기 7장 [13절 이하]에서 읽을 수 있듯이, 기드온은 어떤 꿈에 대한 낭송과 해석을 들은 사실에 대한 모든 것을 활용했다. 또한 창세기 24장 [13-14절]에서 읽을 수 있듯이, 아브라함의 종인 엘리에제르도 비슷하게 [조점을 활용했다]. 그러므로 그러한 점술은 부당하지 않아 보인다.

　[재반론] 신명기 18장 [10절]에서는 다음과 같이 말한다: "너희에게 조점을 준수하는 자가 있어서는 안 된다."

q.95, a.7

RESPONDEO dicendum quod motus vel garritus avium, vel quaecumque dispositiones huiusmodi in rebus consideratae, manifestum est quod non sunt causa futurorum eventuum: unde ex eis futura cognosci non possunt sicut ex causis. Relinquitur ergo quod si ex eis aliqua futura cognoscantur, hoc erit inquantum sunt effectus aliquarum causarum quae etiam sunt causantes vel praecognoscentes futuros eventus.

Causa autem operationum brutorum animalium est instinctus quidam quo moventur in modum naturae: non enim habent dominium sui actus. Hic autem instinctus ex duplici causa potest procedere. Uno quidem modo, ex causa corporali. Cum enim bruta animalia non habeant nisi animam sensitivam, cuius omnes potentiae sunt actus corporalium organorum,[1] subiacet eorum anima dispositioni continentium corporum, et primordialiter caelestium. Et ideo nihil prohibet aliquas eorum operationes esse futurorum signa, inquantum conformantur dispositionibus corporum caelestium et aeris continentis, ex qua proveniunt aliqui futuri eventus. — In hoc tamen duo considerari oportet. Primum quidem, ut huiusmodi operationes non extendantur nisi ad praecognoscenda futura quae causantur per motus caelestium corporum, ut supra[2] dictum est. Secundo, ut non extendantur nisi ad ea quae aliqualiter possunt ad huiusmodi animalia pertinere. Consequuntur enim per caelestia corpora cognitionem quandam naturalem et instinctum ad ea quae eorum vitae sunt necessaria: sicut sunt immutationes quae fiunt per pluvias et ventos, et

제95문 제7절

[답변] 새들의 움직임이나 재잘거림 또는 사물에서 고려되는 이러한 형태의 모든 배열이 미래 사건의 원인이 아니라는 것은 분명하다. 따라서 미래는 원인으로서 그것들로부터 출발해서 인식될 수 없다. 그러므로 만일 그것들로부터 출발해서 미래 사건을 안다면, 이들이 여기에서부터 미래 사건이 기인하거나 미래 사건을 알아볼 수 있는 원인인 한에서 그렇다.

그런데 거친 짐승들의 행위의 원인은 어떤 본능으로, 그것은 이를 통해 본성에 따라 움직인다. 왜냐하면 그들은 자신의 행위를 통제하지 못하기 때문이다. 그러나 이 본능은 두 가지 원인에서 유래한다. 첫째 육체적인 원인에서 [유래한다]. 거친 짐승들은 감각혼만 갖고 있으므로, 그들의 능력은 육체적 기관의 행위로서 그 혼은 그것을 담고 있는 육체에, 그리고 근원적으로는 천체의 배열에 속해 있다.[1] 그러므로 아무것도 그들의 행위 가운데 어떤 행위가, 어떤 미래적인 사건이 유래하는 천체와 대륙의 공기의 배열을 따르는 한에서, 미래적인 것의 표지라는 것을 방해하지 않는다. 그럼에도 불구하고, 여기서 두 가지를 고려해야 한다. 첫째, 위에서 말한 것처럼,[2] 그러한 작용은 천체의 움직임에 의해 야기된 미래 사건에 대한 예지 이상으로 확장될 수 없다. 둘째, 어떤 식으로든 이러한 종의 동물에게 속할 수 있는 것 이상으로 확장될 수 없다. 왜냐하면 천체를 통하여 비와 바람과 그와 비슷한 것에 의해 만들어진 변화처럼, 자신의 삶에 필요한 것들을 위해 어떤 자연적 인식과 본능을 획득하기 때문이다.

---

1. Cf. I, q.77, a.5.
2. Aa.5-6.

q.95, a.7

alia huiusmodi.

Alio modo instinctus huiusmodi causantur ex causa spirituali. Scilicet vel ex Deo: ut patet in columba super Christum descendente,[3] et in corvo qui pavit Eliam,[4] et in cete qui absorbuit et eiecit Ionam.[5] Vel etiam ex daemonibus, qui utuntur huiusmodi operationibus brutorum animalium ad implicandas animas vanis opinionibus.

Et eadem ratio videtur esse de omnibus aliis accipiuntur pro omine, non subduntur dispositioni stellarum. Huiusmodi, praeterquam de ominibus. Quia verba humana, quae disponuntur tamen secundum divinam providentiam; et quandoque secundum daemonum operationem. Sic igitur dicendum quod omnis huiusmodi divinatio, si extendatur ultra id ad quod potest pertingere secundum ordinem naturae vel divinae providentiae, est superstitiosa et illicita.

AD PRIMUM ergo dicendum quod hoc quod Ioseph dixit, non esse aliquem sibi similem in scientia augurandi, secundum Augustinum,[6] ioco dixit, non serio, referens forte hoc ad id quod vulgus de eo opinabatur. Et sic etiam dispensator eius locutus est.

AD SECUNDUM dicendum quod illa auctoritas loquitur de cognitione avium respectu eorum quae ad eas pertinent. Et ad haec praecognoscenda considerare earum voces et motus non est illicitum: puta si quis ex hoc quod cornicula frequenter crocitat, praedicat pluviam cito esse futuram.

AD TERTIUM dicendum quod Gedeon observavit recitationem

다른 방식으로, 그와 같은 본능은 영적인 원인에 의해 야기된다. 물론 그리스도 위에 내려온 비둘기,[3] 엘리야를 먹여 살린 까마귀,[4] 그리고 요나를 삼키고 내뱉었던 고래에서 분명히 드러나듯이,[5] [그러한 본능들은] 하느님에게서 온다. 심지어 헛된 견해와 함께 영혼을 혼란스럽게 하기 위해 거친 짐승들의 그러한 활동을 사용하는 마귀들로부터도 [온다].

이는 징조를 제외한 모든 부류에 해당되는 것으로 보인다. 징조로 받아들여지는 인간의 말은, 별들의 배열(dispositio)에 종속되지 않는다. 왜냐하면 인간의 말은 신적 섭리에 따라, 그리고 때로는 마귀의 작용에 따라 배열되기 때문이다. 그러므로 모든 점술이 자연 질서나 신적 섭리의 질서에 속하는 것 이상을 넘어선다면 미신적이고 불법적이 된다.

[해답] 1. 아우구스티누스에 따르면,[6] 요셉이 점술에 있어 그와 같은 사람이 없었다고 말하는 것은 진담이 아니며, 사람들이 그에 대해 생각했던 것을 말하는 것일 수 있다. 그런 의미에서 그는 관리자라고도 일컬어진다.

2. 그 권위는 새들이 자기에게 속하는 것에 대해 아는 것을 말한다. 그리고 이런 것을 예지하기 위해 그들의 음성과 움직임을 고려하는 것은 부당하지 않다. 예컨대 까마귀가 자주 울기 때문에 곧 비가 올 것이

---

3. 마태 3,16; 마르 1,10; 루카 3,22.
4. 열왕기 상권 17,4.6.
5. 요한 2,1.
6. *Quaest. in Gen.*, q.145: PL 34, 587.

et expositionem somnii accipiens ea pro omine, quasi ordinata ad sui instructionem a divina providentia. — Et similiter Eliezer attendit verba puellae, oratione praemissa ad Deum.[7]

Articulus 8
Utrum divinatio sortium sit illicita

Ad octavum sic proceditur. Videtur quod divinatio sortium non sit illicita.

1. Quia super illud Psalm. [Ps. 30, 16], *In manibus tuis sortes meae*, dicit Glossa[1] Augustini: *Sors non est aliquid mali, sed res, in humana dubitatione, divinam indicans voluntatem.*

2. Praeterea, ea quae a sanctis in Scripturis observata leguntur non videntur esse illicita. Sed sancti viri, tam in veteri quam in novo Testamento, inveniuntur sortibus usi esse. Legitur enim *Iosue* 7, [13 sqq.], quod Iosue, ex praecepto Domini, iudicio sortium punivit Achar, qui de anathemate surripuerat. Saul etiam sorte deprehen-

---

7. 12절: "제 주인 아브라함의 하느님이신 주님, 오늘 제게 오셔서, 제 주인 아브라함에게 자애를 베풀어주십시오."

라고 누군가가 예언한다면, [부당하지 않다].

3. 기드온은 꿈에 대해 낭송하고 해석하는 것을 관찰했으며, 그것을 징조로 삼았고, 신적 섭리에 의하여 자신을 가르치도록 질서 지어진 것으로 여겼다. 그리고 엘리에제르는 이와 비슷하게 하느님 앞에서 기도한 후에 소녀의 말에 귀를 기울였다.[7]

제8절 제비뽑기 점술은 부당한가

Parall.: *ScG*, III, 154; *De sortibus*, c.4 & 5; *Quodlibet.*, XII, q.22, a.3; *In Psalm*, 30; *In Ep. ad Ephes.*, c.1, lect.4; *In Ep. ad Col.*, c.1, lect.3.

[반론] 여덟째는 다음과 같이 진행된다. 제비뽑기 점술은 부당하지 않은 것으로 보인다.

1. 아우구스티누스의 『주석』[1]은 "당신 손에 제 운명[제비뽑기]이 달렸습니다."라는 시편 31[30]장 [16절]에 대해서 다음과 같이 말한다: "제비뽑기는 전혀 나쁜 것이 아니고 인간적인 의심 속에서 신적인 뜻을 가리키는 것이다."

2. 성경에서 성도들이 실천한 것으로 말하는 것은 부당한 것으로 보이지 않는다. 그런데 구약과 신약에서 거룩한 사람들은 제비뽑기를 사용했다는 것이 발견된다. 여호수아서 7장 [13절 이하]에서 여호수아는 주님의 명에 의해 저주에서 훔친 아칸을 제비 뽑아 벌하였음을 읽을

---

1. Ordin.: PL 113, 885D; Lombardus: PL 191, 309A. Cf. Aug., *Enarr. in Ps.*30, enarr.2, serm.2, super v.16, n.13: PL 36, 246.

dit filium suum Ionatham mel comedisse, ut habetur I *Reg.* 14, [38 sqq.]. Ionas etiam, a facie Domini fugiens, sorte deprehensus, est in mare deiectus, ut legitur Ionae 1, [7 sqq.]. Zacharias etiam *sorte exiit ut incensum poneret*, ut legitur Luc. 1, [9]. Matthias etiam est sorte ab Apostolis in apostolatum electus, ut legitur *Act.* 1, [26]. Ergo videtur quod divinatio sortium non sit illicita.

3. Praeterea, pugna pugilum quae *monomachia* dicitur,[2] idest singularis concertatio, et iudicia ignis et aquae, quae dicuntur *vulgaria*,[3] videntur ad sortes pertinere: cum per huiusmodi aliqua exquirantur occulta. Sed huiusmodi non videntur esse illicita: quia et David legitur cum Philisthaeo singulare iniisse certamen, ut legitur I *Reg.* 17, [32 sqq.]. Ergo videtur quod divinatio sortium non sit illicita.

SED CONTRA est quod in Decretis, XXVI, qu. 5,[4] dicitur: *Sortes quibus cuncta vos vestris discriminatis provinciis, quas Patres damnaverunt, nihil aliud quam divinationes et maleficia decernimus. Quamobrem volumus omnino illas damnari, et ultra inter Christianos nolumus nominari: et ne exerceantur, anathematis interdicto prohibemus.*

---

2. Cf. Gratianus, *Decretum*, p.II, causa 2, q.5, can.22: ed. Richter-Friedberg, t.I, p.464.
3. Cf. *Decretal. Greg. IX*, V, tit.35, c.3: ed. Richter-Friedberg, t.II, p.878.

수 있다. 또한 사무엘기 상권 14장 [38절 이하]에서 말하듯이, 사울은 자신의 아들 요나탄이 꿀을 먹었다는 것을 제비뽑기로 알게 되었다. 요나서 1장 [7절 이하]에서 읽을 수 있듯이, 주님의 얼굴을 피하던 요나도 제비에 뽑혀 바다에 던져졌다. 또한 루카복음서 1장 [9절]에서 읽을 수 있듯이, 즈카르야는 제비뽑기로 향을 피우러 나갔다. 그리고 사도행전 1장 [26절]에서 읽을 수 있듯이, 마티아는 사도직을 위하여 사도들에 의해 제비뽑기로 선택되었다. 그러므로 제비뽑기 점술은 부당한 것이 아닌 것으로 보인다.

3. 일대일의 격투(monomachia)인 권투 선수의 싸움은 독특한 경쟁(concertatio)이라 불리며,[2] 통속적이라고[3] 불리는 불과 물에 대한 판단은, 이와 같은 것을 통해서 숨겨진 어떤 것을 찾을 때, 제비뽑기에 속하는 것으로 보인다. 그러나 그와 같은 것들은 부당한 것으로 보이지 않는다. 왜냐하면 사무엘기 상권 17장 [32절]에서 읽을 수 있듯이, 다윗도 필리스티아인들과 싸웠기 때문이다. 그러므로 제비뽑기의 점술은 부당하지 않다.

[재반론] 『교령』 제26권 제5문에서는[4] 다음과 같이 말한다: "여러분의 지방에서 그로써 모든 것을 식별했고 교부들이 단죄했던 제비뽑기를 점술(divinationes)과 악행(maleficia)으로 규정한다. 이로 인해 우리는 완전히 단죄되기를 원하며, 더 이상 그리스도인들 가운데서 불리기를 원치 않는다. 그리고 파문의 금지와 함께 실천되는 것을 금지하기로 한다."

---

4. Gratianus, *Decretum*, p.II, causa 26, q.5, can.7: ed. cit., t.I, p.1029.

q.95, a.8

RESPONDEO dicendum quod, sicut supra[5] dictum est, sortes proprie dicuntur cum aliquid fit ut, eius eventu considerato, aliquid occultum innotescat. Et si quidem quaeratur iudicio sortium quid cui sit exhibendum, sive illud sit res possessa, sive sit honor seu dignitas, seu poena, aut actio aliqua, vocatur sors *divisoria*. Si autem inquiratur quid agere oporteat, vocatur sors *consultoria*. Si vero quaeratur quid sit futurum, vocatur sors *divinatoria*.

Actus autem hominum, qui requiruntur ad sortes, non subduntur dispositioni stellarum, nec etiam eventus ipsorum. Unde si quis ea intentione sortibus utatur quasi huiusmodi actus humani, qui requiruntur ad sortes, secundum dispositionem stellarum sortiantur effectum, vana et falsa est opinio, et per consequens non carens daemonum ingestione. Ex quo talis divinatio erit superstitiosa et illicita.

Hac autem causa remota, necesse est quod sortialium actuum expectetur eventus vel ex fortuna, vel ex aliqua spirituali causa dirigente. Et si quidem ex fortuna, quod locum habere potest solum in divisoria sorte, non videtur habere nisi forte vitium vanitatis: sicut si aliqui non valentes aliquid concorditer dividere, velint sortibus ad divisionem uti, quasi fortunae exponentes quis quam partem accipiat.

Si vero ex spirituali causa expectetur sortium iudicium, quandoque quidem expectatur ex daemonibus: sicut legitur Ezech. 21, [21], quod *rex Babylonis stetit*[6] *in bivio, in capite duarum viarum, commis-*

---

5. 3절.
6. Vulgata: "stetit enim rex Babylonis, etc."

[답변] 이미 말한 것처럼,[5] 사건을 고려하는 가운데 어떤 숨겨진 것을 알기 위해 무언가를 할 때 제비뽑기라고 말한다. 그리고 만일 진정으로 제비뽑기의 심판을 통해 누구에게 무엇을 제시해야 하는지를 찾는다면, 그것이 재산이든, 명예든, 품위든, 처벌이든, 어떤 행위든 그것은 분할하는 제비뽑기라고 불린다. 그런데 무엇을 해야 하는지 묻는다면 자문적인 제비뽑기라고 부른다. 그러나 미래가 무엇인지 묻는다면, 점술적인 제비뽑기라고 부른다.

하지만 제비뽑기에 필요한 사람의 행동은 별들의 배열에도, 심지어 그것의 사건에도 종속되지 않는다. 그러므로 누군가가 이러한 의도를 가지고 제비뽑기를 사용한다면, 마치 제비뽑기를 위해 필요한 인간의 행위가 별들의 배열에 따라 이루어지는 것처럼 [사용된다면], 그것은 헛되고 거짓된 견해이며, 따라서 마귀의 개입에서 면제되지 않는다. 이로 인해 그러한 점술은 미신적이고 부당하다.

그러나 이러한 원인과 별개로, 제비뽑기 행위의 결과는 행운이나 어떤 영적인 것에 의해 기대된다. 만일 나누는 제비뽑기에서만 일어날 수 있는 행운이 허영의 악습을 갖는 것으로 보이지 않는다면, 아마도 어떤 사람은 어떤 것을 조화롭게 나눌 수 없어서, 마치 누가 어떤 몫을 차지해야 하는지를 드러내는 가운데 행운이 있는 것처럼, 나누기 위해 제비뽑기를 사용하기를 원하는 것 같다.

하지만 제비뽑기에 대한 판단이 영적인 원인에서 기대된다면, 에제키엘서 21장 [26절]에서 "바빌론 임금이 화살을 섞어 보기도 하고 우상들에게 물어보기도 하고, 신들에게 자문을 구하는 가운데 그 두 길의 어귀, 갈림길에 서 있었다."[6]라고 읽을 수 있듯이, 때때로 그것은 마귀에게서도 기대된다. 그러한 제비뽑기는 부당하며 법령에 따라 금지

cens sagittas: interrogavit idola, exta consuluit. Et tales sortes sunt illicitae, et secundum canones prohibentur.

Quandoque vero expectatur a Deo: secundum illud *Prov.* 16, [33]: *Sortes mittuntur in sinum, sed a Domino temperantur*. Et talis sors secundum se non est malum, ut Augustinus dicit.[7] Potest tamen in hoc quadrupliciter peccatum incidere. Primo quidem, si absque ulla necessitate ad sortes recurratur: hoc enim videtur ad Dei tentationem pertinere.[8] Unde Ambrosius dicit, *super Lucam* [1, 8 sqq.][9]: *Qui sorte eligitur, humano iudicio non comprehenditur*. — Secundo, si quis, etiam in necessitate, absque reverentia sortibus utatur. Unde, *super Actus Apost.*, dicit Beda[10]: *Si qui, necessitate aliqua compulsi, Deum putant sortibus, exemplo Apostolorum, esse consulendum, videant hoc ipsos Apostolos non nisi collecto fratrum coetu, et precibus ad Deum fusis, egisse*. — Tertio, si divina oracula ad terrena negotia convertantur. Unde Augustinus dicit, *ad Inquisitiones Ianuarii*[11]: *His qui de paginis evangelicis sortes legunt, etsi optandum sit ut id potius faciant quam ad daemonia consulenda concurrant, tamen ista mihi displicet consuetudo, ad negotia saecularia et ad vitae huius vanitatem divina oracula velle convertere*. — Quarto, si in electionibus ecclesiasticis, quae ex Spiritus Sancti inspiratione fieri debent, aliqui sortibus utantur. Unde, sicut

---

7. *Enarr.*II in Ps. 30, serm.2, n.13: PL 36.
8. Cf. q.97.
9. I, super 1, 8: PL 15, 1542C.
10. Super 1, 26: PL 92, 945D.

된다.

그런데 "제비뽑기는 옷 폭에 던져지지만 결정은 온전히 주님에게서만 온다."라는 잠언 16장 [33절]에 따르면, 때로는 하느님에게서 기대하기도 한다. 그리고 아우구스티누스가 말하듯이,[7] 그러한 제비뽑기가 그 자체로 악은 아니다. 그러나 여기에는 네 가지 죄가 있을 수 있다. 첫째, 아무 필요도 없이 제비뽑기에 호소하는 것이다. 이것은 하느님을 시험하는 것에 속하는 것으로 보인다.[8] 그래서 암브로시우스는 『루카복음 해설』에서 다음과 같이 말한다:[9] "제비뽑기로 선택된 사람은 인간적 판단에 의해 파악되지 않는다." 둘째, 심지어 만일 누군가가 필요하다면, 경외심 없이 제비뽑기를 사용하기도 한다. 그래서 베다는 『사도행전 해설』에서 다음과 같이 말한다:[10] "만일 필요에 의해 강요되어 어떤 사람들이 제비뽑기를 통해 하느님께 문의해야 한다고 생각한다면, 사도들의 모범에 따라, 사도들 자신이 오직 한 무리의 형제들과 함께, 그리고 하느님께 드린 기도로 그렇게 하였다는 것을 보게 된다." 셋째, 신적인 신탁(oraculum)이 현세적인 일에 적용되었는지[에 따라 죄가 된다]. 그래서 아우구스티누스는 『1월의 조사들』[11]에서 다음과 같이 말한다: "복음서의 페이지로부터 제비를 뽑는 사람들에 관하여, 비록 그들이 마귀들에게 급히 조언을 구하는 대신, 그렇게 하는 것이 바람직하다고 해도, 그러나 나는 신적 신탁을 세속적인 일과 허영에 적용하는 이 관습을 좋아하지 않는다." 넷째, 성령의 감도(inspiratio)에 의해 이루어져야 하는 교회적인 선거에서 어떤 사람들이 제비뽑기를 사용할 경우에 그러하다. 그러므로 베다는 『사도행전 해설』에서 다음과

---

11. 11(epist.55, al.119), c.20, n.37: PL 33, 222.

Beda dicit, *super Actus Apost.*,[12] *Matthias, ante Pentecosten ordinatus, sorte quaeritur*, quia scilicet nondum erat plenitudo Spiritus Sancti in Ecclesia effusa: *septem autem diaconi postea non sorte, sed electione discipulorum sunt ordinati.* Secus autem est in temporalibus dignitatibus, quae ad terrena disponenda ordinantur; in quarum electione plerumque homines sortibus utuntur, sicut et in temporalium rerum divisione.

Si vero necessitas immineat, licitum est, cum debita reverentia, sortibus divinum iudicium implorare. Unde Augustinus dicit, in epistola *ad Honoratum*[13]: *Si inter Dei ministros sit disceptatio qui eorum persecutionis tempore maneant, ne fuga omnium, et qui eorum fugiant, ne morte omnium deseratur ecclesia: si haec disceptatio aliter non potuerit terminari, quantum mihi videtur, qui maneant et qui fugiant sorte legendi sunt.* Et in I *de Doct. Christ.*[14] dicit: *Si tibi abundaret aliquid, quod oporteret dari ei qui non haberet, nec duobus dari potuisset; si tibi occurrerent duo, quorum neuter alium vel indigentia vel erga te aliqua necessitate superaret; nihil iustius faceres quam ut sorte legeres cui dandum esset quod dari utrique non posset.*

Et per hoc patet responsio ad PRIMUM et SECUNDUM.

---

12. Super 1, 26: PL 92, 945D.
13. Epist. 228, al.180, n.12: PL 33, 1018.

같이 말했다:[12] "오순절 전에 품(品)을 받은 마티아는 제비뽑기에 의해 찾아졌다. 왜냐하면 아직 성령의 충만함이 교회에 부어지지 않았기 때문이다." 그러나 일곱 명의 부제가 나중에 품을 받은 것은 제비뽑기가 아니라 제자들의 선택에 의해서였다. 하지만 현세적인 배열을 위해 준비된 현세적인 품위에 있어서는 정반대의 일이 일어난다. 현세적인 것들의 구분에 있어서와 마찬가지로, 사람들은 그것의 선택에 있어서 제비뽑기에 호소한다.

그러나 긴급하게 필요한 경우에는 마땅한 경외심과 함께 제비뽑기로 신적 판단을 간청해야 한다. 그러므로 아우구스티누스는 『호노라투스에게 보낸 편지』에서[13] 다음과 같이 말한다: "그들의 박해 시대에 직무자들은 누가 남아야 하는지 토론했다. 그럼으로써 모두가 도망가지 않고 그들 가운데 누군가도 도망갈 수 있도록, 그리고 교회가 모든 이의 죽음으로 인해 버려지지 않도록 하기 위함이다. 이 토론이 다른 식으로 끝날 수 없다면, 내가 보기에 남게 될 사람과 도망가게 될 사람들은 제비뽑기에 의해 선택되어야 한다." 그리고 『그리스도교 교양』 제1권에서는[14] 다음과 같이 말한다: "만일 어떤 것이 풍부하다면, [그것을] 갖지 않은 이에게 그것을 주어야 하지만, 두 사람에게 줄 수는 없다. 만일 두 사람이 필요에 있어서나 너와의 관계에 있어 한편이 다른 편을 넘어서지 않는다면, 양쪽 모두에게 줄 수 없는 것을 누구에게 주어야 하는지 제비뽑기를 읽는 것 이외에 다른 것은 하지 말아야 한다."

이것과 더불어 첫째와 둘째 **[반론]**에 대한 대답은 분명하다.

---

14. C.28: PL 34, 30.

q.95, a.8

AD TERTIUM dicendum quod iudicium ferri candentis vel aquae ferventis ordinatur quidem ad alicuius peccati occulti inquisitionem per aliquid quod ab homine fit, et in hoc convenit cum sortibus: inquantum tamen expectatur aliquis miraculosus effectus a Deo, excedit communem sortium rationem. Unde huiusmodi iudicium illicitum redditur: tum quia ordinatur ad iudicandum occulta, quae divino iudicio reservantur; tum etiam quia huiusmodi iudicium non est auctoritate divina sancitum. Unde II, qu. 5, in decreto Stephani Papae,[15] dicitur: *Ferri candentis vel aquae ferventis examinatione confessionem extorqueri a quolibet, sacri non censent canones: et quod sanctorum Patrum documento sancitum non est, superstitiosa adinventione non est praesumendum. Spontanea enim confessione vel testium approbatione publicata delicta, habito prae oculis Dei timore, concessa sunt nostro regimini iudicare. Occulta vero et incognita illi sunt relinquenda qui «solus novit corda filiorum hominum».* —Et eadem ratio videtur esse de lege duellorum: nisi quod plus accedit ad communem rationem sortium, inquantum non expectatur ibi miraculosus effectus; nisi forte quando pugiles sunt valde impares virtute vel arte.

---

15. Quinti. Cf. Gratianus, *Decretum*, p.11, causa 2, q.5, can.20: ed. cit., t.1, p.463. Cf. III, q.80, a.6, ad3.

[해답] 3. 달아오른 쇠나 끓는 물에 의한 판단은 인간에 의해 이루어진 어떤 것을 통해서 감추어진 죄를 알아내는 것으로 방향 지어져 있다. 그리고 이 점에서 [그 판단은] 제비뽑기와 조화를 이룬다. 하지만 하느님으로부터 어떤 기적적인 효과를 기대하는 한에서 [그 판단은] 제비뽑기의 공통된 이유를 초월한다. 그러므로 이와 같은 판단은 불합리한 것이 된다. 왜냐하면 [그러한 판단은] 신적인 판단을 위해 유보된 숨은 것을 판단하기 위해 질서 지어져 있기 때문이다. 또한 이와 같은 판단은 신적 권위에 의해 승인되지 않는다. 그러므로 교황 스테파누스의 『교령』 제2권 제5문에서[15] 다음과 같이 말한다: "거룩한 규범은 달아오른 쇠나 끓는 물에 대한 심사를 통해 모든 사람에게 고백을 무리하게 강요하는 것을 헤아리지 않는다. 그리고 거룩한 교부들의 문서에 의해 승인되지 않은 것이 미신적인 발견으로 추정돼서는 안 된다. 공적으로 이루어진 범죄들은 자발적인 고백에 의해서나 하느님에 대한 두려움 가운데 유지되는 증언의 승인을 통해 우리 국가에 의해 심판되는 것이 허용되기 때문이다. 그러나 숨겨지고 알려지지 않은 것들은 사람들의 자녀의 마음을 유일하게 아는 분에게 맡겨져야 한다." 동일한 근거가 결투하는 이들에게도 적용된다. 다만 결투에서는 결투하는 이들이 힘이나 기술에 있어 크게 차이가 나는 경우 외에는 기적적인 결과를 기대하지 않는다는 점에서 제비뽑기의 공통된 근거와 더 유사하다.

QUAESTIO XCVI
DE SUPERSTITIONIBUS OBSERVANTIARUM
in quatuor articulos divisa

Deinde considerandum est de superstitionibus observantiarum.[1]

Et circa hoc quaeruntur quatuor.

Primo: de observantiis ad scientiam acquirendam, quae traduntur in arte notoria.

Secundo: de observantiis quae ordinantur ad aliqua corpora immutanda.

Tertio: de observantiis quae ordinantur ad coniecturas sumendas fortuniorum vel infortuniorum.

Quarto: de suspensionibus sacrorum verborum ad collum.

Articulus 1
Utrum uti observantiis artis notoriae sit illicitum

Ad primum sic proceditur. Videtur quod uti observantiis artis notoriae non sit illicitum.

1. Dupliciter enim est aliquid illicitum: uno modo, secundum genus operis, sicut homicidium vel furtum; alio modo, ex eo quod ordinatur ad malum finem, sicut cum quis dat eleemosynam propter inanem gloriam. Sed ea quae observantur in arte notoria secundum

제96문
규범들의 미신에 대하여
(전4절)

이제 규범들의 미신에 대하여 숙고하기로 하자.[1]
이에 대해서는 네 가지가 조사된다.
첫째, 알아내는 기교로 지식을 얻기 위한 규범에 대하여.
둘째, 어떤 물체를 변화시키기 위한 규범들에 대하여.
셋째, 행운이나 불행을 추정하기 위해 질서 지어진 규범들에 대하여.
넷째, 거룩한 말을 목에 거는 것들에 대하여.

제1절 어떤 것을 알아내는 기교의 규범을 사용하는 것은 부당한가

[반론] 첫째는 다음과 같이 진행된다. 어떤 것을 알아내는 기교의 규범을 사용하는 것은 부당하지 않은 것으로 보인다.

1. 어떤 것이 불법적이 되는 데에는 두 가지 방식이 있다. 하나는 살인이나 도둑질처럼 행위의 본성으로 인해서 그렇다. 다른 하나는, 헛된 영광 때문에 자선을 베푸는 것처럼 악한 목적을 향해 질서 지어진 것으로 인해 그렇다. 그러나 행동의 유(類)에 따라 어떤 것을 알아내기 위한 기교에서 준수되는 것은 불법적이지 않고 단식들이며 하느님을

---
1. Cf. q.93, Introd.

genus operis non sunt illicita: sunt enim quaedam ieiunia et orationes ad Deum. Ordinantur etiam ad bonum finem: scilicet ad scientiam acquirendam. Ergo uti huiusmodi observationibus non est illicitum.

2. Praeterea, Dan. 1, [17] legitur quod pueris abstinentibus *dedit Deus scientiam et disciplinam in omni libro et sapientia*. Sed observantiae artis notoriae sunt secundum aliqua ieiunia et abstinentias quasdam. Ergo videtur quod divinitus sortiatur ars illa effectum. Non ergo illicitum est ea uti.

3. Praeterea, ideo videtur esse inordinatum a daemonibus inquirere de futuris quia ea non cognoscunt, sed hoc est proprium Dei, ut dictum est.[1] Sed veritates scientiarum daemones sciunt: quia scientiae sunt de his quae sunt ex necessitate et semper, quae subiacent humanae cognitioni, et multo magis daemonum, qui sunt perspicaciores, ut Augustinus dicit.[2] Ergo non videtur esse peccatum uti arte notoria, etiam si per Daemones sortiatur effectum.

SED CONTRA est quod dicitur *Deut.* 18, [10-11]: *Non inveniatur in te qui quaerat a mortuis veritatem:* quae quidem inquisitio innititur auxilio daemonum. Sed per observantias artis notoriae inquiritur cognitio veritatis per *quaedam pacta significationum cum daemonibus inita*.[3] Ergo uti arte notoria non est licitum.

---

1. Q.95, a.1.
2. *De Gen. ad litt.*, II, c.17, n.37: PL 34, 278; *De divin. daem.*, c.3: PL 40, 584.

위한 기도들이다. 또한 그것은 좋은 목적, 즉 지식의 획득을 향해 질서 지어져 있다. 그러므로 그러한 규범을 사용하는 것은 부당하지 않다.

2. 다니엘서 1장 [17절]은 "하느님께서는 절제하는 젊은이에게 이해력을 주시고 모든 문학과 지혜에 능통하게 해주셨다."라고 기록한다. 그러나 어떤 것을 알아내는 기교의 규범들은 어떤 단식과 절제들이다. 그러므로 그러한 규범을 실천하는 것은 부당하지 않다.

3. 마귀들은 미래를 알 수 없으므로 그들에게 미래에 관해 묻는 것은 부적절한 것처럼 보인다. 이미 말한 것처럼[1] 그것은 하느님의 것이기 때문이다. 그러나 마귀들은 학문의 진리를 알고 있다. 왜냐하면 학문은 항상 인간의 지식에 종속된 필연적이고 항구한 것들에 속하기 때문이다. 그리고 아우구스티누스가 말한 것처럼,[2] 마귀들의 지식에는 더욱 분명히 속한다. 그러므로 어떤 것을 알아내는 기교를 사용하는 것은, 마귀들을 통해 효과가 나온다 해도 죄가 아닌 것으로 보인다.

[재반론] 신명기 18장 [10-11절]에서는 다음과 같이 말한다: "너희 가운데 죽은 이에게서 진리를 알려고 하는 자가 있어서는 안 된다." 왜냐하면 그러한 추구는 마귀들의 도움에 기대기 때문이다. 그런데 어떤 것을 알아내는 기교의 규범을 통해 진리를 추구하는 것은 "마귀들의 동의에 의해 미리 설정된 인습적인 표지들"[3]에 호소하는 가운데 이루어진다. 따라서 어떤 것을 알아내는 기교를 실천하는 것은 부당하다.

---

3. Cf. Aug., *De doctr. christ.*, II, c.20, n.30: PL 34, 50.

q.96, a.1

RESPONDEO dicendum quod ars notoria et illicita est, et inefficax. Illicita quidem est, quia utitur quibusdam ad scientiam acquirendam quae non habent secundum se virtutem causandi scientiam: sicut inspectione quarundam figurarum, et prolatione quorundam ignotorum verborum, et aliis huiusmodi. Et ideo huiusmodi ars non utitur his ut causis, sed ut signis. Non autem ut signis divinitus institutis, sicut sunt sacramentalia signa. Unde relinquitur quod sint supervacua signa: et per consequens pertinentia *ad pacta quaedam significationum cum daemonibus placita atque foederata*.[4] Et ideo ars notoria *penitus est repudianda et fugienda Christiano*, sicut et aliae *artes nugatoriae vel noxiae superstitionis:* ut Augustinus dicit, in II *de Doct. Christ.*.[5]

Est etiam huiusmodi ars inefficax ad scientiam acquirendam. Cum enim per huiusmodi artem non intendatur acquisitio scientiae per modum homini connaturalem, scilicet adinveniendo vel addiscendo, consequens est quod iste effectus vel expectetur a Deo, vel a daemonibus. Certum est autem aliquos a Deo sapientiam et scientiam per infusionem habuisse: sicut de Salomone legitur, III *Reg.* 3, [11-12], et II *Paral.* 1, [11-12]. Dominus etiam discipulis suis dicit, *Luc.* 21, [15]: *Ego dabo vobis os et sapientiam, cui non poterunt resistere et contradicere omnes adversarii vestri.* Sed hoc donum non datur quibuscumque, aut cum certa observatione, sed secundum arbitrium

---

4. Loc. cit., in sc.

[답변] 어떤 것을 알아내는 기교는 부당하고 실효성이 없다. 그것이 부당한 것은 지식의 획득에 있어서 지식을 야기하는 역량을 갖지 못한 수단에 호소하기 때문이다. 예컨대 그 수단에는 일정한 형태에 대한 숙고, 낯선 말을 비롯해 그런 유의 것에 대한 낭송이 있다. 이러한 기교는 이들을 원인으로서 사용하는 것이 아니라 표지로서 사용한다. 그러나 그것은 성사적 표지인 하느님에 의해 제정된 표지들과 같지는 않다. 그러므로 그것은 "마귀들에 의해 설정되고 조합된 인습적인 표지들"[4] 안으로 다시 들어가는 가운데, 가치가 없는 표지들이다. 따라서 "미신의 환상적이고 해로운 다른 기교들처럼", 아우구스티누스는 『그리스도교 교양』 제2권에서[5] 어떤 것을 알아내는 기교가 "그리스도인에 의해 부인되고 벗어난다."고 말한다.

더 나아가, 이 기교들은 지식을 얻는 데 있어 효과적이지 못하다. 사실 이것과 함께 인간에게 공본성적(共本性的)인 방식으로, 즉 다른 이들로부터 발견하거나 배우는 가운데, 지식을 획득하려 지향하지는 않는다. 따라서 하느님이나 마귀에게서 그러한 효과를 기대한다. 그런데 솔로몬에게 일어났듯이(1열왕 3,11; 2코린 1,11), 어떤 이들은 주입을 통해 하느님으로부터 지혜와 지식을 갖는다. 또한 주님은 제자들에게 다음과 같이 약속하셨다: "어떠한 적대자도 맞서거나 반박할 수 없는 언변과 지혜를 내가 너희에게 주겠다"(루카 21,15). 그러나 코린토 1서 12장 [8절]에서 말하듯이, 이 선물은 모든 이에게 주어지지도 어떤 실천에 힘입어 주어지지도 않고, 성령의 재량에 따라 주어진다: "어떤 이에

---

5. C.23, n.36: PL 34, 53.

Spiritus Sancti: secundum illud I *ad Cor.* 12, [8]: *Alii quidem datur per Spiritum*[6] *sermo sapientiae, alii-sermo scientiae secundum eundem Spiritum;* et postea [v. 11] subditur: *Haec omnia operatur unus atque idem Spiritus, dividens singulis prout vult.*

Ad daemones autem non pertinet illuminare intellectum: ut habitum est in Prima huius operis Parte.[7] Acquisitio autem scientiae et sapientiae fit per illuminationem intellectus.[8] Et ideo nullus unquam per daemones scientiam acquisivit. Unde Augustinus dicit, in X *de Civ. Dei,*[9] *Porphyrium fateri quod theurgicis teletis,* in operationibus daemonum, *intellectuali animae nihil purgationis accidit quod eam facit idoneam ad videndum Deum suum, et perspicienda ea quae vera sunt,* qualia sunt omnia scientiarum theoremata. — Possent tamen daemones, verbis hominibus colloquentes, exprimere aliqua scientiarum documenta: sed hoc non quaeritur per artem notoriam.

AD PRIMUM ergo dicendum quod acquirere scientiam bonum est: sed acquirere eam modo indebito non est bonum. Et hunc finem intendit ars notoria.

AD SECUNDUM dicendum quod pueri illi non abstinebant secundum vanam observantiam artis notoriae: sed secundum auctoritatem legis divinae, nolentes inquinari cibis gentilium.[10] Et ideo

---

6. Vulgata: "per Spiritum datur."
7. Q.109, a.3.
8. Cf. I, q.117, a.1.

게는 성령을 통하여⁶ 지혜의 말씀이, 어떤 이에게는 같은 성령에 따라 지식의 말씀이 주어집니다." 그리고 그다음에 다음과 같이 덧붙였다: "이 모든 것을 한 분이신 같은 성령께서 일으키십니다. 그분께서는 당신이 원하시는 대로 각자에게 그것들을 따로따로 나누어 주십니다."

반대로, 제1부에서 입증했듯이⁷ 지성을 비추는 과제는 마귀들에게 속하지 않는다. 그런데 지식과 지혜를 획득하는 것은 지성의 비추임을 통해 일어난다.⁸ 그러므로 그 누구도 마귀들을 통해 지식을 획득하지 못했다. 그래서 아우구스티누스는 『신국론』 제10권에서 다음과 같이 썼다:⁹ "포르피리우스는 마귀들의 작용이 [일어나는] 심령적인 실천에서는, 지식의 모든 정리(theoremata)가 그렇듯이, 지적인 영혼이 자신의 하느님을 볼 수 있고 참된 것을 인식할 수 있게 하는 정화가 전혀 일어나지 않는다고 인정한다." 하지만 마귀들은 사람에게 말을 하는 가운데 지식의 어떤 표본(documentum)을 표현할 수 있다. 그러나 이것이 어떤 것을 알아내는 기교에 의해 요구되는 것은 아니다.

[해답] 1. 지식을 획득하는 것은 좋은 일이지만 부정직한 방식으로 그것을 획득하지는 말아야 한다. 이것이 어떤 것을 알아내는 기교가 지향하는 목적이다.

2. 그 소년들은 이교도의 음식으로 인해 더럽혀지지 않기 위해 어떤 것을 알아내는 기교의 헛된 규범에 따라서가 아니라 신법의 규범을 따르는 가운데 절제를 실천했다.¹⁰ 그러므로 시편 118[119]장 [100절]에서 말하듯이, 순종의 공로로 인해 하느님으로부터 지식을 받았다: "제

---

9. C.9, n.2: PL 41, 287.
10. Cf. v.8.

merito obedientiae consecuti sunt a Deo scientiam: secundum illud Psalm. [Ps. 118, 100]: *Super senes intellexi, quia mandata tua quaesivi.*

AD TERTIUM dicendum quod exquirere cognitionem futurorum a Daemonibus non solum est peccatum propter hoc quod ipsi futura non cognoscunt: sed propter societatem cum eis initam, quae etiam in proposito locum habet.

Articulus 2
Utrum observationes ordinatae ad corporum immutationem, puta ad sanitatem vel ad aliquid huiusmodi, sint licitae

Ad secundum sic proceditur. Videtur quod observationes ordinatae ad corporum immutationem, puta ad sanitatem vel ad aliquid huiusmodi, sint licitae.

1. Licitum enim est uti naturalibus virtutibus corporum ad proprios effectus inducendos. Res autem naturales habent quasdam virtutes occultas, quarum ratio ab homine assignari non potest: sicut quod adamas trahit ferrum, et multa alia quae Augustinus enumerat, XXI *de Civ. Dei*.[1] Ergo videtur quod uti huiusmodi rebus ad corpora immutanda non sit illicitum.

2. Praeterea, sicut corpora naturalia subduntur corporibus caelestibus, ita etiam corpora artificialia. Sed corpora naturalia sortiuntur quasdam virtutes occultas, speciem consequentes, ex impressione caelestium corporum. Ergo etiam corpora artificialia, puta imagines,

가 노인들보다 현명하니 당신 규정을 따랐기 때문입니다."

3. 마귀들에게 미래에 대한 앎을 청하는 것은 죄이다. 왜냐하면 그들은 그것을 알지 못할 뿐만 아니라 그들과 더불어 맺는 교제로 인해 그렇다. 이것은 지금의 경우에서도 일어난다.

제2절 육체를 바꾸도록, 예컨대 치유나 그와 비슷한 어떤 것을 위해 질서 지어진 규범은 합당한가

Parall.: *ScG*, III, 105; *De Pot.*, q.6, a.10; *Quodlibet.*, XII, q.9, a.2.

[반론] 둘째는 다음과 같이 진행된다. 육체를 바꾸도록, 예컨대 치유나 그와 비슷한 어떤 것을 위해 질서 지어진 규범은 합당한 것으로 보인다.

1. 육체의 자연적 힘을 사용하여 그들 자신의 효과를 생산하는 것은 합당하다. 그러나 자연적인 것은 어떤 숨겨진 힘을 갖고 있는데, 인간은 그 이유에 대해 설명할 수 없다. 아우구스티누스는 『신국론』 제21권에서[1] 열거한 많은 것 가운데 철이 다이아몬드를 끌어당기는 것과 같은 예를 제시했다. 그러므로 육체를 바꾸기 위해 그러한 것을 사용하는 것은 부당하지 않은 것으로 보인다.

2. 자연적 육체가 천체에 종속되는 것처럼, 인위적 육체도 마찬가지다. 그러나 자연적 육체는 그 종에 따라 천체의 영향에 의해 특정한 숨

---

1. C.5, n.1; c.7, n.1: PL 41, 715, 718.

sortiuntur aliquam virtutem occultam a corporibus caelestibus ad aliquos effectus causandos. Ergo uti eis, et aliis huiusmodi, non est illicitum.

3. Praeterea, daemones etiam multipliciter possunt corpora transmutare: ut dicit Augustinus, III *de Trin.*.[2] Sed eorum virtus a Deo est. Ergo licet uti eorum virtute ad aliquas huiusmodi immutationes faciendas.

SED CONTRA est quod Augustinus dicit, in II *de Doct. Christ.*,[3] quod ad superstitionem pertinent *molimina magicarum artium, et ligaturae, et remedia quae medicorum quoque medicina condemnat, sive in praecantationibus, sive in quibusdam notis, quas characteres vocant, sive in quibuscumque rebus suspendendis atque insignandis.*

RESPONDEO dicendum quod in his quae fiunt ad aliquos effectus corporales inducendos, considerandum est utrum naturaliter videantur posse tales effectus causare. Sic enim non erit illicitum: licet enim causas naturales adhibere ad proprios effectus. — Si autem naturaliter non videantur posse tales effectus causare, consequens est quod non adhibeantur ad hos effectus causandos tanquam causae, sed solum quasi signa.[4] Et sic pertinent ad pacta significationum cum daemonibus inita.[5] Unde Augustinus dicit, XXI *de Civ. Dei*[6]: *Illici-*

---

2. C.8, n.13; c.9, n.17: PL 42, 875, 878.
3. C.20, n.30: PL 34, 50.

겨진 힘들을 부여받는다. 따라서 천체들은 표상과 같은 인위적인 육체에도 특정 효과를 유발하는 숨은 힘을 부여한다. 그러므로 이것을 사용하거나 그와 비슷한 다른 것을 사용하는 것은 부당하지 않다.

3. 아우구스티누스가 『삼위일체론』 제3권에서 말하듯이,[2] 마귀들은 수많은 방식으로 물체를 변화시킬 수 있다. 그러나 그의 힘은 하느님에게서 온다. 그러므로 이런 변화 가운데 어떤 것을 이루기 위해 그의 힘을 사용하는 것은 합당하다.

[재반론] 아우구스티누스는 『그리스도교 교양』 제2권에서[3] 다음과 같이 말한다: 미신에는 "마술적인 기교에서 발견된 것이자 의학 자체에 의해 단죄된 부적과 치료법으로, 그것들은 마법과 글자들이라 불리는 표지들, 일정한 것을 매달거나 표식을 하는 것"이 속한다.

[답변] 어떤 육체적 효과를 유도하기 위해 행해지는 것에서, 그것이 자연적으로 그러한 효과들을 일으킬 수 있는 것인지 고려해야 한다. 그러한 경우, 행위는 부당하지 않다. 왜냐하면 자연적인 원인을 그들 자신의 효과를 위해 사용하는 것은 합당하기 때문이다. 그러나 만일 그들이 자연적으로 그러한 효과를 산출할 수 있다고 보이지 않는다면, 그들은 그것을 원인으로서가 아니라 단지 표지로서만 산출할 수 있다.[4] 따라서 그것은 마귀들과 맺은 계약에 속한다.[5] 그러므로 아우구스티누스는 『신국론』 제21권에서[6] 다음과 같이 말한다: "마귀들은 그들

---

4. Cf. 앞 절, 답변.
5. Cf. Aug., *De doctr. christ.*, loc. cit.
6. C.6, n.1: PL 41, 717.

untur daemones per creaturas, quas non ipsi, sed Deus condidit, delectabilibus pro sua diversitate diversis, non ut animalia cibis, sed ut spiritus signis, quae cuiusque delectationi congruunt, per varia genera lapidum, herbarum, lignorum, animalium, carminum, rituum.[7]

AD PRIMUM ergo dicendum quod si simpliciter adhibeantur res naturales ad aliquos effectus producendos ad quos putantur naturalem habere virtutem, non est superstitiosum neque illicitum. Si vero adiungantur vel characteres aliqui, vel aliqua nomina, vel aliae quaecumque variae observationes, quae manifestum est naturaliter efficaciam non habere, erit superstitiosum et illicitum.

AD SECUNDUM dicendum quod virtutes naturales corporum naturalium consequuntur eorum formas substantiales, quas sortiuntur ex impressione caelestium corporum: et ideo ex eorundem impressione sortiuntur quasdam virtutes activas. Sed corporum artificialium formae procedunt ex conceptione artificis: et cum nihil aliud sint quam compositio, ordo et figura, ut dicitur in I *Physic.*,[8] non possunt habere naturalem virtutem ad agendum. Et inde est quod ex impressione caelestium corporum nullam virtutem sortiuntur inquantum sunt artificialia, sed solum secundum materiam naturalem. Falsum est ergo quod Porphyrio videbatur, ut Augustinus dicit, X *de*

---

7. "마술적인 기교들에 이끌리듯이, 마귀들은 그 자체로 형체적인 것에 의해서가 아니라 더 나은 어떤 것에 의해서 강제된다. 첫째, 그들은 그러한 형체적인 것을 통해서 자신이 간청하는 효과를 더 쉽게 얻을 수 있다는 것을 알고 있기 때문이다. 그들은 자신의 덕이 탁월하게 여겨지기를 바란다. 이런 이유로, 어떤 별자리 아래에는 더 많은 보호자가 있다. 둘째, 그것은 그

제96문 제2절

자신이 아니라 하느님이 만드신 것으로 유혹된다. 동물을 음식으로 유혹하듯이 하는 것이 아니라, 영들이 다양함에 따라 각각 좋아하는 표지에 의하여 다양한 종류의 돌, 풀, 나무, 동물, 노래, 예식으로 유혹된다."[7]

[해답] 1. 만일 자연적인 것이 자연적인 힘을 가지고 있다고 가정되는 특정한 효과를 산출하기 위해 단순히 사용된다면, 그것은 미신적이거나 부당한 것이 아니다. 그러나 몇 가지 특성이나 몇 가지 이름, 또는 분명히 자연적으로 효과가 없는 다른 다양한 규범을 추가할 경우, 그것은 미신적이고 부당한 것이 될 것이다.

2. 자연적 물체의 자연적인 힘은 천체의 인상에서 얻어지는 실체적인 형태에서 비롯되며, 따라서 동일한 인상에서 어떤 능동적인 힘이 얻어진다. 그러나 인위적인 물체의 형태는 기교가의 개념에서 비롯되며, 그것은 『자연학』 제1권에서[8] 말한 것처럼 구성, 질서, 형상에 불과하므로, 행동하기 위한 자연적인 힘을 가질 수 없다. 그러므로 천체의 인상에서는 인위적인 한에서 아무런 힘도 유래하지 않고 오직 자연적인 물질에 따라서만 [어떤 힘이] 유래한다. 따라서 포르피리우스의

들이 기뻐하는 어떤 영적인 것들의 형체적인 표징이기 때문이다. 그래서 아우구스티누스는 마귀들이 음식에 대해 끌리는 동물이 아니라 표지에 대해 끌리는 영처럼 그렇게 끌린다고 말한다[『신국론』 제21권 제6장 n.1: PL 41, 717]. 사람들이 하느님에 대한 순종의 표지로 희생제사를 바치고 경배할 때, 그들은 그러한 경외의 표지들이 자신에게 제시되는 것을 기뻐한다. 그러나 서로 다른 마귀들은 자신의 다른 악습에 더 잘 적응했기 때문에 다른 표지들에 끌린다. 셋째, 그들은 형체적인 것들에 끌리는데, 이는 사람들이 그것들 때문에 죄로 인도되기 때문이다. 이것이 바로 그들이 거짓에 이끌린다고 느끼는 이유이며, 사람들을 잘못이나 죄로 인도할 수 있는 것들에 끌리는 이유이다"(*De Potentia*, q.6, a.10).

8. C.5, 188b15-21; S. Thomas, lect.10, n.4.

*Civ. Dei,*⁹ *herbis et lapidibus et animantibus, et sonis certis quibusdam ac vocibus, et figurationibus atque figmentis quibusdam etiam observatis in caeli conversione motibus siderum, fabricari in terra ab hominibus potestates idoneas siderum variis effectibus exequendis:* quasi effectus magicarum artium ex virtute caelestium corporum provenirent. Sed sicut Augustinus ibidem subdit, *totum hoc ad Daemones pertinet, ludificatores animarum sibi subditarum.*

Unde etiam imagines quas *astronomicas* vocant, ex operatione daemonum habent effectum. Cuius signum est quod necesse est eis inscribi quosdam *characteres,* qui naturaliter ad nihil operantur: non enim est figura actionis naturalis principium. Sed in hoc distant astronomicae imagines a nigromanticis, quod in nigromanticis fiunt expressae invocationes et praestigia quaedam, unde pertinent ad expressa pacta cum daemonibus inita[10]: sed in aliis imaginibus sunt quaedam tacita pacta per quaedam figurarum seu characterum signa.

AD TERTIUM dicendum quod ad dominium pertinet divinae maiestatis, cui daemones subsunt, ut eis utatur Deus ad quodcumque voluerit. Sed homini non est potestas super daemones commissa, ut eis licite uti possit ad quodcumque voluerit: sed est ei contra daemones bellum indictum. Unde nullo modo licet homini Daemonum auxilio uti per pacta tacita vel expressa.

---

9. C.11, n.2: PL 41, 290.

견해는 틀리다. 아우구스티누스가 『신국론』 제10권에서 말하듯이,⁹ 그는 생각하기를, "사람들은 식물과 돌과 살아있는 것들, 특정한 소리와 음성들, 그리고 하늘의 회전과 별들의 움직임에서 관찰되는 특정한 형태와 영상들로써 지상에서 별들의 힘에 적합한 다양한 효과를 일으킬 수 있다." 그러나 아우구스티누스는 같은 곳에서 다음과 같이 덧붙였다: "이 모든 것은 마귀들에게 속한다. 그들은 자신에게 속한 영혼들을 농락한다." 따라서 소위 말하는 천문학적인 그림의 효과는 악마적인 개입에 그 원인이 있다. 그리고 이는 그것에 글자들이 새겨지는 사실에 의해 제시된다. 글자들은 그 본성상 어떤 작용도 갖지 않는다. 사실 형태는 결코 자연적 작용의 시작이 아니다.

그러므로 천문학적인 그림과 강신술사의 그림 사이에는 다음과 같은 차이가 있다. 즉 후자의 그림에는 마귀에 대한 명시적인 부름과 발현이 있다. 그러므로 그것은 마귀와 함께 분명하게 설정한 계약에 속한다.¹⁰ 반면 다른 그림에서는 어떤 형태의 상징이나 글자들로부터 암묵적인 계약이 나타난다.

3. 마귀들도 속하는 하느님 엄위의 지배는 하느님이 당신이 원하시는 대로 그들을 사용할 수 있다는 것을 의미한다. 반면 인간은 자신이 원하는 대로 그들을 사용할 수 있기 위해 마귀들에 대한 지배를 받지 않았다. 하지만 그들을 거슬러 선포된 전쟁을 해야 한다. 그러므로 어떤 식으로든 암묵적이거나 명시적인 동의와 함께 마귀의 도움에 호소하는 것은 인간에게 합당하지 않다.

---

10. 앞 문, 제3절 참조.

Articulus 3
Utrum observationes quae ordinantur ad praecognoscenda aliqua fortunia vel infortunia, sint illicitae

Ad tertium sic proceditur. Videtur quod observationes quae ordinantur ad praecognoscenda aliqua fortunia vel infortunia, non sunt illicita.

1. Inter alia enim infortunia hominum sunt etiam infirmitates. Sed infirmitates in hominibus quaedam signa praecedunt, quae etiam a medicis observantur. Ergo observare huiusmodi significationes non videtur esse illicitum.

2. Praeterea, irrationabile est negare illud quod quasi communiter omnes experiuntur. Sed quasi omnes experiuntur quod aliqua tempora vel loca, vel verba audita, vel occursus hominum seu animalium, aut distorti aut inordinati actus, aliquod praesagium habent boni vel mali futuri. Ergo observare ista non videtur esse illicitum.

3. Praeterea, actus hominum et eventus ex divina providentia disponuntur secundum ordinem quendam, ad quem pertinere videtur quod praecedentia sint subsequentium signa. Unde ea quae antiquis Patribus contigerunt signa sunt eorum quae in nobis complentur: ut patet per Apostolum, I *ad Cor.* 10, [6, 11]. Observare autem ordinem ex divina providentia procedentem non est illicitum. Ergo observare huiusmodi praesagia non videtur esse illicitum.

제3절 행운이나 불행을 예지하기 위해 질서 지어진 준수들은 부당한가

[반론] 셋째는 다음과 같이 진행된다. 행운이나 불행을 예지하기 위해 질서 지어진 준수들은 부당하지 않은 것으로 보인다.

1. 인간의 불행 가운데는 질병도 있다. 그런데 사람의 질병에는 의사들에게 관찰되는 특정한 표지들이 선행된다. 따라서 그와 같은 징조를 준수하는 것은 부당한 것처럼 보이지 않는다.

2. 모든 사람에 의해 경험되는 것을 부정하는 것은 합리적이지 않다. 그런데 모든 사람은 특정 순간이나 장소, 또는 들었던 말들, 사람이나 동물들과 만남, 왜곡되거나 무질서한 행동이 좋거나 나쁜 미래에 대한 어떤 예감을 갖고 있다는 것을 경험하는 것으로 보인다. 그러므로 이러한 것을 준수하는 것은 부당한 것으로 보이지 않는다.

3. 사람의 행위와 사건은 신적 섭리에 의해 일정한 질서에 따라 정렬되어 있으며, 선행하는 것은 뒤따라오는 것의 표지로 그 질서에 속하는 것처럼 보인다. 그러므로 코린토 1서 1장 [10절]에서 사도를 통해 알 수 있듯이, 옛 선조에게 일어난 일은 우리 안에서 이루어진 일의 표지다. 그런데 신적 섭리에서 유래하는 질서를 준수하는 것은 부당하지 않다. 그러므로 그와 같은 예감을 준수하는 것은 부당하지 않은 것으로 보인다.

q.96, a.3

SED CONTRA est quod Augustinus dicit, in II *de Doct. Christ.*,[1] quod *ad pacta cum Daemonibus inita pertinent millia inanium observationum: puta si membrum aliquod salierit; si iunctim ambulantibus amicis lapis aut canis aut puer medius intervenerit; limen calcare cum ante domum suam aliquis transit; redire ad lectum si quis, dum se calceat, sternutaverit; redire domum si procedens offenderit; cum vestis a soricibus roditur, plus timere superstitionem mali futuri quam praesens damnum dolere.*

RESPONDEO dicendum quod homines omnes huiusmodi observationes attendunt non ut quasdam causas, sed ut quaedam signa futurorum eventuum bonorum vel malorum. Non autem observantur sicut signa a Deo tradita, cum non sint introducta ex auctoritate divina: sed magis ex vanitate humana, cooperante Daemonum malitia, qui nituntur animos hominum huiusmodi vanitatibus implicare. Et ideo manifestum est omnes huiusmodi observantias esse superstitiosas et illicitas. Et videntur esse quaedam reliquiae idololatriae, secundum quam observabantur auguria, et quidam dies Fausti vel infausti (quod quodammodo pertinet ad divinationem quae fit per astra,[2] secundum quae diversificantur dies): nisi quod huiusmodi observationes sunt sine ratione et arte; unde sunt magis vanae et superstitiosae.

---

1. C.20, n.31: PL 34, 50-51.

[재반론] 아우구스티누스는 『그리스도교 교양』 제2권에서¹ 다음과 같이 말한다: "마귀들과 맺은 계약에는 수천 가지의 공허한 준수가 속해 있다. 예컨대 어떤 지체가 뛰는지, 돌이나 개 또는 아이가 친구들이 함께 산보하는 동안에 개입하는지, 누군가 집 앞을 지나갈 때 문지방을 밟는지, 누군가 신발을 신는 동안 재채기를 하면 침대로 돌아가는지, 길에서 걸려 넘어지면 집으로 돌아가는지 [하는 것이 그렇다]. 만일 옷이 뒤쥐(sorex)에 의해 갉아 먹히면 현재의 손실을 아파하기보다 미래의 악에 관한 미신을 더 두려워한다."

[답변] 사람들은 특정한 원인으로서가 아니라, 미래의 좋은 사건이나 나쁜 사건의 특정한 표지로서 이 모든 준수에 주의를 기울인다. 그러나 그것은 신적 권위에 의해 도입되지 않았으므로 하느님에 의해 전달된 것이 아니라, 사람의 영혼을 그러한 허영심에 빠트리게 하려고 애쓰는 마귀들의 사악함에 협력하는 인간적인 허영심에 의해 [도입된 것으로 관찰된다]. 따라서 이 모든 준수는 미신적이고 부당하다는 것이 분명하다. 징조들을 관찰하던 옛 우상숭배의 잔해가 남아있는 것처럼 보이는데, 다만 그 이유와 기교는 사라졌지만, 행운의 날들 또는 불행한 날들(그것은 어떤 면에서 별들에 의해 이루어지는 점술에 속하며,² 그에 따라 날들이 다양해진다)이 준수된다. 그러므로 그것은 더 부질없고 미신적이다.

---

2. 앞 문 제3절과 제5절 참조.

AD PRIMUM ergo dicendum quod infirmitatum causae praecedunt in nobis, ex quibus aliqua signa procedunt futurorum morborum, quae licite a medicis observantur. Unde et si quis praesagium futurorum eventuum consideret ex sua causa, non erit illicitum: sicut si servus timeat flagella videns domini iram. Et simile etiam esse posset si quis timeret nocumentum alicui puero ex oculo fascinante: de quo dictum est in Primo Libro.[3] Sic autem non est in huiusmodi observationibus.

AD SECUNDUM dicendum quod hoc quod a principio in istis observationibus aliquid veri homines experti sunt, casu accidit. Sed postmodum, cum homines incipiunt huiusmodi observantiis suum animum implicare, multa secundum huiusmodi observationes eveniunt per deceptionem daemonum, *ut his observationibus homines implicati curiosiores fiant, et sese magis inserant multiplicibus laqueis perniciosi erroris*, ut Augustinus dicit, II *de Doct. Christ.*.[4]

AD TERTIUM dicendum quod in populo Iudaeorum, ex quo Christus erat nasciturus, non solum dicta, sed etiam facta fuerunt prophetica: ut Augustinus dicit, *contra Faustum*.[5] Et ideo licitum est illa facta assumere ad nostram instructionem, sicut signis divinitus datis. Non autem omnia quae aguntur per divinam providentiam sic ordinantur ut sint futurorum signa. Unde ratio non sequitur.

---

3. Q.117, a.3, ad2. Cf. *ScG*, III, 103.

[해답] 1. 질병의 원인은 우리 안에서 선행하며, 미래 질병의 특정 표지들은 의사에 의해 합당하게 준수된다. 그러므로 사람이 자신의 이익을 위해 미래의 사건에 대한 예감을 고려한다고 해도, 마치 종이 주인의 분노를 볼 때 채찍질을 두려워하는 것처럼, 그것이 부당한 것은 아니다. 만일 매혹적인 눈이 제1부에서³ 이야기했던 아이를 해칠 수 있다는 두려움이 있다면 같은 일이 일어날 수 있다. 그러나 이러한 준수에서는 그렇지 않다.

2. 처음부터 사람들이 이러한 준수에서 참된 것을 경험했다는 것은 우연히 일어난 것이다. 그러나 그 후에, 사람들의 정신이 이러한 준수에 얽매이기 시작할 때, 많은 일이 마귀들의 속임수를 통해 그러한 관찰에 따라 일어나게 된다. 그래서 아우구스티누스가 『그리스도교 교양』 제2권에서 말한 것처럼, "이러한 준수에 관여한 사람들은 더욱 호기심을 갖게 되고, 해로운 잘못의 많은 함정에 더 깊이 빠져들게 된다."⁴

3. 그리스도가 태어날 유다 백성 사이에는 예언적인 말뿐만 아니라, 아우구스티누스가 『마니교도 파우스투스 반박』에서⁵ 말한 것처럼, 예언적인 사실들도 있었다. 그러므로 우리는 이러한 사실을 우리의 교육을 위하여 주어진 신적 표지로 취할 수 있다. 그러나 신적 섭리로 행해지는 모든 것이 미래적인 것의 표지가 되도록 질서 지어지는 것은 아니다. 그러므로 그 이유는 따라오지 않는다.

---

4. C.23, n.35; PL 34, 52.
5. IV, c.2; XXII, c.24; PL 42, 218, 417.

Articulus 4
Utrum suspendere divina verba ad collum sit illicitum

Ad quartum sic proceditur. Videtur quod suspendere divina verba ad collum non sit illicitum.

1. Non enim divina verba minoris sunt efficaciae cum scribuntur quam cum proferuntur. Sed licet aliqua sacra verba dicere ad aliquos effectus, puta ad sanandum infirmos, sicut, *Pater noster, Ave Maria*, vel qualitercumque nomen Domini invocetur: secundum illud Marci ult., [17-18]: *In nomine meo daemonia eiicient, linguis loquentur novis, serpentes tollent*. Ergo videtur quod licitum sit aliqua sacra scripta collo suspendere in remedium infirmitatis vel cuiuscumque nocumenti.

2. Praeterea, verba sacra non minus operantur in corporibus hominum quam in corporibus serpentum et aliorum animalium. Sed incantationes quaedam efficaciam habent ad reprimendum serpentes, vel ad sanandum quaedam alia animalia: unde dicitur in Psalm. [Ps. 57, 5-6]: *Sicut aspidis surdae et obturantis aures suas, quae non exaudiet vocem incantantium, et venefici incantantis sapienter*. Ergo licet suspendere sacra verba ad remedium hominum.

3. Praeterea, verbum Dei non est minoris sanctitatis quam sanctorum reliquiae: unde Augustinus dicit[1] quod *non minus est verbum Dei quam corpus Christi*. Sed reliquias sanctorum licet homini collo suspendere, vel qualitercumque portare, ad suam protectionem. Ergo, pari ratione, licet homini verbo vel scripto verba sacrae Scripturae ad

제4절 신적인 말씀을 목에 걸어두는 것은 부당한가

[반론] 넷째는 다음과 같이 진행된다. 신적인 말씀을 목에 걸어두는 것은 부당하지 않은 것으로 보인다.

1. 신적인 말씀은 그것이 발음될 때보다 쓰일 때 덜 효과적이지 않다. 그러나 "내 이름으로 마귀들을 쫓아내고 새로운 언어를 말하며, 손으로 뱀을 집어들 것이다."라는 마르코복음서 16장 [17-18절]에 따라, 예컨대 병자들을 치유하듯이 어떤 효과를 위해 「주님의 기도」, 「성모송」 또는 주님의 이름이 어떤 방식으로든 불리는 것처럼 어떤 신적인 말씀들을 말하는 것은 합당하다. 그러므로 질병이나 어떤 해로움을 치료하기 위해 어떤 거룩한 글자들을 목에 걸어두는 것은 합당한 것처럼 보인다.

2. 거룩한 말씀은 뱀과 다른 동물의 몸보다 사람의 몸에서 더 적지 않게 작용한다. 그런데 어떤 마법들은 뱀을 억제하거나 다른 동물을 치료하는 효과를 갖는다. 그러므로 시편 57[58]장 [5-6절]에서는 다음과 같이 말한다: "그들은 마법사(incantans)와 지혜롭게 주문을 외우는 요술사(veneficus)의 목소리를 듣지 못하는 귀먹은 독사와 같다." 따라서 사람의 치유를 위해 거룩한 말씀을 걸어두는 것은 허용된다.

3. 하느님의 말씀은 성인들의 유물보다 덜 거룩하지 않다. 그러므로 아우구스티누스는 다음과 같이 말한다:[1] "하느님의 말씀이 그리스도의 몸보다 덜하지 않다." 그런데 성인의 유물을 목에 걸거나 어떤 형태로든 자신의 보호를 위해 착용하는 것은 사람에게 허용된다. 그러므로

---

1. *Lib. quinquaginta homil.*, hom. 26, n.2: PL 39, 2319 - (In App., serm. 300).

suam tutelam assumere.

SED CONTRA est quod Chrysostomus dicit, *super Matth.*[2]: *Quidam aliquam partem Evangelii scriptam circa collum portant. Sed nonne quotidie Evangelium in Ecclesia legitur, et auditur ab omnibus? Cui ergo in auribus posita Evangelia nihil prosunt, quomodo eum possunt circa collum suspensa salvare? Deinde, ubi est virtus Evangelii? In figuris litterarum, an in intellectu sensuum? Si in figuris, bene circa collum suspendis. Si in intellectu, ergo melius in corde posita prosunt quam circa collum suspensa.*

RESPONDEO dicendum quod in omnibus incantationibus vel Scripturis suspensis duo cavenda videntur. Primo quidem, quid sit quod profertur vel scribitur. Quia si est aliquid ad invocationes daemonum pertinens, manifeste est superstitiosum et illicitum. — Similiter etiam videtur esse cavendum, si contineat ignota nomina: ne sub illis aliquid illicitum lateat. Unde Chrysostomus dicit, *super Matth.*,[3] quod, *Pharisaeorum magnificantium fimbrias suas exemplo, nunc multi aliqua nomina hebraica angelorum confingunt et scribunt et alligant, quae non intelligentibus metuenda videntur.* — Est etiam cavendum ne aliquid falsitatis contineat. Quia sic eius effectus non posset expectari

---

2. *Opus imperf. in Matth.*, homil. 43, super 23,5: PG 56, 878-879 - (Inter opp. supp.).

같은 이유로 사람은 자신의 보호를 위해 구두 또는 서면으로 성경의 말씀을 취할 수 있다.

[재반론] 크리소스토무스는 『마태오복음 강해 미완성 작품』에서² 다음과 같이 말한다: "어떤 사람은 복음서의 어떤 부분을 목에 걸고 있다고 말한다. 그러나 교회에서 매일 복음을 읽고 모든 사람이 그것을 듣지 않는가? 귀에 꽂힌 복음은 아무 쓸모가 없는데, 어떻게 목에 매달려서 구원할 수 있겠는가? 그렇다면 복음의 힘은 어디에 있을까? 글자의 모습이나 의미에 대한 이해에 있을까? 만일 모습에 있다면, 그것들을 목에 잘 걸어두어야 한다. 만일 [그것들이] 이해에 있다면, 목에 거는 것보다는 마음에 두는 것이 낫다."

[답변] 모든 마법이나 매달린 글에서 두 가지를 주의해야 하는 것처럼 보인다. 첫째, 무엇을 말하거나 쓰는 내용이다. 왜냐하면 [그것이] 마귀들을 부르는 것과 관련된 것이 있다면 그것은 분명히 미신적이고 부당하기 때문이다. 마찬가지로 알려지지 않은 이름이 포함되어 있다면, 불법적인 것이 은폐되지 않도록 조심해야 한다. 그러므로 크리소스토무스는 『마태오복음 강해 미완성 작품』에서³ 다음과 같이 말한다: "옷에 단 술을 크게 하는 바리사이들의 모범을 따르는 가운데, 많은 사람이 히브리어로 천사들의 이름을 에워싸고 쓰고 묶는 것을 보았는데, 그들은 무지한 사람들에게 두렵게 보인다." 또한 거짓스러운 것이 포함되지 않도록 주의해야 한다. 그렇게 해서는 거짓의 증인이 아닌 하

---

3. Ibid.

a Deo, qui non est testis falsitatis.

Deinde, secundo, cavendum est ne cum verbis sacris contineantur ibi aliqua vana: puta aliqui characteres inscripti, praeter signum Crucis. Aut si spes habeatur in modo scribendi aut ligandi, aut in quacumque huiusmodi vanitate quae ad divinam reverentiam non pertineat. Quia hoc iudicaretur superstitiosum.

Alias autem est licitum. Unde in Decretis dicitur, XXVI, qu. 5, cap. *Non liceat Christianis* etc.[4]: *Nec in collectionibus herbarum quae medicinales sunt aliquas observationes aut incantationes liceat attendere, nisi tantum cum symbolo divino aut oratione Dominica: ut tantum Creator omnium et Deus honoretur.*

AD PRIMUM ergo dicendum quod etiam proferre divina verba, aut invocare divinum nomen, si respectus habeatur ad solam Dei reverentiam, a qua expectatur effectus, licitum erit: si vero habeatur respectus ad aliquid aliud vane observatum, erit illicitum.

AD SECUNDUM dicendum quod etiam in incantationibus serpentum vel quorumcumque animalium, si respectus habeatur solum ad verba sacra et ad virtutem divinam, non erit illicitum. Sed plerumque tales praecantationes habent illicitas observantias, et per daemones sortiuntur effectum: et praecipue in serpentibus, quia serpens fuit primum daemonis instrumentum ad hominem decipiendum. Unde dicit Glossa,[5] ibidem: *Notandum quia non laudatur a Scriptura undecumque datur in Scriptura similitudo: ut patet de iniquo iudice qui*

느님으로부터 그 효과를 기대할 수 없기 때문이다.

둘째, 우리는 성스러운 단어들과 더불어, 예컨대 십자가의 표지 외에도 새겨진 어떤 글자들처럼 헛된 것이 없도록 주의해야 한다. 아니면 글을 쓰거나 책을 만드는 방법에 희망을 두지 않는지, 신적 경외심에 속하지 않는 여하한 허영심에 희망을 두지 않는지 주의해야 한다. 왜냐하면 이것은 미신적이라고 여겨질 것이기 때문이다.

그러나 다른 사람들은 허용된다. 그러므로 『교령』 제26권 제5문 "그리스도인들에게는 허용되지 않는다."라는 장(章)에서 다음과 같이 말한다:[4] "모든 것의 창조주이신 하느님만이 영예를 받으실 수 있도록, 약초를 모을 때 어떠한 규범이나 마법에 주의를 기울이는 것은 오직 신적 신경(信經)이나 '주님의 기도'만을 제외하고 허용되지 않는다."

[해답] 1. 신적인 말을 발설하고 하느님의 이름을 부르는 것은, 효과를 기대하는 하느님의 공경에 대한 존경만 있다면 합당하다. 그러나 만일 헛되게 관찰된 다른 것에 대한 존경을 가져야 한다면, 부당하다.

2. 마찬가지로 뱀이나 다른 동물들에게 마법을 거는 것에 있어서도, 만일 거룩한 말과 신적인 힘만 존경한다면 부당하지 않을 것이다. 그러나 일반적으로 그러한 노래들은 불법적인 존경을 받으며 마귀들에 의해, 특히 뱀들에 대해 행해진다. 왜냐하면 뱀은 마귀가 인간을 속이기 위해 사용한 첫 번째 도구이기 때문이다. 따라서 『주석』은[5] 같은 곳에서 다음과 같이 덧붙인다: "간청하는 과부의 말을 전혀 듣지 않았던

---

4. Gratianus, *Decretum*, p.II, causa 26, q.5, can.3: ed. Richter-Friedberg, t.I, p.1028.
5. Lombardus: PL 191, 537A; Ordin.: PL 113, 928B. Cf. Aug., *Enarr. in Ps.*, super Ps 57, n.7: PL 36, 679.

rogantem viduam vix audivit.

AD TERTIUM dicendum quod eadem etiam ratio est de portatione reliquiarum. Quia si portentur ex fiducia Dei et sanctorum quorum sunt reliquiae, non erit illicitum: si autem circa hoc attenderetur aliquid aliud vanum, puta quod vas esset triangulare, aut aliquid aliud huiusmodi quod non pertineret ad reverentiam Dei et sanctorum, esset superstitiosum et illicitum.

AD QUARTUM dicendum quod Chrysostomus[6] loquitur quando respectus habetur magis ad figuras scriptas quam ad intellectum verborum.

---

6. 재반론 참조.

불의한 재판관에게서 분명히 드러나듯이, 성경이 비유로 사용한 모든 것을 칭송하는 것이 아님을 명심해야 한다."

3. 이것은 유해를 지니는 것에도 적용된다. 만일 그들이 하느님과 성인들의 유물을 신뢰하여 행한다면 그것은 부당하지 않지만, 만일 그것과 관련하여 다른 헛된 것, 예를 들어 삼각으로 된 그릇, 또는 하느님과 성인들에 대한 공경에 속하지 않는 것과 같은 게 있다면, 그것은 미신적이고 부당한 것이 될 것이다.

4. 크리소스토무스[6]는 말에 대한 이해보다는 쓰인 형상을 더 존중할 때, [이러한 관습에 대해] 말한다.

QUAESTIO XCVII
DE TENTATIONE DEI
in quatuor articulos divisa

Deinde considerandum est de vitiis religioni oppositis per religionis defectum, quae manifestam contrarietatem ad religionem habent: unde sub irreligiositate continentur.[1] Huiusmodi autem sunt ea quae pertinent ad contemptum sive irreverentiam Dei et rerum sacrarum. Primo ergo considerandum est de vitiis quae pertinent directe ad irreverentiam Dei; secundo, de his quae pertinent ad irreverentiam rerum sacrarum.[2] Circa primum, considerandum occurrit et de tentatione qua Deus tentatur; et de periurio, quo nomen Dei irreverenter assumitur.[3]

Circa primum quaeruntur quatuor.

Primo: in quo consistit Dei tentatio.

Secundo: utrum sit peccatum.

Tertio: cui virtuti opponatur.

Quarto: de comparatione eius ad alia peccata.

---

1. Cf. q.92, Introd.
2. Q.99.

제97문
하느님을 시험하는 것에 대하여
(전4절)

이제 우리는 종교의 결여로 종교에 반대되는 악습을 숙고해야 하는데, 그것은 종교에 분명히 반대되며, 따라서 무종교(irreligiosita) 아래에 포함된다.[1] 여기에는 하느님과 거룩한 것들에 대한 경멸(contemptus)이나 불경(irreverentia)에 속하는 것들이 있다.[2] 그러므로 첫째, 하느님에 대한 불경에 직접 속하는 악습에 대해 숙고해야 한다. 둘째, 거룩한 것들에 대한 불경에 속하는 것에 대해 숙고해야 한다. 첫째에 관해서는 시험을 받으시는 하느님에 대한 시험에 관해 숙고해야 한다. 그리고 하느님의 이름이 불경하게 취해지는 위증에 관해 숙고해야 한다.[3]

첫째에 관해서는 네 가지가 조사된다.

첫째, 하느님에 대한 시험은 무엇으로 구성되는가?

둘째, [그것은] 죄인가?

셋째, [그것은] 어떤 덕에 반대되는가?

넷째, [그것과] 다른 죄들 간의 비교에 대하여.

---

3. Q.98.

q.97, a.1

Articulus 1
Utrum tentatio Dei consistat in aliquibus factis in quibus solius divinae potestatis expectatur effectus

Ad primum sic proceditur. Videtur quod tentatio Dei non consistat in aliquibus factis in quibus solius divinae potestatis expectatur effectus.

1. Sicut enim tentatur Deus ab homine, ita etiam homo tentatur et a Deo, et ab homine, et a daemone. Sed non quandocumque homo tentatur, expectatur aliquis effectus potestatis ipsius. Ergo neque etiam per hoc Deus tentatur quod expectatur solus effectus potestatis ipsius.

2. Praeterea, omnes illi qui per invocationem divini nominis miracula operantur, expectant aliquem effectum solius potestatis divinae. Si igitur in factis huiusmodi consisteret divina tentatio quicumque miracula faciunt Deum tentarent.

3. Praeterea, ad perfectionem hominis pertinere videtur ut, praetermissis humanis subsidiis, in solo Deo spem ponat. Unde Ambrosius, super illud Luc. 9, [3],[1] *Nihil tuleritis in via etc.: Qualis debeat esse qui evangelizat regnum Dei, praeceptis evangelicis designatur: hoc est, ut subsidii saecularis adminicula non requirat, fideique totus inhaerens putet, quo minus ista requiret, magis posse suppetere.* Et beata Agatha dixit[2]: *Medicinam carnalem corpori meo nunquam exhibui: sed habeo*

---

1. VI, n.65, PL 15, 1685A.

제1절 하느님에 대한 시험은 무엇으로 구성되는가

Parall.: Supra, q.53, a.4, ad1; *In Ep. II ad Co*r., c.11, lect.6; *In Ep. ad Hebr.*, c.3, lect.2.

[반론] 첫째는 다음과 같이 진행된다. 하느님에 대한 시험은 오직 신적 능력의 효과만 기대하는 어떤 행위에 있지 않은 것처럼 보인다.

1. 하느님이 사람에게 시험을 받는 것처럼, 사람도 하느님과 사람과 마귀에게 시험을 받는다. 그러나 사람이 시험을 받을 때마다 그의 능력의 어떤 효과가 기대되는 것은 아니다. 그러므로 하느님이 그분 능력의 효과만 기대되기 때문에 이것에 의해 시험을 받는 것은 아니다.

2. 하느님의 이름을 부름으로써 기적을 행하는 모든 이는 오직 신적 능력으로부터 어떤 효과를 기대한다. 그러므로 하느님에 대한 시험이 이와 같은 행위들에 있다면, 기적을 이루는 이들은 하느님을 시험하는 것이 될 것이다.

3. 인간적인 도움을 무시하고 오직 하느님께만 희망을 두는 것은 인간의 완전함에 속하는 것으로 보인다. 그래서 암브로시우스는 "너희는 길에서 아무것도 취하지 말아야 한다."는 루카복음서 9장 [3절, 6절]에 대한 주해에서[1] 다음과 같이 썼다: "하느님 나라를 선포하는 사람이 되어야 하는 방식은 복음 계명들에 의해 규정된다. 즉 세속적인 도움의 지원을 찾지 말아야 하며, 전적으로 신앙에 의지하는 가운데 그러한 것을 덜 요청할수록 더욱 넉넉할 수 있다고 생각해야 한다." 그리고 복된 아가다는 다음과 같이 말했다:[2] "저는 제 몸에 육신의 약을 준 적

---

2. Cf. *Brev. Rom.*, die 5 febr., ad laud., 2ant. et *Acta Sanct.*, Acta S. Agathae, die 5 febr., q.2: ed. parisiensis, t.IV, pp.622F, 625D, 628C.

Dominum Iesum Christum, qui solo sermone restaurat universa.³ Sed Dei tentatio non consistit in eo quod ad perfectionem pertinet. Ergo tentatio non consistit in huiusmodi factis in quibus expectatur solum Dei auxilium.

SED CONTRA est quod Augustinus dicit, XXII *contra Faustum*, quod *Christus, qui palam docendo et arguendo et tamen inimicorum rabiem valere in se aliquid non sinendo, Dei demonstrabat potestatem; idem tamen, fugiendo et latendo, hominis instruebat infirmitatem, ne Deum tentare audeat quando habet quod faciat ut quod cavere oportet evadat*. Ex quo videtur in hoc tentationem Dei consistere, quando praetermittit homo facere quod potest ad pericula evadenda, respiciens solum ad auxilium divinum.

RESPONDEO dicendum quod tentare proprie est experimentum sumere de eo qui tentatur.⁴ Sumimus autem experimentum de aliquo et verbis et factis. Verbis quidem, ut experiamur an sciat quod quaerimus, vel possit aut velit illud implere. Factis autem, cum per ea quae facimus exploramus alterius prudentiam, vel voluntatem, vel potestatem. — Utrumque autem horum contingit dupliciter. Uno quidem modo, aperte: sicut cum quis tentatorem se profitetur; sicut Samson, *Iudic.* 14, [12 sqq.], proposuit Philisthaeis problema ad eos

---

3. C.36: PL 42, 423.

이 없고, 오직 한마디 말씀으로 만물을 회복시키는 나의 주 예수 그리스도를 가졌을 뿐입니다."³ 그러나 하느님에 대한 시험은 완전한 것에 속하는 것이 아니다. 그러므로 시험은 하느님의 도움만을 기대하는 행위에 있지 않다.

[재반론] 아우구스티누스는 『마니교도 파우스투스 반박』 제22권에서 다음과 같이 말한다: "그리스도는 공개적으로 가르치고 책망하시면서도 원수들의 분노가 자신을 지배하는 것을 허락하지 않으심으로써 하느님의 능력을 드러내셨다. 하지만 도피하고 숨어서 사람의 나약함을 훈련하심으로써, 회피해야 할 것을 피하기 위해 어떤 것을 할 수 있을 때, 감히 하느님을 시험하지 못하게 하셨다." 이로부터 하느님에 대한 시험은 사람이 위험을 피하기 위해 할 수 있는 일을 게을리하고 오직 하느님의 도움만을 구하는 데 있는 것으로 보인다.

[답변] 시험하는 것은 고유하게는 시험되는 것에 대한 증거를 취하는 것이다.⁴ 그런데 우리는 말과 행동 모두에서 누군가를 시험한다. 말로서는 우리가 묻는 것을 알고 있는지, 또는 그가 그것을 실행할 수 있거나 실행하길 원하는지 경험하기 위해 [시험한다]. 반면 우리가 하는 일로 다른 사람의 현명함, 의지 또는 능력을 시험할 때, 행동으로써 [시험한다]. 이 둘은 두 가지 방식으로 일어난다. 한 가지 방식은, 누군가 자신이 유혹자라고 고백할 때 공개적으로 [일어난다]. 예컨대 판관기 14장 [22절 이하]에서 삼손이 필리스티아인들을 시험하기 위해 그들

---

4. Cf. I, q.114, a.2.

tentandum. Alio vero modo, insidiose et occulte: sicut Pharisaei tentaverunt Christum, ut legitur Matth. 22, [15 sqq.], — Rursus, quandoque quidem expresse: puta cum quis dicto vel facto intendit experimentum sumere de aliquo. Quandoque vero interpretative: quando scilicet, etsi hoc non intendat ut experimentum sumat, id tamen agit vel dicit quod ad nihil aliud videtur ordinabile nisi ad experimentum sumendum.

Sic igitur homo Deum tentat quandoque verbis, quandoque factis. Verbis quidem Deo colloquimur orando. Unde in sua petitione aliquis expresse Deum tentat quando ea intentione aliquid a Deo postulat ut exploret Dei scientiam, potestatem vel voluntatem. — Factis autem expresse aliquis Deum tentat quando per ea quae facit intendit experimentum sumere divinae potestatis, seu pietatis aut sapientiae. — Sed quasi interpretative Deum tentat qui, etsi non intendat experimentum de Deo sumere, aliquid tamen vel petit vel facit ad nihil aliud utile nisi ad probandum Dei potestatem vel bonitatem, seu cognitionem. Sicut, cum aliquis equum currere facit ut evadat hostes, hoc non est experimentum de equo sumere: sed si equum currere faciat absque aliqua utilitate, hoc nihil aliud esse videtur quam experimentum sumere de equi velocitate: et idem est in omnibus aliis rebus. Quando ergo propter aliquam necessitatem seu utilitatem committit se aliquis divino auxilio in suis petitionibus vel factis, hoc non est Deum tentare: dicitur enim II *Paralip.* 20, [12]: *Cum ignoramus*[5] *quid agere debeamus, hoc solum habemus residui, ut*

에게 문제를 제시했을 때 [그렇다]. 둘째, 마태오복음서 22장 [15절 이하]에서 읽을 수 있듯이, 바리사이들이 그리스도를 시험했던 것처럼, 음험하고 은밀한 방식으로 [일어난다]. 그와 반대로, 종종 분명하게 [일어난다]. 예컨대 누군가 말이나 행동으로 어떤 사람을 시험하려 할 때 [그렇다]. 때로는 해석적으로 [일어난다]. 즉 비록 시험하려 의도하지 않았음에도 불구하고, 오직 시험하기 위해 질서 지어진 것처럼 어떤 것을 하거나 말할 때 [그렇다].

　이처럼 인간은 때로는 말로, 때로는 행동으로 하느님을 시험한다. 우리는 기도하면서 하느님과 말로 대화한다. 그러므로 인간은 자신의 청원에서 하느님의 지식, 능력 또는 하느님의 뜻을 탐구하기 위해 하느님으로부터 무언가를 구할 때 그분을 명시적으로 시험한다. 그러나 인간은 자신이 행하는 것으로 신적 능력, 경건함, 또는 지혜의 시험을 통과하기 위해 행위와 함께 하느님을 명시적으로 시험한다. 해석적인 것처럼, 하느님을 시험하려는 의도가 없다고 해도, 오로지 그분의 능력, 선성 또는 지식을 시험하기 위해 유용한 것을 요구하거나 행하는 사람은 하느님을 시험하는 것이다. 예컨대 어떤 사람이 적으로부터 도망하기 위해 말을 달리게 할 때, 이것은 말을 시험하기 위한 것이 아니지만, 만일 말이 아무런 이점 없이 달리게 한다면, 이것은 말의 속도에 대해 시험하기 위한 것으로 보인다. 그리고 동일한 것이 다른 모든 사안에서 일어난다. 그러므로 어떤 필요나 유익 때문에 누군가가 자신의 청원이나 행동에 하느님의 도움을 연결시킬 때, 이것은 역대기 하권 20장 [12절]에서 "저희는 어찌할 바를 몰라[5] 당신만 바라볼 뿐입니다."

5.　Vulgata: "ignoremus."

oculos nostros dirigamus ad te. Quando vero hoc agitur absque necessitate et utilitate, hoc est interpretative tentare Deum. Unde super illud *Deut.* 6, [16], *Non tentabis Dominum Deum tuum*, dicit Glossa[6]: *Deum tentat qui, habens quid faciat, sine ratione se committit periculo, experiens utrum possit liberari a Deo.*[7]

AD PRIMUM ergo dicendum quod homo etiam quandoque factis tentatur utrum possit vel sciat vel velit huiusmodi factis auxilium vel impedimentum praestare.

AD SECUNDUM dicendum quod sancti suis precibus miracula facientes, ex aliqua necessitate vel utilitate moventur ad petendum divinae potestatis effectum.

AD TERTIUM dicendum quod praedicatores regni Dei ex magna utilitate et necessitate subsidia temporalia praetermittunt, ut verbo Dei expeditius vacent. Et ideo si soli Deo innitantur, non ex hoc tentant Deum. Sed si absque utilitate vel necessitate humana subsidia desererent, tentarent Deum. Unde et Augustinus dicit, XXII *contra Faustum*,[8] quod *Paulus non fugit quasi non credendo in Deum: sed ne Deum tentaret si fugere noluisset, cum sic fugere potuisset.*

Beata vero Agatha experta erat erga se divinam benevolentiam, ut

---

6. Ordin.: PL 113, 459C.
7. 하느님에 대한 해석적 시험은 본질적으로 "인간이 아무런 필요나 유익 없이 제2원인을 거부

라고 말한 것처럼 하느님을 시험하는 것이 아니다. 그러나 아무런 필요도 유익도 없이 그렇게 행동한다면, 이것은 하느님을 해석적으로 시험하는 것이다. 그러므로 『주석』은[6] "주 너의 하느님을 시험해서는 안 된다."라는 신명기 6장 [16절]에 대해 다음과 같이 말한다: "할 일이 있음에도 불구하고, 하느님께서 자신을 해방하실 수 있는지 보기 위해, 아무 이유 없이 자신을 위험에 두는 자는 하느님을 시험하는 것이다."[7]

[해답] 1. 인간도 때로 그가 어떤 것을 도울 능력과 지식과 의지가 있는지, 또는 방해하려 하는지 알아보기 위하여 시험을 받는다.

2. 자신의 기도로 기적을 행하는 성인들은 어떤 필요나 유익에 의해 신적 능력의 효과를 요청하게 된다.

3. 하느님 나라의 설교자들은 큰 유익과 필요 때문에 하느님의 말씀에 더 쉽게 전념하기 위해 현세적인 도움을 간과한다. 그러므로 오직 하느님만 신뢰한다면, 이것으로 하느님을 시험하지 않는다. 그러나 그들이 아무런 유익이나 필요도 없이 인간적인 지원을 포기한다면 그들은 하느님을 시험하게 될 것이다. 그러므로 아우구스티누스는 『마니교도 파우스투스 반박』 제22권에서[8] 다음과 같이 말한다: "바오로가 감옥에서 도망치지 않은 것은 하느님을 믿지 않았기 때문이 아니라, 도망칠 수 있는데 도망치지 않음으로써 하느님을 시험하지 않기 위하여 도망친 것이다."

그러나 복된 아가다는 자신을 향한 하느님의 선의를 경험했다. 그래

하는" 데 있다. Cf. Caietanum in h.a.
8. C.36: PL 42, 423.

vel infirmitates non pateretur, pro quibus corporali medicina indigeret, vel statim sentiret divinae sanationis effectum.

Articulus 2
Utrum tentare Deum sit peccatum

Ad secundum sic proceditur. Videtur quod tentare Deum non sit peccatum.

1. Deus enim non praecipit aliquod peccatum. Praecipit autem ut homines eum probent, quod est eum tentare: dicitur enim Malach. 3, [10]: Inferte omnem decimam in horreum meum, ut sit cibus in domo mea: et probate me super hoc, dicit Dominus, si non aperuero vobis cataractas caeli.[1] Ergo videtur quod tentare Deum non sit peccatum.

2. Praeterea, sicut aliquis tentatur ad hoc quod experientia sumatur de scientia vel potentia eius, ita etiam et de bonitate vel voluntate ipsius. Sed licitum est quod aliquis experimentum sumat divinae bonitatis, seu etiam voluntatis: dicitur enim in Psalm. [Ps. 33, 9]: *Gustate, et videte quoniam suavis est Dominus;* et *Rom.* 12, [2]: *Ut probetis quae sit voluntas Dei bona et beneplacens et perfecta.* Ergo tentare Deum non est peccatum.

---

1. Vulgata: "Inferte omnem decimam in horreum, et sit cibus, etc."

서 육체적인 약이 필요한 질병을 겪지 않았거나, 신적 치료의 효과를 즉시 느꼈다.

제2절 하느님을 시험하는 것은 죄인가

Parall.: I, q.114, a.2.

[반론] 둘째는 다음과 같이 진행된다. 하느님을 시험하는 것은 죄가 아닌 것으로 보인다.

1. 하느님께서는 어떤 죄를 명령하지 않으신다. 그럼에도 말라키서 3장 [10절]에서 다음과 같이 말하듯이, 그분은 사람들에게 당신을 시험하라고 명령하신다: "너희는 십일조를 모두 내 창고에 들여놓아 내 집에 양식이 넉넉하게 하여라. 그리고 나서 이에 대해 나를 시험해 보아라. 주님께서 말씀하신다. 내가 하늘의 수문을 여는지 [보아라]."[1] 그러므로 하느님을 시험하는 것은 죄가 아닌 것으로 보인다.

2. 인간은 지식이나 능력에서 시험을 받을 뿐만 아니라 선성이나 의지에서도 시험을 받는다. 그러나 그에게 하느님의 선성을 시험하거나 심지어 뜻을 시험하는 것은 정당하다. 왜냐하면 시편 34[33]장 [9절]에서 다음과 같이 말하기 때문이다: "너희는 맛보고 눈여겨보아라. 주님께서 얼마나 좋으신지!" 그리고 로마서 12장 [2절]은 다음과 같이 말한다: "무엇이 하느님의 뜻인지, 무엇이 선하고 무엇이 하느님 마음에 들며 무엇이 완전한 것인지 분별할 수 있게 하십시오." 그러므로 하느님을 시험하는 것은 죄가 아니다.

3. Praeterea, nullus vituperatur in Scriptura ex eo quod a peccato cessat, sed magis si peccatum committat. Vituperatur autem Achaz quia Domino dicenti, *Pete tibi signum a Domino Deo tuo,* respondit, *Non petam: et non tentabo Dominum:* dictum est enim ei: *Numquid parum vobis est molestos esse hominibus, quia molesti estis et Deo meo?* ut dicitur Isaiae 7, [11 sqq.]. — De Abraham autem legitur *Gen.* 15, [8], quod dixit ad Dominum: *Unde scire possum quod possessurus sim eam,* scilicet terram repromissam a Deo? Similiter etiam Gedeon signum a Domino petiit de victoria repromissa, ut legitur *Iudic.* 6, [36 sqq.]. Qui tamen ex hoc non reprehenduntur. Ergo tentare Deum non est peccatum.

SED CONTRA est quod prohibetur lege Dei. Dicitur enim *Deut.* 6, [16]: *Non tentabis Dominum Deum tuum.*

RESPONDEO dicendum quod, sicut dictum est,[2] tentare est experimentum sumere. Nullus autem experimentum sumit de eo de quo est certus. Et ideo omnis tentatio ex aliqua ignorantia vel dubitatione procedit: vel eius qui tentat, sicut cum quis experimentum de re aliqua sumit ut eius qualitatem cognoscat; sive aliorum, sicut

3. 성경에서는 그 누구도 죄를 범하는 것을 거부하기 때문에 비난받지 않고, 무엇보다도 죄를 범하기 때문에 비난받는다. 그런데 아하즈 왕은 비난받았다. 왜냐하면 그는 자신에게 "너는 주 너의 하느님께 너를 위하여 표지를 청하여라."라고 말씀하신 주님께 이사야서 7장 [11절 이하]에서 다음과 같이 대답했기 때문이다: "저는 청하지 않겠습니다. 그리고 주님을 시험하지 않으렵니다." 그리고 조금 뒤에서 다음과 같이 말한다: "여러분은 사람들을 성가시게 하는 것으로는 부족하여 나의 하느님까지 성가시게 하려 합니까?" 더 나아가 약속의 땅과 관련해서 주님께 다음과 같이 청한 아브라함에 대해 창세기 15장 [8절]에서 읽을 수 있다: "주 하느님, 제가 그것을 차지하리라는 것을 무엇으로 알 수 있겠습니까?" 또한 판관기 6장 [36절 이하]에서 읽을 수 있듯이, 기드온은 주님께 약속된 승리에 대한 표지를 청했다. 그럼에도 그들은 이로 인해 비난받지 않았다. 그러므로 하느님을 시험하는 것은 죄가 아니다.

[재반론] 그것은 하느님의 법에 의해 금지되어 있다. 사실 신명기 6장 [16절]에서는 다음과 같이 말한다: "주 너의 하느님을 시험해서는 안 된다."

[답변] 앞서 말한 것처럼,[2] 시험하는 것은 경험(experimentum)을 취하는 것이다. 그러나 아무도 그가 확신하는 것을 시험하지는 않는다. 그러므로 모든 시험(tentatio)은 어떤 무지나 의심에서 [유래하며], 어떤 것

---

2. 앞 절.

cum quis experimentum de aliquo sumit ut aliis ostendat, per quem modum Deus dicitur nos tentare. Ignorare autem vel dubitare de his quae pertinent ad Dei perfectionem est peccatum. Unde manifestum est quod tentare Deum ad hoc quod ipse tentans cognoscat Dei virtutem, est peccatum.

Si quis autem ad hoc experimentum sumat eorum quae ad divinam perfectionem pertinent, non ut ipse cognoscat, sed ut aliis demonstret, hoc non est tentare Deum, cum subsit iusta necessitas seu pia utilitas, et alia quae ad hoc concurrere debent. Sic enim Apostoli petiverunt a Domino ut in nomine Iesu Christi fierent signa, ut dicitur *Act.* 4, [29-30]: ad hoc scilicet quod virtus Christi infidelibus manifestaretur.[3]

AD PRIMUM ergo dicendum quod solutio decimarum praecepta erat in lege, ut supra[4] habitum est. Unde habebat necessitatem ex obligatione praecepti; et utilitatem quae ibi dicitur, *ut sit cibus in domo Dei.* Unde solvendo decimas non tentabant Deum. Quod autem ibi subditur, *et probate me,* non est intelligendum causaliter, quasi ad hoc solvere deberent decimas ut probarent *si Deus non aperiret eis cataractas caeli:* sed consecutive, quia scilicet, si decimas solverent, experimento probaturi erant beneficia quae eis Deus conferret.

---

3. Cf. infra q.178.

의 질(質)을 알기 위해 어떤 것에 대해 경험할 때처럼 시험하는 자에게서 [유래하고], 하느님이 우리를 시험하실 때와 같이 다른 이들에게 경험을 보여주는 경우처럼, 다른 사람에게서 유래한다. 그러나 하느님의 완전함에 속한 것들에 대해 무지하거나 의심하는 것은 죄이다. 그러므로 시험하는 자 자신이 하느님의 능력을 알아보기 위하여 하느님을 시험하는 것이 죄라는 것은 분명하다.

그러나 만일 어떤 사람이 신적 완전함에 속한 것을 개인적으로 알기 위해서가 아니라 다른 이들에게 보여주기 위해 시험한다면, 이것은 하느님을 시험하기 위한 것이 아니다. 왜냐하면 정당한 필요 또는 경건한 유익함을 비롯해 여기에 호소해야 하는 다른 것들이 있기 때문이다. 사도행전 4장 [29-30절]에서 말하듯이, 사도들은 그리스도의 힘이 불신자들에게 분명히 드러나도록 주님께 예수 그리스도의 이름으로 표지들을 드러내시기를 청했다.[3]

[해답] 1. 십일조 지불의 계명은 위에서 언급한 바와 같이[4] 법에 있었다. 그러므로 그것은 계명의 의무로 인해 필수적이었고, 언급한 이유로 인해 유익했다: "하느님의 집에 양식이 넉넉하게 하여라." 그래서 유다인들은 십일조를 지불하면서 하느님을 시험하지 않았다. 다음에 이어지는 "나를 시험해 보아라."라는 말을 마치 "하느님께서 하늘의 수문을 여는지" 시험하기 위해 십일조를 지불해야 하는 것처럼 원인적으로 이해해서는 안 되고, 결과적으로 이해해야 한다. 만일 그들이 십일조를 지불했다면, 하느님께서 그들에게 주시는 은혜가 경험으로 입

---

4. Q.87, a.1.

q.97, a.2

AD SECUNDUM dicendum quod duplex est cognitio divinae bonitatis vel voluntatis. Una quidem speculativa. Et quantum ad hanc, non licet dubitare nec probare utrum Dei voluntas sit bona, vel utrum Deus sit suavis. — Alia autem est cognitio divinae bonitatis seu voluntatis affectiva seu experimentalis, dum quis experitur in seipso gustum divinae dulcedinis et complacentiam divinae voluntatis: sicut de Hierotheo dicit Dionysius, 2 cap. *de Div. Nom.*,[5] quod *didicit divina ex compassione ad ipsa*. Et hoc modo monemur ut probemus Dei voluntatem et gustemus eius suavitatem.

AD TERTIUM dicendum quod Deus volebat signum dare regi Achaz non pro ipso solum, sed pro totius populi instructione. Et ideo reprehenditur, quasi impeditor communis salutis, quod signum petere nolebat. Nec petendo tentasset Deum. Tum quia ex mandato Dei petiisset. Tum quia hoc pertinebat ad utilitatem communem. — Abraham vero signum petiit ex instinctu divino. Et ideo non peccavit. — Gedeon vero signum ex debilitate fidei petiisse videtur,[6] et ideo a peccato non excusatur: sicut Glossa[7] ibidem[8] dicit. — Sicut et Zacharias peccavit dicens, Luc. 1, [18], ad angelum: *Unde hoc sciam?* Unde et propter incredulitatem punitus fuit.[9]

---

5. PG 3, 648B; S. Thomas, lect.4, nn.191-192. Cf. q.45, a.2; I, q.1, a.6, ad3.
6. Cf. opusc. *De sortibus*, c.5; ed. Mandonnet, t.III, p.162.
7. Ordin.: PL 113, 526C. Cf. Aug., *Quaest. in Hept.*, VIII, q.49; PL 34, 814.
8. Super c.11,30sqq.

증되었을 것이기 때문이다.

2. 하느님의 선성 또는 원의에 대한 인식은 두 가지다. 첫째, 사변적인 질서에 속하는 [인식이 있다]. 이러한 의미에서 하느님의 뜻이 선한지, 또는 하느님이 부드러운지 의심하거나 시험하는 것은 합당하지 않다. 반면 신적 선성이나 뜻에 대한 다른 인식은 정감적이거나 경험적인 질서에 속한다. 디오니시우스가 『신명론』 제2장에서⁵ 히에로테우스에 대해 "그는 신적인 것들을 자신이 겪음으로써 배웠다."라고 말하듯이, 자신 안에서 신적 감미로움의 맛과 하느님의 만족을 경험할 때 [그러한 인식을] 갖는다. 그리고 이러한 방식으로 하느님의 뜻을 경험하고 그분의 부드러움을 맛보도록 권고된다.

3. 하느님께서는 아하즈 왕에게 표지를 주셨는데, 그것은 그 자신뿐만 아니라 백성 전체를 가르치기 위해서였다. 그러므로 그는 공동 구원의 방해자로서 비난받았다. 왜냐하면 그가 표지를 청하길 원치 않았기 때문이다. 그는 그것을 청하는 가운데 하느님을 시험하지도 않았을 것이다. 왜냐하면 그는 그분의 명령으로 그것을 청했을 것이기 때문이다. 그리고 이것은 공통의 유익에 속했기 때문이다. 그러나 아브라함은 신적 본능에 의해 표지를 청했다. 그러므로 그는 죄를 범하지 않았다. 그러나 기드온은 신앙의 나약으로 인해 표지를 요구한 것으로 보이며,⁶ 그러므로 『주석』이⁷ 같은 곳에서⁸ 말하듯이 죄로부터 면제되지 못한다. 루카복음서 1장 [18절]에서 즈카르야도 천사에게 다음과 같이 말함으로써 죄를 범했다: "제가 그것을 어떻게 알 수 있겠습니까?" 그러므로 그는 불신앙으로 인해 벌을 받았다.⁹

---

9. Ibid., v.20.

Sciendum tamen quod dupliciter aliquis signum petit a Deo. Uno modo, ad explorandum divinam potestatem, aut veritatem dicti eius. Et hoc de se pertinet ad Dei tentationem. — Alio modo, ad hoc quod instruatur quid sit circa aliquod factum placitum Deo. Et hoc nullo modo pertinet ad Dei tentationem.

Articulus 3
Utrum tentatio Dei opponatur virtuti religionis

Ad tertium sic proceditur. Videtur quod tentatio Dei non opponatur virtuti religionis.

1. Tentatio enim Dei habet rationem peccati ex hoc quod homo de Deo dubitat, sicut dictum est.[1] Sed dubitare de Deo pertinet ad peccatum infidelitatis, quod opponitur fidei. Ergo tentatio Dei magis opponitur fidei quam religioni.

2. Praeterea, *Eccli.* 18, [23] dicitur: *Ante orationem praepara animam tuam, et noli esse quasi homo qui tentat Deum:* ubi dicit Interlinearis: *Qui,* scilicet tentans Deum, *orat quod docuit, sed non facit quod iussit.* Sed hoc pertinet ad praesumptionem, quae opponitur spei.

---

1. 앞 절.

그러나 하느님께 두 가지 방법으로 표지를 구할 수 있음을 알아야한다. 한 가지 방법으로, 신적인 힘이나 그분 말씀의 진실을 조사하기 위해 [표지를 구할 수 있다]. 그리고 이것은 그 자체로 하느님을 시험하는 것에 속한다. 다른 방식으로, 무엇이 하느님의 마음에 드는 행동인지 가르침을 받기 위해 [표지를 구할 수 있다]. 이것은 하느님을 시험하는 것과는 아무 상관이 없다.

제3절 하느님을 시험하는 것은 종교의 덕에 반대되는가

Parall.: *In Ep. ad Hebr.*, c.3, lect.2.

[반론] 셋째는 다음과 같이 진행된다. 하느님을 시험하는 것은 종교의 덕에 반대되지 않는 것으로 보인다.

1. 위에서 언급한 바와 같이[1] 하느님을 시험하는 것은 죄의 이유를 갖는다. 왜냐하면 이로 인해 인간은 하느님에 대해 의심하기 때문이다. 그러나 하느님에 대해 의심하는 것은 신앙에 반대되는 불신앙의 죄에 속한다. 그러므로 하느님을 시험하는 것은 종교보다 신앙에 더 반대된다.

2. 집회서 18장 [23절]에서는 다음과 같이 읽힌다: "기도를 하기 전에 네 영혼을 준비시켜 주님을 시험하는 인간처럼 되지 마라." 그리고 『주석』은 다음과 같이 주해한다: '그 사람', 즉 하느님을 시험하는 자는 "무슨 가르침을 받았는지 묻지만, 하느님이 무슨 명령을 하셨는지 행동하지는 않는다." 그런데 이것은 희망에 반대되는 자만함의 행

Ergo videtur quod tentatio Dei sit peccatum oppositum spei.

3. Praeterea, super illud Psalm. [Ps. 77, 18], *Et tentaverunt Deum in cordibus suis,* dicit Glossa[2] quod tentare Deum est dolose postulare: ut in verbis sit simplicitas, cum sit in corde malitia. Sed dolus opponitur virtuti veritatis. Ergo tentatio Dei non opponitur religioni, sed veritati.

SED CONTRA est quod, sicut ex praedicta[3] Glossa habetur, tentare Deum est inordinate postulare. Sed debito modo postulare est actus religionis, ut supra[4] habitum est. Ergo tentare Deum est peccatum religioni oppositum.

RESPONDEO dicendum quod, sicut ex supra[5] dictis patet, finis religionis est Deo reverentiam exhibere. Unde omnia illa quae directe pertinent ad irreverentiam Dei, religioni opponuntur. Manifestum est autem quod tentare aliquem ad irreverentiam eius pertinet: nullus enim praesumit tentare eum de cuius excellentia certus est. Unde manifestum est quod tentare Deum est peccatum religioni oppositum.

---

2. Interl.; Lombardus: PL 191, 731A.
3. Obj.2-3.
4. Q.83, a.15.

위다. 그러므로 하느님을 시험하는 것은 종교에 반대되는 것이 아니라 희망에 반대된다.

3. 『주석』은² "그들은 자기 마음속으로 하느님을 시험하였다."라는 시편 78[77]장 [18절]을 주해하면서 다음과 같이 말한다: "하느님을 시험하는 것은 간사하게 청하는 것이다. 즉 말에 있어 단순함을 가지면서도 마음에는 사악함이 있다." 그러나 간사함은 진실의 덕에 반대된다. 그러므로 하느님을 시험하는 것은 종교에 반대되는 것이 아니라 진실에 반대된다.

[재반론] 『주석』이 이미 말하듯이,³ 하느님을 시험하는 것은 무질서하게 청하는 것이다. 그러나 위에서 말한 것처럼,⁴ 마땅한 방식으로 청하는 것은 종교 행위이다. 그러므로 하느님을 시험하는 것은 종교에 반대된다.

[답변] 위에서 말한 것에 의해⁵ 분명히 드러나듯이, 종교의 목적은 하느님께 마땅한 공경을 드리는 데 있다. 그러므로 하느님에 대한 불경에 직접 속하는 모든 것은 종교의 덕에 반대된다. 그런데 누군가를 시험하는 것은 그에 대한 불경에 속한다. 사실 아무도 탁월함이 확실한 사람을 감히 시험하려 하지는 않는다. 그러므로 하느님을 시험하는 것은 종교에 반대되는 죄이다.

---

5. Q.81, a.5.

AD PRIMUM ergo dicendum quod, sicut supra[6] dictum est, ad religionem pertinet protestari fidem per aliqua signa ad divinam reverentiam pertinentia. Et ideo ad irreligiositatem pertinet quod ex incertitudine fidei homo aliqua faciat quae ad divinam irreverentiam pertinent, cuiusmodi est tentare Deum. Et ideo est irreligiositatis species.

AD SECUNDUM dicendum quod ille qui ante orationem suam animam non praeparat, *dimittendo si quid adversum aliquem habet*,[7] vel alias se ad devotionem non disponendo, non facit quod in se est ut exaudiatur a Deo. Et ideo quasi interpretative tentat Deum. Et quamvis huiusmodi interpretativa tentatio videatur ex praesumptione seu indiscretione provenire, tamen hoc ipsum ad irreverentiam Dei pertinet ut homo praesumptuose et sine debita diligentia se habeat in his quae ad Deum pertinent: dicitur enim I Petr. 5, [6]: *Humiliamini sub potenti manu Dei;* et II *ad Tim.* 2, [15]: *Sollicite cura teipsum probabilem exhibere Deo.* Unde etiam huiusmodi tentatio irreligiositatis species est.

AD TERTIUM dicendum quod in comparatione ad Deum, qui novit cordis abscondita, non dicitur aliquis dolose postulare: sed per respectum ad homines. Unde dolus per accidens se habet ad tentationem Dei. Et propter hoc non oportet quod tentatio Dei directe opponatur veritati.

---

6. Ibid., a.7.

[해답] 1. 위에서 언급한 것처럼,[6] 신적 공경에 속하는 어떤 표지를 통해 신앙을 주장하는 것은 종교에 속한다. 그러므로 인간이 신앙의 불확실함으로 주님을 거슬러 어떤 불경한 행위를 하는 것은 무종교에 속하며, 그 가운데는 하느님을 시험하는 것이 있다. 그러므로 그것은 무종교의 종(種)이다.

2. 기도하기 전에 "누군가에게 반감을 품고 있거든 용서하는 가운데",[7] 또는 다른 방법으로 신심을 위해 태세를 갖추지 않는 가운데 자기 영혼을 준비하지 않는 사람은 그 자체로 하느님에 의해 청허(聽許)되기 위하여 자신이 해야 하는 것을 하지 않는다. 그러므로 그는 암묵적으로 하느님을 시험한다. 비록 그러한 암묵적 시험이 오만이나 경솔함에서 비롯된다고 해도, 마땅한 근면함이 없이 하느님께 속한 것을 다루는 행위 자체는 하느님에 대한 불경에 속한다. 베드로 1서 5장 [6절]에서는 다음과 같이 말한다: "하느님의 강한 손 아래에서 자신을 낮추십시오." 그리고 티모테오 2서 2장 [15절]은 다음과 같이 말한다: "그대는 인정받는 사람으로 하느님 앞에 설 수 있도록 애쓰십시오." 그러므로 그러한 시험은 무종교의 종이다.

3. 누군가는 마음의 숨은 것도 아시는 하느님과의 관계 안에서가 아니라, 사람들과의 관계 안에서 간사하게 청한다. 그러므로 하느님을 시험하는 데 있어 우유(偶有)에 의한 간사함을 갖게 된다. 이처럼 하느님에 대한 시험이 진리에 직접 반대되는 것은 아니다.

---

7. 마르 11,25.

Articulus 4
Utrum tentatio Dei sit gravius peccatum quam superstitio

Ad quartum sic proceditur. Videtur quod tentatio Dei sit gravius peccatum quam superstitio.

1. Maior enim poena pro maiori peccato infertur. Sed gravius est punitum in Iudaeis peccatum tentationis Dei quam peccatum idololatriae, quod tamen est praecipuum inter superstitiones: quia pro peccato idololatriae interfecti sunt ex eis tria millia hominum, ut legitur *Exodi* 32, [28][1]; pro peccato autem tentationis universaliter omnes in deserto perierunt, terram promissionis non intrantes, secundum illud Psalm. [Ps. 94, 9]: *Tentaverunt me patres vestri;* et postea [v. 11] sequitur: *Quibus iuravi in ira mea si introibunt in requiem meam.* Ergo tentare Deum est gravius peccatum quam superstitio.

2. Praeterea, tanto aliquod peccatum videtur esse gravius quanto magis virtuti opponitur. Sed irreligiositas, cuius species est tentatio Dei, magis opponitur virtuti religionis quam superstitio, quae habet aliquam similitudinem cum ipsa. Ergo tentatio Dei est gravius peccatum quam superstitio.

3. Praeterea, maius peccatum esse videtur irreverenter se habere ad parentes quam reverentiam parentibus debitam aliis exhibere. Sed Deus est honorandus a nobis sicut omnium Pater, sicut dicitur Malach. 1, [6]. Ergo maius peccatum esse videtur tentatio Dei, per quam irreverenter nos habemus ad Deum, quam idololatria, per quam rev-

제4절 하느님을 시험하는 것은 미신보다 더 위중한 죄인가

[반론] 넷째는 다음과 같이 진행된다. 하느님을 시험하는 것은 미신보다 더 위중한 죄인 것으로 보인다.

1. 더 큰 죄에 대해서는 더 큰 형벌이 가해진다. 유다인들 가운데서 하느님을 시험한 죄는 우상숭배의 죄보다 더 심하게 벌을 받았지만, 이 죄는 미신들 가운데서도 특별하다. 왜냐하면 탈출기 32장 [28절]에서 말하듯이,[1] 우상숭배의 죄 때문에 그들 가운데 삼천 명이 살해되었기 때문이다. 시험의 죄 때문에 그들 모두는 사막에서 죽었다. 그러므로 하느님을 시험하는 것은 미신보다 더 큰 죄이다.

2. 죄는 덕에 반대될수록 더 위중해 보인다. 그러나 하느님에 대한 시험이라는 종(種)을 지닌 무종교는 종교와 어떤 유사점을 가진 미신보다도 종교의 덕에 더 반대된다. 그러므로 하느님에 대한 시험은 미신보다 더 큰 죄이다.

3. 부모를 공경하지 않는 것은 그분들에게만 마땅한 공경을 다른 사람에게 표하는 것보다 더 큰 죄인 것처럼 보인다. 그러나 말라키서 1장 [6절]이 말한 것처럼, 우리는 하느님을 모든 사람의 아버지로서 공경해야 한다. 그러므로 하느님을 공경하지 않는 하느님에 대한 시험은 하느님께 마땅한 공경을 피조물에게 표하는 우상숭배보다 더 큰 죄인 것으로 보인다.

---

1. Cf. vers. LXX interpr.

erentia Deo debita exhibetur creaturae.

SED CONTRA est quod super illud *Deut.* 17, [2 sqq.], *Cum reperti fuerint apud te* etc., dicit Glossa[2]: *Lex errorem et idololatriam maxime detestatur: maximum enim scelus est honorem Creatoris impendere creaturae.*

RESPONDEO dicendum quod in peccatis quae religioni adversantur tanto aliquid gravius est quanto magis divinae reverentiae adversatur. Cui quidem minus adversatur quod aliquis de divina excellentia dubitet quam quod contrarium per certitudinem sentiat. Sicut enim magis est infidelis qui in errore confirmatus est quam qui de veritate fidei dubitat, ita etiam magis contra Dei reverentiam agit qui suo facto protestatur errorem contra divinam excellentiam quam qui protestatur dubitationem. Superstitiosus autem protestatur errorem, ut ex dictis[3] patet: Ille autem qui tentat Deum verbis vel factis, protestatur dubitationem de divina excellentia, ut dictum est.[4] Et ideo gravius est peccatum superstitionis quam peccatum tentationis Dei.

AD PRIMUM ergo dicendum quod peccatum idololatriae non fuit punitum illa poena quasi sufficienti, sed in posterum pro illo peccato gravior poena reservabatur: dicitur enim *Exod.* 32, [34]: *Ego autem in die ultionis visitabo hoc peccatum eorum.*[5]

AD SECUNDUM dicendum quod superstitio habet similitudi-

제97문 제4절

[재반론] 『주석』은² "너희 곁에 있다면"이라는 신명기 17장 [2절]을 주해하면서 다음과 같이 말한다: "법은 다른 모든 것보다 잘못과 우상 숭배를 증오한다. 사실 가장 큰 악행은 창조주께나 마땅한 영예를 피조물에게 표명하는 것이다."

[답변] 종교에 반대되는 죄는 하느님에 대한 경외심에 반대될수록 더욱 위중하다. 그런데 누군가 신적 탁월함을 의심하는 것은 확실하게 반대되는 것을 느끼는 것보다 이러한 경외심에 덜 반대된다. 사실 잘못에 집요한 사람은 신앙의 진리를 의심하는 사람보다 더 신앙이 없듯이, 자신의 행위로 신적 탁월함을 거슬러 잘못을 공언하는 사람은 의심을 공언하는 사람보다 하느님께 대한 경외심을 거슬러 더 크게 죄를 범하는 것이다. 그런데 위에서 말한 것에서 분명하듯이,³ 미신을 행하는 사람들은 잘못을 공언한다. 반면 말과 행위로 하느님을 시험하는 사람은 말한 바와 같이⁴ 신적 탁월함에 대해서 의심을 공언한다. 그러므로 미신의 죄는 하느님을 시험하는 죄보다 더 위중하다.

[해답] 1. 우상숭배의 죄는 그 벌로 충분히 처벌받지 않으며, 탈출 32장 [34절]에서 "내 징벌의 날에 나는 그들의 죄를 징벌하겠다."⁵고 언급되었듯이, 가장 위중한 형벌은 나중으로 유보되어 있다.

2. 미신은 행위적인 질료와 관련해서 종교와 유사함을 갖고 있다.

---

2. Ordin.: PL 113, 469C.
3. Q.94, a.1, ad1.
4. A.2.
5. Vulgata: "visitabo et hoc peccatum eorum."

nem cum religione quantum ad materialem actum, quem exhibet sicut religio. Sed quantum ad finem, plus contrariatur ei quam tentatio Dei: quia plus pertinet ad divinam irreverentiam, ut dictum est.[6]

AD TERTIUM dicendum quod de ratione divinae excellentiae est quod sit singularis et incommunicabilis: et ideo idem est contra divinam reverentiam aliquid agere, et divinam reverentiam alteri communicare. Non est autem similis ratio de honore parentum qui potest sine culpa aliis communicari.

---

6. 답변.

즉 [미신은] 종교처럼 행위적인 질료를 드러낸다. 반면 목적과 관련해서 [미신은] 하느님을 시험하는 것보다 더 [종교에] 반대된다. 왜냐하면 언급한 것처럼,[6] 그것은 더욱 신적 불경에 속하기 때문이다.

3. 신적 탁월함은 독특하고 통교될 수 없다. 따라서 신적 경외심을 다른 어떤 것에 소통하는 것은 하느님께 마땅한 경외심을 거슬러 행동하는 것과 같다. 반면 부모에게 마땅한 영예의 이유는 다르다. 그것은 죄과 없이 다른 이들에게 소통될 수 있다.

QUAESTIO XCVIII
DE PERIURIO
in quatuor articulos divisa

Deinde considerandum est de periurio.[1]

Et circa hoc quaeruntur quatuor.

Primo: utrum falsitas requiratur ad periurium.

Secundo: utrum periurium semper sit peccatum.

Tertio: utrum semper sit peccatum mortale.

Quarto: utrum peccet ille qui iniungit iuramentum periuro.

Articulus 1
Utrum falsitas eius quod iuramento confirmatur, requiratur ad periurium

Ad primum sic proceditur. Videtur quod falsitas eius quod iuramento confirmatur non requiratur ad periurium.

1. Ut enim supra[1] dictum est, sicut veritas debet concomitari iuramentum, ita etiam iudicium et iustitia. Sicut ergo incurritur periurium per defectum veritatis, ita etiam per defectum iudicii, puta cum

---

1. Cf. q.97, Introd.

제98문

위증에 대하여

(전4절)

이제 위증에 대하여 숙고하기로 하자.[1] 이에 대해서는 네 가지가 조사된다.

첫째, 위증을 위하여 거짓이 요청되는가?
둘째, 위증은 언제나 죄인가?
셋째, [그것은] 언제나 사죄인가?
넷째, 위증하는 자에게 맹세를 부과하는 것은 죄인가?

제1절 맹세는 위증과 더불어 추인하는 것의 거짓을 요청하는가

Parall.: *In Sent.*, III, d.39, a.4.

[반론] 첫째는 다음과 같이 진행된다. 맹세는 위증과 더불어 추인하는 것의 거짓을 요청하지 않는 것으로 보인다.

1. 위에서 말한 바와 같이,[1] 맹세는 진리에 의해 동반되어야 하는 것처럼, 또한 판단과 정의에 의해 동반되어야 한다. 그러므로 진리의 결핍으로 인해 위증을 저지르듯이, 또한 판단의 결여로 인해 [위증을 저

---

1. Q.89, a.3.

aliquis indiscrete iurat; et per defectum iustitiae, puta cum aliquis iurat aliquid illicitum.

2. Praeterea, illud per quod aliquid confirmatur potius esse videtur eo quod confirmatur per illud: sicut in syllogismo principia sunt potiora conclusione. Sed in iuramento confirmatur dictum hominis per assumptionem divini nominis. Ergo magis videtur esse periurium si aliquis iuret per falsos deos, quam si veritas desit dicto hominis quod iuramento confirmatur.

3. Praeterea, Augustinus dicit, in sermone *de Verbis Apost. Iacobi*[2]: *Homines falsum iurant vel cum fallunt, vel cum falluntur.* Et ponit tria exempla. Quorum primum est: *Fac illum iurare qui verum putat esse pro quo iurat.* Secundum est: *Da alium: scit falsum esse, et iurat.* Tertium est: *Fac alium: putat esse falsum, et iurat tanquam sit verum, quod forte verum est:* de quo postea subdit quod periurus est. Ergo aliquis veritatem iurans potest esse periurus. Non ergo falsitas ad periurium requiritur.

SED CONTRA est quod periurium definitur[3] esse *mendacium iuramento firmatum.*

RESPONDEO dicendum quod, sicut supra[4] dictum est, morales actus ex fine speciem sortiuntur. Finis autem iuramenti est confirma-

---

2. Serm.180, a.28, c.2; PL 38, 973.

지른다]. 예컨대 누군가 경솔하게 맹세할 때 [그렇다]. 그리고 정의의 결핍으로 인해 [그렇다]. 예컨대 누군가 어떤 부당한 것을 맹세할 때 [그렇다].

2. 추인하는 것은 추인되는 것보다 우월한 것으로 보인다. 예컨대 삼단논법에서 원칙이 결론보다 우월하다. 그런데 맹세에서 인간의 말은 신적 이름을 취함으로써 추인된다. 그러므로 누군가 거짓 신들을 통해 맹세한다면, 맹세에 의해 추인된 인간의 말에서 진리가 부족한 것보다 위증은 더욱 위중한 것으로 보인다.

3. 아우구스티누스는 『사도 야고보의 말씀에 대한 강론』에서[2] 다음과 같이 말한다: "사람들은 속일 때나 속을 때 거짓을 맹세한다." 그리고 세 가지 예를 들었다. 그것 가운데 첫째는 다음과 같다: "자신이 맹세하는 거짓을 참으로 생각하는 사람이 맹세한다고 가정하기로 하자." 둘째, "맹세하는 사람은 거짓이라는 것을 알면서 맹세한다." 셋째, "맹세하는 사람이 거짓이라고 생각하지만, 실은 참이다." 그러나 이러한 경우에도 그는 위증이라고 말한다. 그러므로 누군가 진리를 맹세하면서 위증할 수 있다. 따라서 위증을 위해서는 거짓이 요청되지 않는다.

[재반론] 위증은 다음과 같이 정의된다:[3] "맹세에 의해 견고해진 거짓이다."

[답변] 위에서 말한 것처럼,[4] 도덕적 행위는 목적으로부터 종(種)을 받

---

3. Cf. Hugo a S. Vict., *Summ. Sent.*, tract.4, c.5: PL 176, 123D. Cf. Magister, *In Sent.*, III, d.39.
4. Q.92, a.2; I-II, q.1, a.3; q.18, a.6.

tio dicti humani. Cui quidem confirmationi falsitas opponitur: per hoc enim confirmatur aliquod dictum, quod ostenditur firmiter esse verum; quod quidem non potest contingere de eo quod est falsum. Unde falsitas directe evacuat finem iuramenti. Et propter hoc a falsitate praecipue specificatur perversitas iuramenti, quae periurium dicitur. Et ideo falsitas est de ratione periurii.

AD PRIMUM ergo dicendum quod, sicut Hieronymus dicit, Ierem. 4, [2],[5] *quodcumque illorum trium defuerit, periurium est*. Non tamen eodem ordine. Sed primo quidem et principaliter periurium est quando deest veritas, ratione iam[6] dicta. Secundario autem, quando deest iustitia: quicumque enim iurat illicitum, ex hoc ipso falsitatem incurrit, quia obligatus est ad hoc quod contrarium faciat. Tertio vero, quando deest iudicium: quia cum indiscrete iurat, ex hoc ipso periculo se committit falsitatem incurrendi.

AD SECUNDUM dicendum quod principia in syllogismis sunt potiora tanquam habentia rationem activi principii, ut dicitur in II *Physic.*.[7] Sed in moralibus actibus principalior est finis quam principium activum. Et ideo, licet sit perversum iuramentum quando aliquis verum iurat per falsos deos, tamen ab illa perversitate iuramenti periurium nominatur quae tollit iuramenti finem, falsum iurando.

---

5. *Comment. in Ierem.*, I, super 4,2: PL 24, 706B.
6. 답변.

는다. 그런데 맹세의 목적은 인간적인 진술에 대한 추인이다. 그러나 거짓은 그러한 추인에 반대된다. 왜냐하면 언급된 것은 참이라는 것이 확고하게 입증됨으로써 추인을 얻기 때문이다. 그러므로 거짓은 맹세의 목적을 직접 약화한다. 그리고 이로 인해 위증으로 언급되는 맹세의 타락은 특히 거짓에 의해 종이 구분된다. 그러므로 거짓은 위증의 이유에 속한다.

[해답] 1. 히에로니무스가 말한 것처럼, 예레미야서 4장 [1절]은 다음과 같이 말한다:[5] "이 세 가지 가운데 무엇이든 부족하면, 이는 위증이다." 그러나 같은 질서로는 아니다. 무엇보다도, 이미 말한[6] 이유처럼 진실이 결여되었을 때 위증이 된다. 둘째로, 정의가 결여되었을 때 부당하게 맹세하는 사람은 누구나 바로 이 사실 때문에 거짓을 범하게 되는데, 그 이유는 그 반대되는 것을 해야 할 의무가 있기 때문이다. 셋째, 판단이 결여되었을 때 [위증이 된다]. 왜냐하면 경솔하게 맹세할 때, 그 자체로 거짓을 범하는 가운데 위험에 처하기 때문이다.

2. 『자연학』 제2권에서 말하듯이,[7] 삼단논법에서 원칙은 능동적 원리의 이유를 갖기 때문에 더 중요하다. 그러나 도덕적 행위에서는 목적이 능동적인 원칙보다 더 중요하다. 그러므로 누군가 거짓 신들을 통해 진리를 맹세하는 것은 타락한 맹세가 당연하지만, 맹세하는 가운데 맹세의 목적을 제거하는 위증은 그러한 맹세의 타락으로부터 이름을 취한다.

---

7. C.3, 195a18-23; S. Thomas, lect.5, nn.8-10.

AD TERTIUM dicendum quod actus morales procedunt a voluntate, cuius obiectum est bonum apprehensum. Et ideo si falsum apprehendatur ut verum, erit quidem, relatum ad voluntatem, materialiter falsum, formaliter autem verum. Si autem id quod est falsum accipiatur ut falsum, erit falsum et materialiter et formaliter. Si autem id quod est verum apprehendatur ut falsum, erit verum materialiter, falsum formaliter. Et ideo in quolibet istorum casuum salvatur aliquo modo ratio periurii, propter aliquem falsitatis modum. Sed quia in unoquoque potius est id quod est formale quam id quod est materiale, non ita est periurus ille qui falsum iurat quod putat esse verum, sicut ille qui verum iurat quod putat esse falsum. Dicit enim ibi Augustinus[8]: *Interest quemadmodum verbum procedat ex animo: quia ream linguam non facit nisi rea mens.*

Articulus 2
Utrum omne periurium sit peccatum

Ad secundum sic proceditur. Videtur quod non omne periurium sit peccatum.

1. Quicumque enim non implet quod iuramento firmavit, periurus esse videtur. Sed quandoque aliquis iurat se facturum aliquid illicitum, puta adulterium vel homicidium, quod si faciat, peccat. Si ergo

3. 도덕적 행위는 의지에서 비롯되며, 그 의지의 목적은 파악된 선이다. 그러므로 거짓이 진리로 파악된다면, 그것은 확실히 의지에 관하여 질료적으로는 거짓이지만 형상적으로는 참일 것이다. 그러나 만일 거짓인 것이 거짓으로 받아들여진다면, 그것은 질료적으로나 형상적으로나 거짓일 것이다. 만일 참된 것이 거짓으로 인식된다면, 그것은 질료적으로 참되고 형상적으로 거짓일 것이다. 그것 가운데 어떤 경우에서든 어떤 식으로든 위증의 이유는 어떤 거짓의 방식으로 인해 보존된다. 그러나 모든 것에서 형상적인 것이 질료적인 것보다 더 중요하기 때문에, 자신이 참이라고 믿는 것을 거짓으로 맹세하는 사람은 자신이 거짓이라고 믿는 것을 참으로 맹세하는 사람처럼 위증이 아니다. 사실 아우구스티누스는 거기에서 다음과 같이 말한다:[8] "중요한 것은 말이 어떻게 영혼에서 유래하는지 보는 것이다. 왜냐하면 혀가 탓이 있는 것은 정신의 탓이기 때문이다."

제2절 모든 위증은 죄인가

Doctr. Eccl.: 위에서 인용한 텍스트를 보라: q.89, aa.2-3.

[반론] 둘째는 다음과 같이 진행된다. 모든 위증이 죄는 아닌 것으로 보인다.

1. 맹세한 것을 완수하지 않는 사람은 모두 위증하는 것으로 보인다.

---

8. Loc. cit., in obj.

etiam non faciendo peccaret peccato periurii, sequeretur quod esset perplexus.

2. Praeterea, nullus peccat faciendo quod melius est. Sed quandoque aliquis periurando facit quod melius est: sicut cum aliquis iuravit se non intraturum religionem, vel quaecumque opera virtuosa non facturum. Ergo non omne periurium est peccatum.

3. Praeterea, ille qui iurat facere alterius voluntatem, nisi eam faciat, videtur incurrere periurium. Sed quandoque potest contingere quod non peccat si eius non impleat voluntatem: puta cum praecipit ei aliquid nimis durum et importabile. Ergo videtur quod non omne periurium sit peccatum.

4. Praeterea, iuramentum promissorium se extendit ad futura, sicut assertorium ad praeterita et praesentia. Sed potest contingere quod tollatur obligatio iuramenti per aliquid quod in futurum emergat: sicut cum aliqua civitas iurat se aliquid servaturam, et postea superveniunt novi cives qui illud non iuraverunt; vel cum aliquis canonicus iurat statuta alicuius Ecclesiae se servaturum, et postmodum aliqua fiunt de novo. Ergo videtur quod ille qui transgreditur iuramentum non peccet.

SED CONTRA est quod Augustinus dicit, in sermone *de Verbis Apost. Iacobi*,[1] de periurio loquens: *Videtis quam ista detestanda sit belua, et de rebus humanis exterminanda.*

---

1. Serm.180, al.28, c.2: PL 38, 973.

제98문 제2절

그러나 때때로 누군가 예컨대 간통이나 살인 같은 불법적인 것을 하겠다고 맹세하고 그렇게 하면 죄를 짓는다. 그러므로 만일 그렇게 하지 않는 가운데 위증의 죄를 범한다면, 당황함이 뒤따를 것이다.

2. 아무도 더 큰 선을 행하는 가운데 죄를 짓지 않는다. 그러나 때때로 어떤 사람은 종교[수도생활]에 입문하지 않겠다고 맹세하거나 덕스러운 일은 무엇이든 하지 않겠다고 맹세하고는 그보다 더 좋은 일을 한다. 그러므로 모든 위증이 죄는 아니다.

3. 다른 사람의 뜻을 행하기로 맹세하고도 만일 행하지 않는다면 위증의 죄를 범하는 것으로 보인다. 그러나 종종 그가 그 뜻을 이루지 않는다고 해도 죄를 짓지 않는 일이 일어날 수 있다. 예컨대 그에게 너무 어렵고 견디기 힘든 일을 하도록 명령할 때 [그렇다]. 그러므로 모든 위증이 다 죄는 아닌 것으로 보인다.

4. 진술의 [맹세가] 과거와 현재로 [확장되듯이], 약속의 맹세는 미래로 확장된다. 그러나 맹세의 의무는 미래에 일어날 어떤 것에 의해 폐지될 수 있다. 예컨대 도시가 어떤 것을 지키기로 맹세하지만, 그 후에 맹세하지 않은 새로운 시민이 올 때 [그렇다]. 또는 어떤 참사위원이 교회의 어떤 법령을 준수하기로 맹세하지만, 그 후에 새로운 법령이 생길 때 [그렇다]. 그러므로 맹세를 어기는 사람이 죄를 짓지 않는 것으로 보인다.

[재반론] 아우구스티누스는 『사도 야고보의 말씀에 대한 강론』에서[1] 위증에 대해 말하는 가운데 다음과 같이 진술한다: "너는 이 짐승이 얼마나 역겨운지 알고 있다. [그것을] 인간적인 일에서 말살해야 한다."

RESPONDEO dicendum quod, sicut supra[2] dictum est, iurare est Deum testem invocare. Pertinet autem ad Dei irreverentiam quod aliquis eum testem invocet falsitatis: quia per hoc dat intelligere vel quod Deus veritatem non cognoscat, vel quod falsitatem testificari velit. Et ideo periurium manifeste est peccatum religioni contrarium, cuius est Deo reverentiam exhibere.

AD PRIMUM ergo dicendum quod ille qui iurat se facturum aliquod illicitum, iurando incurrit periurium propter defectum iustitiae. Sed si non impleat quod iuravit, in hoc periurium non incurrit: quia hoc non erat tale quid quod sub iuramento cadere posset.

AD SECUNDUM dicendum quod ille qui iurat se non intraturum religionem, vel non daturum eleemosynam, vel aliquid huiusmodi, iurando periurium incurrit propter defectum iudicii. Et ideo quando facit id quod melius est, non est periurium, sed periurio contrarium: contrarium enim eius quod facit sub iuramento cadere non poterat.[3]

AD TERTIUM dicendum quod cum aliquis iurat vel promittit se facturum voluntatem alterius, intelligenda est debita conditio, si scilicet id quod ei mandatur sit licitum et honestum, et portabile sive moderatum.

AD QUARTUM dicendum quod quia iuramentum est actio personalis, ille qui de novo fit civis alicuius civitatis, non obligatur quasi iuramento ad servanda illa quae civitas se servaturam iuravit. Tenetur tamen ex quadam fidelitate, ex qua obligatur ut sicut fit socius bono-

제98문 제2절

[답변] 위에서 말한 것처럼,[2] 맹세는 하느님을 증인으로 부르는 것이다. 그러나 누군가 하느님을 거짓의 증인으로 부르는 것은 하느님에 대한 불경에 속한다. 왜냐하면 이로 인해 하느님이 진리를 알지 못하거나 거짓을 증언하길 원한다고 이해하게 하기 때문이다. 그러므로 위증은 하느님께 공경을 드리는 종교에 명백히 반대되는 죄이다.

[해답] 1. 불법적인 것을 행하겠다고 맹세하는 자는 맹세하는 가운데 정의의 결핍으로 인해 위증에 빠짐으로써 불법적인 것을 하게 된다. 그러나 그가 맹세한 것을 이행하지 않는다면, 이 위증에 빠지지 않는다. 왜냐하면 이것은 맹세에 속하는 것이 아니기 때문이다.

2. 누구든지 종교[수도생활]에 입문하지 않겠다고 맹세하거나 희사나 그와 비슷한 것을 베풀지 않겠다고 맹세하는 사람은 판단력의 부족으로 인해 맹세하는 가운데 위증을 범하는 것이다. 그러므로 더 큰 선을 행할 때, 그것은 위증이 아니라 위증에 반대되는 것이다. 왜냐하면 그가 하는 것의 반대는 맹세에 속하는 것이 아니기 때문이다.[3]

3. 누군가가 다른 사람의 뜻을 행하겠다고 맹세하거나 약속할 때는 마땅한 조건, 즉 그에게 행하도록 명령된 것이 합법적이고 명예롭고 참을 수 있거나 통제될 수 있는지 알아야 한다.

4. 맹세는 개인적인 행동이기 때문에, 새롭게 어느 국가의 시민이 되는 사람은 국가가 지키기로 맹세한 것들을 맹세로서 이행할 의무가 없다. 그러나 그는 어떤 충실함에 의해 국가의 사회적 선에 대해 함께해야 할 의무가 있으며, 또한 그로 인해 책임들에 참여하게 된다. 하지만

---

2. Q.89, a.1.
3. Cf. q.89, a.7, ad2.

rum civitatis, ita etiam fiat particeps onerum. — Canonicus vero qui iurat se servaturum statuta edita in aliquo collegio, non tenetur ex iuramento ad servandum futura, nisi intenderit se obligare ad omnia statuta praeterita et futura. Tenetur tamen ea servare ex ipsa vi statutorum, quae habent coactivam virtutem, ut ex supradictis[4] patet.

Articulus 3
Utrum omne periurium sit peccatum mortale

Ad tertium sic proceditur. Videtur quod non omne periurium sit peccatum mortale.

1. Dicitur enim Extra, *de Iureiurando*[1]: *In ea quaestione quae ponitur, An a sacramenti vinculo absolvantur qui illud inviti pro vita et rebus servandis fecerunt: nihil aliud arbitramur quam quod antecessores nostri Romani Pontifices arbitrati fuisse noscuntur, qui tales a iuramenti nexibus absolverunt. Ceterum ut agatur consultius, et auferatur materia deierandi, non eis ita expresse dicatur ut iuramenta non servent: sed si non ea attenderint, non ob hoc sunt tanquam pro mortali crimine puniendi.* Non ergo omne periurium est peccatum mortale.

2. Praeterea, sicut Chrysostomus dicit,[2] *maius est iurare per Deum quam per Evangelium.* Sed non semper mortaliter peccat ille qui per Deum iurat aliquod falsum: puta si ex ioco, vel ex lapsu linguae,

---

4. I-II, q.96, a.4.

어떤 단(團, collegium)에서 공포된 법령을 준수하기로 맹세한 참사위원은, 과거와 미래의 모든 법령에 대해 의무를 지니는 것을 의도하지 않는 한, 미래의 법령을 준수하는 맹세에 의해 강제되지 않는다. 그러나 위에서 언급한 바와 같이,[4] 그는 강제력이 있는 법령의 힘에서 그것들을 분리할 의무가 있다.

제3절 모든 위증은 사죄인가

Parall.: *In Sent.*, III, d.39, a.5, qc.1.

[반론] 셋째는 다음과 같이 진행된다. 모든 위증이 사죄(死罪)는 아닌 것으로 보인다.

1. 『법령』에서는[1] 다음과 같이 말한다: "생명과 선들에 대한 사랑으로 자신의 의지를 거슬러 그것을 했던 사람들이 성사의 결속에서 해소되는지 제기된 문제와 관련해서, 우리는 선대 로마 교황들이 판정을 내렸으며 그런 것들을 맹세의 결속에서 풀어주었다는 사실이 관찰된다는 점만 생각하기로 하자. 더 나아가, 신중하게 행동하고 거절의 논제를 제거하기 위해 맹세를 지키지 말라고 그들에게 명시적으로 언급된 것은 아니지만, 맹세를 지키지 않는다고 해도 그들이 치명적인 범죄로 처벌되지 않는다." 그러므로 모든 위증이 사죄는 아니다.

2. 크리소스토무스가 말하듯이,[2] "하느님을 통해 맹세하는 것이 복음을 통해 맹세하는 것보다 더 낫다." 그러나 하느님을 통해 거짓된 것

---

1. *Decretal. Greg. IX*, II, tit.24, c.15; ed. Richter-Friedberg, t.II, p.364.
2. *Opus imperf. in Matth.*, hom.44, super 23, 16: PG 56, 883. - (inter opp. Supp. Chrysost.).

aliquis tali iuramento in communi sermone utatur. Ergo nec etiam si aliquis frangat iuramentum quod solemniter per Evangelium iurat, semper erit peccatum mortale.

3. Praeterea, secundum iura propter periurium aliquis incurrit infamiam: ut habetur VI, qu. 1, cap. *Infames*.[3] Non autem videtur quod propter quodlibet periurium aliquis infamiam incurrat: sicut dicitur de assertorio iuramento violato per periurium.[4] Ergo videtur quod non omne periurium sit peccatum mortale.

SED CONTRA, omne peccatum quod contrariatur praecepto divino est peccatum mortale. Sed periurium contrariatur praecepto divino: dicitur enim *Levit.* 19, [12]: *Non periurabis in nomine meo.* Ergo est peccatum mortale.

RESPONDEO dicendum quod, secundum doctrinam Philosophi,[5] *propter quod unumquodque, illud magis.* Videmus autem quod ea quae, si de se sint peccata venialia, vel etiam bona ex genere, si in contemptum Dei fiant, sunt peccata mortalia.[6] Unde multo magis quidquid est quod de sui ratione pertinet ad contemptum Dei, est peccatum mortale. Periurium autem de sui ratione importat contemptum Dei: ex hoc enim habet rationem culpae, ut dictum est,[7]

---

3. Gratianus, *Decretum*, p.II, causa 6, q.1, can.17: ed. cit., t.I, p.558.
4. Cf. *Decretal. Greg. IX*, II, tit.10, c.2: ed. cit., t.II, p.274.

을 맹세하는 사람이 항상 사죄를 범하는 것은 아니다. 예컨대 누군가가 농담이나 언어의 실수를 통해 공통된 말로 그런 맹세를 한다면 [그렇다]. 그러므로 누군가 복음을 통해 장엄하게 맹세한 것을 어긴다면, [그것은] 언제나 사죄가 될 것이다.

3. 『교령』 제6권, 제1문 "추문"의 장(章)에서 언급하듯이,[3] 법에 따르면 위증으로 인해 누군가는 추문(infamia)에 빠지게 된다. 그러나 위증으로 인해 범해진 진술의 맹세에 대해 말하듯이, 사람이 모든 위증으로 인해 추문에 빠지는 것으로 보이진 않는다.[4] 그러므로 모든 위증이 사죄는 아닌 것으로 보인다.

[재반론] 신적 계명에 반대되는 모든 죄는 사죄이다. 그러나 위증은 신적 계명에 반대된다. 왜냐하면 레위기 19장 [2절]에서 "너는 나의 이름으로 위증해서는 안 된다."라고 말하기 때문이다. 그러므로 [위증은] 사죄이다.

[답변] 철학자의 가르침에 따르면,[5] "다른 모든 것의 원인이 되는 것은 그 모든 것보다 더하다." 이제 우리는 그 자체가 경죄이든, 또는 유(類)에 있어서 선한 것이든, 만일 그것이 하느님에 대한 경멸(contemptus Dei)로 행한다면, 그것들은 사죄임을 알 수 있다.[6] 그러므로 그 자체로 하느님에 대한 경멸에 속하는 모든 것은 더 크게 사죄이다. 그런데 위증은 그 자체로 하느님에 대한 경멸을 의미하기 때문에 말한 것처럼,[7]

---

5. *Anal. Post.*, I, c.2, 72a29-30; S. Thomas, lect.6, nn.3-4.
6. Cf. I-II, q.88, aa.4-5.
7. 앞 절.

quia ad irreverentiam Dei pertinet. Unde manifestum est quod periurium ex suo genere est peccatum mortale.

AD PRIMUM ergo dicendum quod, sicut supra[8] dictum est, coactio non aufert iuramento promissorio vim obligandi respectu eius quod licite fieri potest. Et ideo si aliquis non impleat quod coactus iuravit, nihilominus periurium incurrit et mortaliter peccat. Potest tamen per auctoritatem Summi Pontificis ab obligatione iuramenti absolvi: praesertim si coactus fuerit tali metu qui *cadere posset in constantem virum*. Quod autem dicitur quod non sunt tales puniendi tanquam pro mortali crimine, non hoc ideo dicitur quia non peccent mortaliter: sed quia poena eis minor infligitur.

AD SECUNDUM dicendum quod ille qui iocose periurat, non evitat divinam irreverentiam, sed quantum ad aliquid magis auget. Et ideo non excusatur a peccato mortali. — Ille autem qui ex lapsu linguae falsum iurat, si quidem advertat se iurare et falsum esse quod iurat, non excusatur a peccato mortali, sicut nec a Dei contemptu. Si autem hoc non advertat, non videtur habere intentionem iurandi: et ideo a crimine periurii excusatur.

Est autem gravius peccatum si quis solemniter iuret per Evangelium quam si per Deum in communi sermone iuret: tum propter scandalum; tum propter maiorem deliberationem. Quibus aequaliter hinc inde positis, gravius est si quis per Deum iurans periuret quam si periuret iurans per Evangelium.[9]

죄과의 이유가 있다. 왜냐하면 그것은 하느님에 대한 경멸에 속하기 때문이다. 그러므로 위증은 자신의 유에 의해 사죄임이 분명하다.

[해답] 1. 위에서 말한 것처럼,[8] 강제는 합당하게 유지할 수 있는 것들과 관련해서 약속된 맹세에 대한 의무를 제거하지 않는다. 그러므로 만일 누군가가 강제로 맹세한 것을 지키지 않으면, 역시 위증의 죄에 빠지고 사죄를 범하는 것이다. 교황은 자신의 권한으로, 어떤 사람이 맹세했던 의무로부터 면제시킬 수 있다. 특히 '매우 끈질긴 사람도 무너뜨릴 만한' 두려움으로 강요된 것이라면, 더욱 그러하다. 그들이 치명적인 범죄로 인해 처벌받지 않는다는 것은 사죄를 범하지 않은 게 아니라 좀 더 작은 벌이 부과된다는 것을 말한다.

2. 농담으로 위증하는 사람은 신적 불경을 피하지 못하며 어떤 면에서 불경을 더욱 증가한다. 그러므로 그는 사죄로부터 면제되지 않는다. 그러나 말의 실수로 거짓을 맹세하는 사람은, 만일 자신이 맹세하고 있으며 맹세하는 것이 거짓임을 알고 있다면, 사죄로부터 면제되지 않는다. 마찬가지로 하느님에 대한 경멸에서도 [면제되지 않는다]. 그러나 만일 이것을 알지 못한다면, 그는 맹세하려는 의도를 갖지 않은 것으로 보이며, 따라서 위증의 범죄로부터 면제된다. 그런데 만일 누군가 복음을 두고 장엄하게 맹세한다면, 걸림돌로 인해 그리고 더 큰 숙고로 인해, 공통된 말로 하느님을 두고 맹세하는 것보다 더욱 위중한 죄이다. 이것을 동등하게 이러한 입장에 둔다면, 복음을 맹세하면서 위증하는 것보다 하느님을 두고 맹세하면서 위증하는 것이 더 위중하다.[9]

---

8. Q.89, a.7, ad3.
9. Cf. q.89, a.6.

AD TERTIUM dicendum quod non propter quodlibet peccatum mortale aliquis infamis efficitur ipso iure. Unde non sequitur, si ille qui iurat falsum iuramento assertorio non est infamis ipso iure, sed solum per sententiam definitivam latam contra eum in causa accusationis, quod propter hoc non peccet mortaliter. Ideo autem magis reputatur infamis ipso iure qui frangit iuramentum promissorium solemniter factum, quia in eius potestate remanet, postquam iuravit, ut det suo iuramento veritatem: quod non contingit in iuramento assertorio.

Articulus 4
Utrum peccet ille qui iniungit iuramentum ei qui periurat

Ad quartum sic proceditur. Videtur quod peccet ille qui iniungit iuramentum ei qui periurat.

1. Aut enim scit eum verum iurare, aut falsum. Si scit eum verum iurare, pro nihilo ei iuramentum iniungit si autem credit eum falsum iurare, quantum est de se, inducit eum ad peccandum. Ergo videtur quod nullo modo debeat aliquis alicui iniungere iuramentum.

2. Praeterea, iuramentum minus est accipere ab aliquo quam iuramentum iniungere alicui. Sed recipere iuramentum ab aliquo non videtur esse licitum, et praecipue si periuret: quia in hoc videtur con-

3. 인간이 모든 사죄로 인해 법 자체에 의해 불명예스럽게 되는 것은 아니다. 단언적 맹세(iuramentum assertorium)와 함께 거짓을 맹세하는 가운데 법 자체로(ipso iure) 불명예스럽다고 선언되지 않았다는 사실로 사죄를 짓지 않는 것이 뒤따라오는 게 아니라, 소송의 원인으로 그를 거슬러 선언된 최종적인 판결 이후에만 [불명예스럽다는 사실이] 뒤따른다. 그러므로 장엄하게 했던 약속의 맹세(iuramentum promissorium)를 깨트린 사람은 법 자체로 더욱 불명예스러운 것으로 간주된다. 왜냐하면 맹세한 이후에 그의 맹세에 진리를 부여하는 것은 그의 권한에 남아있기 때문이다. 이것은 단언적 맹세에서는 일어나지 않는다.

제4절 위증하는 사람에게 맹세를 요구하는 자는 죄를 범하는가

Parall.: *In Sent.*, III, d.39, a.5, qc.2; *In Ep. ad Rom.*, c.1, lect.5.

[반론] 넷째는 다음과 같이 진행된다. 위증하는 사람에게 맹세를 요구하는 자는 죄를 범하는 것으로 보인다.

1. 그는 진리를 맹세할 수도 있고 거짓을 맹세할 수도 있다. 만일 그가 진리를 맹세하는 것을 안다면, 그에게 맹세를 요구하는 것은 아무 소용이 없다. 그러나 만일 그가 거짓을 맹세한다고 생각한다면, 그의 편에서 그가 죄를 짓도록 인도한다. 그러므로 사람은 어떤 방식으로든 누군가에게 맹세를 요구해서는 안 되는 것으로 보인다.

2. 누군가에게 맹세를 요구하는 것보다 누군가로부터 맹세를 받는 게 덜 중하다. 그러나 누군가로부터 맹세를 받는 것은 합당하지 않은

sentire peccato. Ergo videtur quod multo minus liceat exigere iuramentum ab eo qui periurat.

3. Praeterea, dicitur *Levit.* 5, [1]: *Si peccaverit anima, et audierit vocem iurantis falsum,*[1] *testisque fuerit quod aut ipse vidit aut conscius est, nisi indicaverit, portabit iniquitatem suam:* ex quo videtur quod aliquis sciens aliquem iurare falsum, teneatur eum accusare. Non igitur licet ab eo exigere iuramentum.

SED CONTRA, sicut peccat ille qui falsum iurat, ita ille qui per falsos deos iurat. Sed licet uti iuramento eius qui per falsos deos iurat: ut Augustinus dicit, *ad Publicolam.*[2] Ergo licet iuramentum exigere ab eo qui falsum iurat.

RESPONDEO dicendum quod circa eum qui exigit ab alio iuramentum, distinguendum videtur. Aut enim exigit iuramentum pro seipso propria sponte: aut exigit iuramentum pro alio ex necessitate officii sibi commissi. Et si quidem aliquis pro seipso exigit iuramentum tanquam persona privata, distinguendum videtur, ut Augustinus dicit, in sermone *de Periuriis.*[3] Si enim nescit eum iuraturum falsum,

---

1. Vulgata om.: "falsum."

것으로 보인다. 특히 위증이라면 [그렇다]. 왜냐하면 여기에서 죄에 동의하는 것으로 보이기 때문이다. 그러므로 위증하는 사람으로부터 맹세를 요구하는 것은 상당히 덜 합당한 것으로 보인다.

3. 레위기 5장 [1절]은 다음과 같이 말한다: "어떤 영혼이 거짓을¹ 맹세하는 음성을 듣고, 자신이 보거나 알게 된 것에 관해 증인이면서, 그것을 증언하지 않기 때문에 죄를 짓는다면, 그는 자기 불의의 무게를 짊어져야 한다." 이에 따르면 어떤 사람이 다른 사람이 거짓을 맹세하는 것을 안다면, 그를 고발해야 한다. 그러므로 그에게 맹세를 요구하는 것은 합당하지 않다.

[재반론] 거짓을 맹세하는 사람이 죄를 범하듯이, 거짓 신(神)들을 두고 맹세하는 사람도 [죄를 범한다]. 그러나 아우구스티누스가 『푸블리콜라에게 보낸 편지』에서² 말하듯이, 거짓 신들을 두고 맹세하는 사람의 맹세를 이용하는 것은 합당하다. 그러므로 거짓을 맹세하는 사람에게 맹세를 요구하는 것은 합당하다.

[답변] 누군가에게 맹세를 요구하는 사람과 관련해서 구별해야 할 필요가 있다. 자기 자신을 위해 자발적으로 맹세를 요구하거나, 자신이 맡은 직무의 필요로 인해 다른 사람에게 맹세를 요구하기도 한다. 만일 누군가가 개인(個人)으로서 자신을 위해 어떤 사람에게 맹세를 요구한다면, 아우구스티누스가 『위증자들에 대한 설교』에서³ 말하듯이, 구별해야 하는 것으로 보인다. 만일 누군가가 거짓을 맹세하는 것을 알

---

2. Epist.47, al.154, n.2: PL 33, 184.
3. Serm.180, al.28, c.9, 10: PL 38, 977-978.

et ideo dicit, «Iura mihi», ut fides ei sit, non est peccatum: tamen est humana tentatio, quia scilicet procedit ex quadam infirmitate, qua homo dubitat alium esse verum dicturum. *Et hoc est illud malum de quo Dominus dicit,* Matth. 5, [37]: «*Quod amplius est, a malo est*». Si autem scit eum fecisse, scilicet contrarium eius quod iurat, et cogit eum iurare, homicida est. *Ille enim de suo periurio se interimit: sed iste manum interficientis impressit.*

Si autem aliquis exigat iuramentum tanquam persona publica, secundum quod exigit ordo iuris, ad petitionem alterius, non videtur esse in culpa si ipse iuramentum exigat, sive sciat eum falsum iurare sive verum: quia non videtur ille exigere, sed ille ad cuius instantiam exigit.

AD PRIMUM ergo dicendum quod obiectio illa procedit quando pro aliquis exigit iuramentum. Et tamen non semper scit eum iurare verum, vel falsum: sed quandoque dubitat de facto, et credit eum verum iuraturum, et tunc ad maiorem certitudinem exigit iuramentum.

AD SECUNDUM dicendum quod, sicut Augustinus dicit, *ad Publicolam,*[4] *quamvis dictum sit ne iuremus, nunquam me in Scripturis sanctis legisse memini ne ab aliquo iurationem accipiamus.* Unde ille qui iurationem recipit non peccat: nisi forte quando propria sponte

지 못하고, 그에게 신뢰할 수 있도록 "내게 맹세하시오."라고 말한다면, [이것은] 죄가 아니라 인간적인 유혹이다. 왜냐하면 [그것은] 우리의 나약함에서 유래하기 때문이다. 인간은 이것으로 다른 사람이 진리를 말했는지 의심하게 된다. 이것은 마태오복음서 5장 [37절]에서 "주님이 그 이상의 것은 악에서 나온다고 말씀하신 그 악이다." 그러나 만일 누군가가 다른 사람이 맹세와 반대되는 일을 행한 것을 알고 있으면서 그로 하여금 맹세하도록 강제한다면, [그는] 살인자이다. "위증하는 사람은 위증으로 인하여 자신을 죽이는 것이므로, 그는 살인자의 손을 압박한 것이다."

그러나 만일 누군가가 다른 사람의 청원에 따라 법질서가 요구하는 바에 준해 공인(公人)으로서 맹세를 요구한다면, 그가 거짓이나 진리를 맹세하는 것에 대해 알거나 모르거나 그 자신이 맹세를 요구했는지에 대해서는 탓이 있는 것으로 보이지 않는다. 왜냐하면 그가 맹세를 요구한 것이 아니라 다른 사람의 요청이 그것을 요구했기 때문이다.

[해답] 1. 이 반론은 자신을 위하여 맹세가 요구될 때 비롯된다. 비록 맹세하는 것이 진실인지 거짓인지 언제나 아는 것은 아니지만, 종종 사실에 대해 의심하며 진리를 맹세한다고 생각한다. 그러므로 더욱 큰 확신을 위해 맹세를 요구한다.

2. 아우구스티누스는 『푸블리콜라에게 보낸 편지』에서[4] 다음과 같이 말한다: "맹세하지 말라고 말해도, 나는 그 누구로부터도 맹세를 받을 필요가 없다고 성경에서 읽은 것을 기억하지 못한다." 그러므로 자

---

4. Epist.47, al.154, n.2: PL 33, 185.

ad iurandum cogit eum quem scit falsum iuraturum.

AD TERTIUM dicendum quod, sicut Augustinus dicit,[5] Moyses non expressit in praedicta auctoritate cui sit indicandum periurium alterius. Et ideo intelligitur quod debeat indicari *talibus qui magis possunt prodesse quam obesse periuro*. — Similiter etiam non expressit quo ordine debeat manifestare. Et ideo videtur servandus ordo evangelicus, si sit peccatum periurii occultum: et praecipue quando non vergit in detrimentum alterius, quia in tali casu non haberet locum ordo evangelicus, ut supra[6] dictum est.

AD QUARTUM[7] dicendum quod licet uti malo propter bonum, sicut et Deus utitur[8]: non tamen licet aliquem ad malum inducere. Unde licet eius qui paratus est per falsos deos iurare, iuramentum recipere: non tamen licet eum inducere ad hoc quod per falsos deos iuret. — Alia tamen ratio esse videtur in eo qui per verum Deum falsum iurat. Quia in tali iuramento deest bonum fidei, qua utitur aliquis in iuramento illius qui verum per falsos deos iurat, ut Augustinus dicit, *ad Publicolam*.[9] Unde in iuramento eius qui falsum per verum Deum iurat, non videtur esse aliquod bonum quo uti liceat.

---

5. *Quaest. in Lev.*, q.1: PL 34, 673.
6. Q.33, a.7.
7. 재반론.

신이 거짓을 맹세하게 될 것을 아는 사람으로 하여금 맹세하도록 자신의 자발적인 의지로 강제하는 경우가 아니라면, 맹세를 받는 사람은 죄를 범하지 않는다.

3. 아우구스티누스가 말한 바와 같이,⁵ 여기에서 모세는 누구에게 위증을 지적해야 하는지 위에서 말한 권위로 표현하지 않았다. 그러므로 그것은 "위증하는 사람을 해치기보다 그에게 유익을 줄 사람들"에게 가르쳐주어야 하는 것으로 이해되어야 한다. 마찬가지로, 어떤 명령에 따라 드러내야 하는지 표현하지 않았다. 그러므로 위증의 죄가 숨어 있을 때, 특히 [그것이] 다른 사람의 피해를 일으키지 않을 때, 복음적인 명령은 유보되어야 했다. 왜냐하면 위에서 말한 것처럼,⁶ 복음적인 명령은 그러한 경우에 적용되지 않기 때문이다.

4.⁷ 하느님이 사용하시듯이⁸ 선을 위해 악을 사용하는 것은 합당하다. 그러나 아무도 악으로 이끌어서는 안 된다. 그러므로 거짓 신들을 두고 맹세하기 위해 준비된 사람의 맹세를 받는 것은 합당하다. 하지만 거짓 신들을 두고 맹세하는 것으로 그를 몰아가는 것은 합당하지 않다. 한편 참된 하느님을 두고 거짓을 맹세하는 사람에게는 다른 이유가 보인다. 왜냐하면 그러한 맹세에는, 아우구스티누스가 『푸블리콜라에게 보낸 편지』에서⁹ 말하듯이 거짓 신들을 두고 진리를 맹세하는 사람의 맹세에서 사용되는 신앙의 선성(善性)이 없기 때문이다. 그러므로 참된 하느님을 두고 거짓을 맹세하는 사람의 맹세에는 사용하기에 합당한 어떤 선한 것이 없어 보인다.

---

8. Cf. I, q.2, a.3
9. 재반론.

QUAESTIO XCIX
DE SACRILEGIO
in quatuor articulos divisa

Deinde considerandum est de vitiis ad irreligiositatem pertinentibus quibus rebus sacris irreverentia exhibetur.[1] Et primo, de sacrilegio; secundo, de simonia.[2]

Circa primum quaeruntur quatuor.

Primo: quid sit sacrilegium.

Secundo: utrum sit speciale peccatum.

Tertio: de speciebus sacrilegii.

Quarto: de poena sacrilegii.

Articulus 1
Utrum sacrilegium sit sacrae rei violatio

Ad primum sic proceditur. Videtur quod sacrilegium non sit *sacrae rei violatio*.

1. Dicitur enim XVII, qu. 4[1]: *Committunt sacrilegium qui de principis iudicio disputant, dubitantes an is dignus sit honore quem princeps*

---

1. Cf. q.97, Introd.
2. Q.100.

제99문
신성모독에 대하여
(전4절)

이제 거룩한 것에 관해 불경을 드러내는 무종교와 관련된 악습들에 대해 숙고하기로 하자.[1] 첫째, 신성모독에 대하여. 둘째, 성직매매에 대하여.[2]

첫째에 관해서는 네 가지가 조사된다.

첫째, 신성모독은 무엇인가?

둘째, [그것은] 특수한 죄인가?

셋째, 신성모독의 종에 대하여.

넷째, 신성모독에 관한 형벌에 대하여.

제1절 신성모독은 거룩한 것에 대한 침해인가

[반론] 첫째는 다음과 같이 진행된다. 신성모독은 거룩한 것에 대한 침해가 아닌 것으로 보인다.

1. 『교령』 제17권 제4문에서는[1] 다음과 같이 말한다: "군주의 판단에 대해 토론하는 사람은 그가 선택한 사람이 명예에 합당한지 의심하는 가운데 신성모독을 범한다." 하지만 이것은 거룩한 것에 전혀 속하

---

1. Gratianus, *Decretum*, p.II, causa 17, q.4, app. ad can.29: ed. Richter-Friedberg, t.I, p.822.

elegerit. Sed hoc ad nullam rem sacram pertinere videtur. Ergo sacrilegium non importat sacrae rei violationem.

2. Praeterea, ibidem[2] subditur quod si quis permiserit Iudaeos officia publica exercere, *velut in sacrilegum excommunicatio proferatur*. Sed officia publica non videntur ad aliquod sacrum pertinere. Ergo videtur quod sacrilegium non importet violationem alicuius sacri.

3. Praeterea, maior est virtus Dei quam virtus hominis. Sed res sacrae a Deo sanctitatem obtinent. Non ergo possunt per hominem violari. Et ita sacrilegium non videtur esse sacrae rei violatio.

SED CONTRA est quod Isidorus dicit, in libro *Etymol.*,[3] quod *sacrilegus dicitur ab eo quod sacra legit, idest furatur*.

RESPONDEO dicendum quod, sicut ex praedictis[4] patet, sacrum dicitur aliquid ex eo quod ad divinum cultum ordinatur. Sicut autem ex eo quod aliquid ordinatur in finem bonum, sortitur rationem boni; ita etiam ex hoc quod aliquid deputatur ad cultum Dei, efficitur quoddam divinum, et sic ei quaedam reverentia debetur quae refertur in Deum. Et ideo omne illud quod ad irreverentiam rerum sacrarum pertinet, ad iniuriam Dei pertinet, et habet sacrilegii rationem.

---

2. Can.31: ed. cit., t.I, p.823.
3. X, ad litt. *S*, n.252: PL 82, 394B.

지 않는 것으로 보인다. 그러므로 신성모독은 거룩한 것에 대한 침해를 의미하지 않는다.

2. 만일 누군가 유다인이 공직을 수행하도록 허락한다면 신성모독으로 파문될 것이라고 같은 곳에서[2] 말한다. 그러나 공직은 그 어떤 거룩한 것에도 속하지 않는다. 그러므로 신성모독은 어떤 거룩한 것에 대한 침해를 의미하지 않는다.

3. 하느님의 능력은 사람의 능력보다 크다. 그러나 거룩한 것들은 하느님으로부터 거룩함을 얻는다. 그러므로 그것들은 인간에 의해 침해될 수 없다. 이처럼 신성모독은 거룩한 것에 대한 침해로 보이지 않는다.

[재반론] 이시도루스는 『어원』에서[3] 다음과 같이 말한다: "신성모독자는 거룩한 것을 읽는 자, 즉 그것들을 도둑질하는 자라고 말한다."

[답변] 위에서 언급한 바에서[4] 분명히 드러나듯이, 어떤 것은 신적 예배를 향해 질서 지어진 것으로 인해 거룩하다고 말한다. 그런데 어떤 것이 선한 목적을 향해 질서 지어져 있다는 사실에 의해서, 선(善)의 이유가 결정된다. 이처럼 어떤 것이 하느님의 예배를 위해 배정된다는 것으로 인해 그것은 신적인 것이 되며, 따라서 하느님과 관련된 것에 어떤 공경심을 가져야 한다. 그러므로 거룩한 것에 대한 불경과 관련된 모든 것은 하느님에 대한 불의에 속하며 신성모독의 이유를 갖는다.

---

4. I-II, q.101, a.4.

q.99, a.1

AD PRIMUM ergo dicendum quod, secundum Philosophum, in I *Ethic.*,[5] bonum commune gentis est quoddam divinum. Et ideo antiquitus rectores reipublicae *divini* vocabantur, quasi divinae providentiae ministri: secundum illud *Sap.* 6, [5]: *Cum essetis ministri regni illius, non recte iudicastis.* Et sic, per quandam nominis extensionem, illud quod pertinet ad reverentiam principis, scilicet disputare de eius iudicio, an oporteat ipsum sequi, secundum quandam similitudinem sacrilegium dicitur.

AD SECUNDUM dicendum quod populus Christianus per fidem et sacramenta Christi sanctificatus est: secundum illud I *ad Cor.* 6, [11]: *Sed abluti estis, sed sanctificati estis.* Et ideo I Petr. 2, [9] dicitur: *Vos estis genus electum, regale sacerdotium, gens sancta, populus acquisitionis.*[6] Et ita id quod fit in iniuriam populi Christiani, scilicet quod infideles ei praeficiantur, pertinet ad irreverentiam sacrae rei. Unde rationabiliter sacrilegium dicitur.

AD TERTIUM dicendum quod violatio hic large dicitur quaecumque irreverentia vel exhonoratio. Sicut autem *honor est in honorante, non autem in eo qui honoratur*, ut dicitur in I *Ethic.*[7]; ita etiam irreverentia est in eo qui irreverenter se habet, quamvis etiam nihil noceat ei cui irreverentiam exhibet. Quantum ergo est in ipso, rem sacram violat, licet illa non violetur.

---

5. C.1, 1094b10-11; S. Thomas, lect.2, nn.30-31.
6. Vulgata: "Vos autem genus electum, etc."

[해답] 1. 『니코마코스 윤리학』 제1권에서[5] 철학자에 따르면, 사람들의 공동선은 신적인 어떤 것이다. 그러므로 고대에 국가 통치자들은 "너희는 그 나라의 통치자들이었을 때 올바로 통치하지 못했다."라는 지혜서 6장 [5절]에 따라, 마치 신적 섭리의 직무자인 것처럼 신적이라고 불렸다. 이처럼 이름의 일정한 확장을 통해 군주에 대한 공경과 관련된 것, 즉 그의 판단에 대해 토론하는 것은, 만일 그것을 따라야 할 필요가 있다면, 비유적으로 신성모독으로 불린다.

2. 그리스도교 백성은 "여러분은 깨끗이 씻겼습니다. 그리고 거룩하게 되었습니다."라는 코린토 1서 6장 [11절]에 따라 신앙과 그리스도의 성사들을 통해 거룩해진다. 그러므로 베드로 1서 2장 [9절]에서는 다음과 같이 말한다: "여러분은 선택된 겨레고 임금의 사제단이며 거룩한 민족이고 그분의 소유가 된 백성입니다."[6] 이처럼 그리스도교 백성에게 불의가 되는 것, 즉 비신자들이 그 백성에게 하도록 명하는 것은 거룩한 것에 대한 불경에 속한다. 그러므로 [그것은] 당연히 신성모독으로 불린다.

3. 침해는 여기에서 일반적으로 모든 불경 또는 불명예로 정의된다. 그러나 『니코마코스 윤리학』 제1권에서는[7] 다음과 같이 말한다: "명예는 존경하는 사람에게 있는 것이지 존경받는 사람에게 있는 것은 아니다." 또한 불경하게 행동하는 사람에게는 불경함이 있다. 하지만 불경을 당하는 자에게는 아무런 해를 끼치지 못한다. 그러므로 그 자체로는 거룩한 것을 침해하지만, 그것은 침해되지 않는다.

---

7. C.3, 1095b24-26; S. Thomas, lect.5, n.64. Cf. I-II, q.2, a.2, sc.

Articulus 2
Utrum sacrilegium sit speciale peccatum

Ad secundum sic proceditur. Videtur quod sacrilegium non sit speciale peccatum.

1. Dicitur enim XVII, qu. 4[1]: *Committunt sacrilegium qui in divinae legis sanctitatem aut nesciendo committunt, aut negligendo violant et offendunt.* Sed hoc fit per omne peccatum: nam *peccatum est dictum vel factum vel concupitum contra legem Dei*, ut Augustinus dicit, XXII *contra Faustum*.[2] Ergo sacrilegium est generale peccatum.

2. Praeterea, nullum speciale peccatum continetur sub diversis generibus peccatorum. Sed sacrilegium sub diversis generibus peccatorum continetur: puta sub homicidio, si quis sacerdotem occidat; sub luxuria, si quis virginem sacratam violet, vel quamcumque mulierem in loco sacro; sub furto, si quis rem sacram furatus fuerit. Ergo sacrilegium non est speciale peccatum.

3. Praeterea, omne speciale peccatum invenitur distinctum ab aliis peccatis: ut de iniustitia speciali Philosophus dicit, in V *Ethic.*.[3] Sed sacrilegium non videtur inveniri absque aliis peccatis, sed quandoque coniungitur furto, quandoque homicidio, ut dictum est.[4] Non ergo est speciale peccatum.

---

1. Gratianus, *Decretum*, p.II, causa 17, q.4, app. ad can.29: ed. Richter-Friedberg, t.I, p.822.
2. C.27: PL 42, 418. Cf. I-II, q.71, a.6.

제2절 신성모독은 특수한 죄인가

[반론] 둘째는 다음과 같이 진행된다. 신성모독은 특수한 죄가 아닌 것으로 보인다.

1. 『교령』 제17권 제4문에서는[1] 다음과 같이 말한다: "무지로 인해 법의 거룩함을 거슬러 행동하거나 태만으로 법을 위반하고 어기는 사람은 신성모독을 범한다." 그러나 아우구스티누스가 『마니교도 파우스투스 반박』에서[2] "죄는 하느님의 법을 거스르는 말이나 행동 또는 탐욕이다."라고 말하듯이, 이것은 모든 죄에서 일어난다. 그러므로 신성모독은 일반적인 죄이다.

2. 어떤 특수한 죄도 죄들의 다양한 유(類) 아래에 포함되어 있지 않다. 그러나 신성모독은 죄들의 다양한 유 아래에 포함된다. 예컨대 만일 사제를 살해한다면, 살인(homicidium) 아래에 [포함된다]. 누군가 축성된 동정녀나 거룩한 곳에 있는 여하한 여성을 범하면, 색욕(luxuria) 아래에 [포함된다]. 그리고 누군가 거룩한 것을 훔친다면, 도둑질 아래에 [포함된다]. 그러므로 신성모독은 특수한 죄가 아니다.

3. 모든 특수한 죄는 『니코마코스 윤리학』 제5권에서[3] 철학자가 특수한 불의에 대해 말한 것처럼 다른 죄들로부터 구별된다. 그러나 말한 바와 같이,[4] 신성모독은 다른 죄로부터 분리된 것으로 보이지 않고, 때로는 도둑질, 때로는 살인과 연결되어 있다. 그러므로 그것은 특수한 죄가 아니다.

---

3. C.4, 1130a19-24; S. Thomas, lect.3, nn.914-915.
4. Obj.2.

q.99, a.2

SED CONTRA est quod opponitur speciali virtuti, scilicet religioni, ad quam pertinet revereri Deum et divina. Ergo sacrilegium est speciale peccatum.

RESPONDEO dicendum quod ubicumque invenitur specialis ratio deformitatis, ibi necesse est quod sit speciale peccatum[5]: quia species cuiuslibet rei praecipue attenditur secundum formalem rationem ipsius, non autem secundum materiam vel subiectum. In sacrilegio autem invenitur specialis ratio deformitatis: quia scilicet violatur res sacra per aliquam irreverentiam. Et ideo est speciale peccatum.

Et opponitur religioni. Sicut enim Damascenus dicit, in IV lib.,[6] *purpura, regale indumentum facta, honoratur et glorificatur: et si quis hanc perforaverit, morte damnatur*, quasi contra regem agens. Ita etiam si quis rem sacram violat, ex hoc ipso contra Dei reverentiam agit, et sic per irreligiositatem peccat.

AD PRIMUM ergo dicendum quod illi dicuntur in divinae legis sanctitatem committere qui legem Dei impugnant: sicut haeretici et blasphemi. Qui ex hoc quod Deo non credunt, incurrunt infidelitatis peccatum: ex hoc vero quod divinae legis verba pervertunt, sacrilegium incurrunt.

AD SECUNDUM dicendum quod nihil prohibet unam specialem

---

5. Cf. I-II, q.72, a.1.

[재반론] [신성모독은] 특수한 덕, 즉 하느님과 신적인 것을 공경하는 종교에 반대된다. 그러므로 신성모독은 특수한 죄이다.

[답변] 기형(deformitas)의 특수한 이유가 발견되는 곳이면 어디든지 반드시 특수한 죄가 있어야 한다.[5] 어떤 것의 외관은 주로 형상적인 이유에 따라 기대되지만, 그것의 질료나 주체에 따라 기대되는 것은 아니기 때문이다. 그러나 우리는 신성모독에서 기형의 특수한 이유를 찾을 수 있다. 왜냐하면 분명 어떤 불경과 함께 거룩한 것이 침해되었기 때문이다. 그러므로 [신성모독은] 특수한 죄이다.

그리고 종교에 반대된다. 다마셰누스가 제4권에서 말한 것처럼,[6] 자주색은 왕의 옷이 되어 명예롭고 영광스럽게 되며, 만일 누군가 그것에 구멍을 내면, 마치 왕을 거역한 것처럼 사형에 언도된다. 마찬가지로 누군가 거룩한 것을 침해하면, 그는 그 자체로 하느님에 대한 공경을 거스르는 행동을 하게 되며, 따라서 그는 무종교로 죄를 범하게 된다.

[해답] 1. 이단자나 신성모독자들처럼 하느님의 법을 공격하는 자는 신법에서 거룩함을 범한다고 말한다. 왜냐하면 하느님을 믿지 않는 가운데 불신앙의 죄에 빠지지만, 신법의 말씀을 타락시킴으로써 신성모독에 빠지기 때문이다.

2. 다른 하나의 덕에 의해 명령받는 덕들 가운데서 드러나듯이, 다양한 죄가 하나의 죄의 목적을 향해 질서 지어져 있는 바에 따라, 다수의

---

6. *De fide orth.*, IV, c.3: PG 94, 1105AB.

rationem peccati in pluribus peccatorum generibus inveniri, secundum quod diversa peccata ad finem unius peccati ordinantur: prout etiam in virtutibus apparet quibus imperatur ab una virtute. Et hoc modo quocumque genere peccati aliquis faciat contra reverentiam debitam sacris rebus, sacrilegium formaliter committit, licet materialiter sint ibi diversa genera peccatorum.

AD TERTIUM dicendum quod sacrilegium interdum invenitur separatum ab aliis peccatis, eo quod actus non habet aliam deformitatem nisi quia res sacra violatur: puta si aliquis iudex rapiat aliquem de loco sacro, quem in aliis locis licite capere posset.

Articulus 3
Utrum speciees sacrilegii distinguantur secundum res sacras

Ad tertium sic proceditur. Videtur quod species sacrilegii non distinguantur secundum res sacras.

1. Materialis enim diversitas non diversificat speciem, si sit eadem ratio formalis. Sed in violatione quarumcumque rerum sacrarum videtur esse eadem ratio formalis peccati, et quod non sit diversitas nisi materialis. Ergo per hoc non diversificantur sacrilegii species.

2. Praeterea, non videtur esse possibile quod aliqua sint eiusdem speciei, et tamen specie differant. Sed homicidium et furtum et illicitus concubitus sunt diversae species peccatorum. Ergo non possunt convenire in una specie sacrilegii. Et ita videtur quod sacrilegii spe-

죄의 유(類)에서 특수한 죄의 이유가 발견되는 것을 막을 수 있는 것은 아무것도 없다. 이러한 방식으로 누군가 죄의 여하한 유와 함께 거룩한 것에 마땅한 공경을 거슬러, 비록 질료적으로는 다른 유의 죄이지만, 형식적으로는 신성모독을 범한다.

3. 신성모독은 어떤 거룩한 것을 침해하는 기형만 갖는 행위로 인해 때때로 다른 죄로부터 구분된다. 예컨대 만일 어떤 재판관이 거룩한 장소에서 다른 곳에서라면 합법적으로 데려갈 수 있는 사람을 납치하는 경우에 [그렇다].

제3절 신성모독의 종은 거룩한 사물에 따라 구별되는가

Doctr. Eccl.: DS 685sq[=DH 1275sq]를 보라.

[반론] 셋째는 다음과 같이 진행된다. 신성모독의 종은 거룩한 사물에 따라 구별되지 않는 것으로 보인다.

1. 만일 형상적 이유가 같다면, 질료적 다양성이 종을 다양하게 하지는 않는다. 그러나 모든 거룩한 것에 대한 침해에서는 죄의 형상적 이유가 같으며 차이는 단지 질료적인 것으로 보인다. 그러므로 신성모독의 종이 이것으로 인해 다양해지지 않는다.

2. 어떤 것들이 같은 종에 속하지만, 그럼에도 종 안에서 달라지는 것은 가능해 보이지 않는다. 그러나 살인과 도둑질, 불법적인 동침 등은 상이한 죄의 종이다. 그러므로 그것들은 신성모독의 종에 합류할 수 없다. 따라서 신성모독의 종은 거룩한 것의 다양성에 따라서가 아

cies distinguantur secundum diversas species aliorum peccatorum, et non secundum diversitatem rerum sacrarum.

3. Praeterea, inter res sacras connumerantur etiam personae sacrae. Si ergo una species sacrilegii esset qua violatur persona sacra, sequeretur quod omne peccatum quod persona sacra committit esset sacrilegium: quia per quodlibet peccatum violatur persona peccantis. Non ergo species sacrilegii accipiuntur secundum res sacras.

SED CONTRA est quod actus et habitus distinguuntur secundum obiecta.[1] Sed res sacra est obiectum sacrilegii, ut dictum est.[2] Ergo species sacrilegii distinguuntur secundum differentiam rerum sacrarum.

RESPONDEO dicendum quod, sicut dictum est,[3] peccatum sacrilegii in hoc consistit quod aliquis irreverenter se habet ad rem sacram. Debetur autem reverentia rei sacrae ratione sanctitatis. Et ideo secundum diversam rationem sanctitatis rerum sacrarum quibus irreverentia exhibetur, necesse est quod sacrilegii species distinguantur: et tanto sacrilegium est gravius quanto res sacra in quam peccatur maiorem obtinet sanctitatem.

Attribuitur autem sanctitas et personis sacris, idest divino cultui dedicatis, et locis sacris, et rebus quibusdam aliis sacris. Sanctitas autem loci ordinatur ad sanctitatem hominis, qui in loco sacro cul-

---

1. Cf. q.23, a.4; q.25, a.1; q.47, a.5; etc.

니라 다른 죄의 종들에 따라서 구별되는 것으로 보인다.

3. 거룩한 것들 가운데 거룩한 사람들도 열거된다. 그러므로 만일 거룩한 사람이 침해되는 신성모독의 종이 있다면, 거룩한 사람에 의해 범해진 모든 죄가 신성모독이라는 결과가 뒤따른다. 왜냐하면 모든 죄는 죄인의 인격에 의해 침해되기 때문이다. 그러므로 신성모독의 종은 거룩한 것에 따라 취해지지 않는다.

[재반론] 행위와 습성은 그것의 대상에 따라 구별된다.[1] 그러나 말한 바와 같이[2] 거룩한 것은 신성모독의 대상이다. 그러므로 신성모독의 종은 거룩한 것의 차이에 따라 구별된다.

[답변] 말한 바와 같이,[3] 신성모독의 죄는 누군가 거룩한 것에 대한 존경의 부족에 있다. 그러나 거룩한 것에 대한 존경은 그것의 거룩함의 이유에 기인한다. 그러므로 불경이 향하는 거룩한 것의 거룩함의 상이한 본성에 따라 신성모독의 종을 구별해야 한다. 그리고 거룩한 것의 거룩함이 더욱 클수록 죄는 더욱 위중하다.

반면 거룩함은 거룩한 사람들, 즉 신적 예배를 위해 봉헌된 사람들에게도 할당된다. 그러나 장소의 거룩함은 거룩한 장소에서 하느님께 예배를 봉헌하는 인간의 거룩함을 향해 질서 지어져 있다. 왜냐하면 마카베오기 2서 5장 [19절]에서 다음과 같이 말하기 때문이다: "주님께서는 이곳을 위하여 백성을 선택하신 것이 아니라, 백성을 위하여

---

2. A.1.
3. Ibid.

tum exhibet Deo: dicitur enim II *Machab.* 5, [19]: *Non propter locum gentem, sed propter gentem Dominus locum elegit.*[4] Et ideo gravius peccatum est sacrilegium quo peccatur contra personam sacram quam quo peccatur contra locum sacrum. Sunt tamen in utraque sacrilegii specie diversi gradus, secundum differentiam personarum et locorum sacrorum.

Similiter etiam et tertia species sacrilegii, quae circa alias res sacras committitur, diversos habet gradus, secundum differentiam sacrarum rerum. Inter quas summum locum obtinent ipsa sacramenta, quibus homo sanctificatur: quorum praecipuum est Eucharistiae sacramentum, quod continet ipsum Christum. Et ideo sacrilegium quod contra hoc sacramentum committitur gravissimum est inter omnia. — Post sacramenta autem, secundum locum tenent vasa consecrata ad sacramentorum susceptionem; et ipsae imagines sacrae, et sanctorum reliquiae, in quibus quodammodo ipsae personae sanctorum venerantur vel dehonorantur. Deinde ea quae pertinent ad ornatum Ecclesiae et ministrorum. Deinde ea quae sunt deputata ad sustentationem ministrorum, sive sint mobilia sive immobilia. Quicumque autem contra quodcumque praedictorum peccat, crimen sacrilegii incurrit.

AD PRIMUM ergo dicendum quod non est in omnibus praedictis[5] eadem ratio sanctitatis. Et ideo differentia sacrarum rerum non solum est differentia materialis, sed formalis.

AD SECUNDUM dicendum quod nihil prohibet aliqua duo se-

이곳을 선택하신 것이다."⁴ 그러므로 거룩한 사람을 거슬러 범한 신성모독의 죄는 거룩한 장소를 거슬러 범한 죄보다 훨씬 더 위중하다. 그러나 신성모독의 이러저러한 유에는 거룩한 사람과 거룩한 장소들의 차이에 따라 큰 차이가 있다.

마찬가지로 신성모독의 세 번째 유형, 즉 다른 거룩한 것들에 관해 범해진 신성모독은 거룩한 것의 차이에 따라 상이한 단계를 갖는다. 이것 가운데 가장 높은 위치는 성사들이 차지한다. 인간은 성사들을 통해 성화된다. 성사 가운데 주된 것은 그리스도 자신을 담고 있는 성체성사이다. 그러므로 이 [성체]성사를 거슬러 범한 신성모독은 모든 신성모독 가운데 가장 위중하다. 성사들 이후, 성사를 받기 위한 축성된 그릇들이 두 번째 위치를 차지한다. 거룩한 성화와 성인들의 유해에는 어떤 방식으로 거룩한 사람들 자신이 공경받거나 모욕을 받는다. 그다음으로, 교회와 직무자들에 대한 장식과 관련된 것이 있다. 그리고 동산이든 부동산이든, 직무자의 부양을 위해 정해진 물건들도 있다. 그러나 위에서 말한 것 가운데 어떤 것을 거슬러서 죄를 범한 사람은 신성모독의 범죄에 빠진다.

[해답] 1. 위에서 제시된⁵ 모든 것 중에서 거룩함의 근거는 동일하지 않다. 그러므로 거룩한 것에서 차이는 질료적인 차이만이 아니라 형상적인 차이다.

2. 소크라테스와 플라톤이 동물의 종에서 일치하지만, 한 사람은 희고 다른 사람이 검다면 색깔의 종에서 다른 것처럼, 그 무엇도 어떤 두

---

4. Vulgata: "locum Deus elegit."
5. 답변.

cundum aliquid esse unius speciei, et secundum aliud diversarum: sicut Socrates et Plato conveniunt in specie animalis, differunt autem in specie colorati, si unus sit albus et alius niger. Et similiter etiam possibile est aliqua duo peccata differre specie secundum materiales actus, convenire autem in specie secundum unam rationem formalem sacrilegii: puta si quis sanctimonialem violaverit verberando, vel concumbendo.

AD TERTIUM dicendum quod omne peccatum quod sacra persona committit, materialiter quidem et quasi per accidens est sacrilegium: unde Hieronymus[6] dicit quod *nugae in ore sacerdotis sacrilegium sunt vel blasphemia*. Formaliter autem et proprie illud solum peccatum sacrae personae sacrilegium est quod agitur directe contra eius sanctitatem: puta si virgo Deo dicata fornicetur; et eadem ratio est in aliis.

Articulus 4
Utrum poena sacrilegii debeat esse pecuniaria

Ad quartum sic proceditur. Videtur quod poena sacrilegii non debeat esse pecuniaria.

1. Poena enim pecuniaria non solet imponi pro culpa criminali. Sed sacrilegium est culpa criminalis: unde capitali sententia punitur secundum leges civiles.[1] Ergo sacrilegium non debet puniri poena pe-

---

6. Cf. Bernardus, *De consid.*, II, c.13, n.22: PL 182, 756B.

실재가 어떤 측면들 아래에서 하나의 종에 속하는 것을, 다른 여러 측면 아래에서 다양한 종에 속하는 것을 막지 못한다. 같은 방식으로 두 가지 죄가 특히 질료적인 행위에 따라 차별화되지만, 신성모독의 형식적 측면에 따라 구체적으로 만난다. 예컨대 만일 누군가 때리거나 눕는 가운데 거룩함을 침해한다면 [그렇다].

3. 거룩한 사람에 의해 범해진 모든 죄는 질료적으로 그리고 거의 우유적으로 신성모독이다. 그래서 히에로니무스는[6] 다음과 같이 말한다: "사제의 입에 있는 시시한 소리들은 신성모독이나 독성(blasphemia)이다." 그러나 자신의 거룩함을 직접 거슬러 범한 거룩한 사람의 죄만 형식적으로 그리고 고유하게 신성모독이다. 예컨대 만일 하느님께 축성된 동정녀가 간음한다면, [그렇다]. 그리고 이것은 다른 사람에게도 똑같이 유효하다.

제4절 신성모독에 대한 벌은 금전적이어야 하는가

[반론] 넷째는 다음과 같이 진행된다. 신성모독에 대한 벌은 금전적이어서는 안 된다.

1. 통상 금전적인 벌은 범죄의 죄과에는 부과되지 않는다. 그러나 신성모독은 범죄의 죄과이다. 따라서 시민법에 따라 중대한 판결로 처벌받는다.[1] 그러므로 신성모독은 금전적인 벌로 처벌돼서는 안 된다.

---

1. *Dig.*, XLVIII, tit.13, leg.7, 11: ed. Krueger, t.I, p.858b; Cod., I, tit.3, leg.10: ed. Krueger, t.II, p.19b.

cuniaria.

2. Praeterea, idem peccatum non debet duplici poena puniri: secundum illud Nahum 1, [9]: *Non consurget duplex tribulatio*. Sed poena sacrilegii est excommunicatio: maior quidem si violentia inferatur in personam sacram, vel si aliquis incendat vel frangat Ecclesiam; minor autem in aliis sacrilegiis. Ergo non debet sacrilegium puniri poena pecuniaria.

3. Praeterea, Apostolus dicit, I *ad Thess*. 2, [5]: *Non fuimus aliquando in occasione avaritia*e.[2] Sed hoc videtur ad occasionem avaritiae pertinere quod poena pecuniaria exigatur pro violatione rei sacrae. Ergo non videtur talis poena esse conveniens sacrilegii.

SED CONTRA est quod dicitur XVII, qu. 4[3]: *Si quis contumax vel superbus fugitivum servum de atrio ecclesiae per vim abstraxerit, nongentos solidos componat*. Et ibidem[4] postea dicitur: *Quisquis inventus fuerit reus sacrilegii, triginta libras argenti examinati purissimi componat.*

RESPONDEO dicendum quod in poenis infligendis duo sunt consideranda. Primo quidem, aequalitas, ad hoc quod poena sit iusta: ut scilicet *in quo quis peccat, per hoc torqueatur*, ut dicitur *Sap*. 11, [17].[5] Et hoc modo conveniens poena sacrilegi, qui sacris iniuriam

---

2. Vulgata: "Neque enim aliquando fuimus... in occasione avaritiae."
3. Gratianus, *Decretum*, p.II, causa 17, q.4, can.20: ed. Richter-Friedberg, t.I, p.819.

2. "어떤 재난도 두 번 일어나지 못한다."라는 나훔서 1장 [9절]에 따라, 동일한 죄가 이중적인 벌로 처벌돼서는 안 된다. 그러나 신성모독을 위한 벌은 파문이며, 만일 거룩한 사람에게서 침해가 일어나면, 그리고 만일 누군가가 교회에 불을 붙이거나 부수면, [파문은] 더욱 크다. 반면 다른 신성모독에서는 [파문이] 작다. 그러므로 신성모독은 금전적인 벌로 처벌돼서는 안 된다.

3. 사도는 테살로니카 1서 2장 [5절]에서 다음과 같이 말한다: "우리는 이따금 인색(avaritia)의 기회에 있지 않았습니다."[2] 그러나 이것은 인색의 기회에 속하는 것으로 보인다. 왜냐하면 거룩한 것에 대한 침해에 대해서는 금전적인 벌이 요구되기 때문이다. 그러므로 그러한 벌은 신성모독에 적합하지 않은 것으로 보인다.

[재반론] 『교령』 제17권 제4문에서는[3] 다음과 같이 말한다: "만일 어떤 사람이 완고하고 교만하게 도망친 노예를 교회 재판소에서 강제로 빼냈다면, 그는 구백 솔리도스(solidos)를 배상해야 한다." 그리고 그다음에 같은 곳에서[4] 이렇게 말한다: "신성모독으로 유죄로 판결된 사람은 누구나 가장 순수한 삼십 리브라(libra)의 은을 지불해야 한다."

[답변] 벌을 부과하는 데 있어서 두 가지를 고려해야 한다. 무엇보다도 벌이 정당하도록 동등함(aequalitas)을 [고려해야 한다]. 즉 지혜서 11장 [17절]에서 말하는 것처럼,[5] "어떤 것으로 죄를 짓는 사람은 그것으로 고통을 받게 된다." 이러한 방식으로 신성모독자(sacrilegus)에게 벌

---

4. *Ibid.*, can.21: ed. cit., t.I, p.820.
5. Vulgata: "Per quae peccat quis, per haec et torquetur."

infert est excommunicatio, per quam a sacris arcetur. — Secundo autem consideratur utilitas: nam poenae quasi medicinae quaedam infliguntur,[6] ut his territi homines a peccando desistant. Sacrilegus autem, qui sacra non revereatur, non sufficienter videtur a peccando arceri per hoc quod ei sacra interdicuntur, de quibus non curat. Et ideo secundum leges humanas adhibetur capitis poena; secundum vero Ecclesiae sententiam, quae mortem corporalem non infligit, adhibetur pecuniaria poena: ut saltem poenis temporalibus homines a sacrilegiis revocentur.

AD PRIMUM ergo dicendum quod Ecclesia corporalem mortem non infligit: sed loco eius infligit excommunicationem.

AD SECUNDUM dicendum quod necesse est duas poenas adhiberi quando per unam non sufficienter revocatur aliquis a peccato. Et ideo oportuit, supra poenam excommunicationis, adhibere aliquam temporalem poenam, ad coercendum homines qui spiritualia contemnunt.

AD TERTIUM dicendum quod si pecunia exigeretur sine rationabili causa, hoc videretur ad occasionem avaritiae pertinere. Sed quando exigitur ad hominum correctionem, habet manifestam utilitatem. Et ideo non pertinet ad occasionem avaritiae.

---

6. Cf. q.66, a.6, ad2; q.68, a.1.

은 적합하다. 거룩한 것에 부정을 가져오는 그는 파문되며, 이를 통해 거룩한 것에서 멀리 떨어진다. 둘째, 만일 유익(utilitas)을 고려한다면, 벌은 놀란 사람들이 죄를 범하는 것을 단념하도록 하는 약으로서 부과된다.[6] 그러나 거룩한 것을 존경하지 않는 신성모독자에게는 자신에게 중요하지 않은 거룩한 것이 금지되었다는 사실로 죄를 범하는 것에서 충분히 멀리 떨어져 있지 않은 것으로 보인다. 그러므로 인정법(lex humana)에 따라 사형(poena capitis)이 사용되어야 한다. 그러나 육체적인 죽음을 부과하지 않는 교회의 판결에 따르면, 사람들이 적어도 현세적 벌과 함께 신성모독으로부터 돌아오도록 금전적 벌이 사용된다.

[해답] 1. 교회는 육체적인 죽음을 부과하지 않고, 그 대신에 파문을 부과한다.

2. 하나의 벌로 어떤 이의 죄를 범하는 것에서 충분히 소환하지 못할 때, 두 가지 벌을 사용하는 것이 필요하다. 그러므로 영적인 것을 경멸하는 사람을 제어하기 위해 파문의 벌 이상으로, 어떤 현세적 벌을 부과하는 것이 적절하다.

3. 만일 합당한 이유 없이 돈이 요구된다면, 그것은 인색의 경우에 속하는 것으로 보인다. 그러나 사람들에 대한 교정을 위해 필요하다면, [그것은] 분명한 이점을 드러낸다. 그러므로 [그것은] 인색의 경우에 속하지 않는다.

QUAESTIO C
DE SIMONIA
in sex articulos divisa

Deinde considerandum est de simonia.[1]

Et circa hoc quaeruntur sex.

Primo: quid sit simonia.

Secundo: utrum liceat pro sacramentis pecuniam accipere.

Tertio: utrum liceat accipere pecuniam pro spiritualibus actibus.

Quarto: utrum liceat vendere ea quae sunt spiritualibus annexa.

Quinto: utrum solum munus a manu faciat simoniacum, an etiam munus a lingua et ab obsequio.

Sexto: de poena simoniaci.

Articulus 1
Utrum simonia sit studiosa voluntas emendi et vendendi aliquid spirituale vel spirituali annexum

---

1. Cf. q.99, Introd.

제100문
성직매매에 대하여
(전6절)

이제 성직매매에 대해 숙고하기로 하자.[1] 이에 대해서는 여섯 가지가 조사된다.

첫째, 성직매매란 무엇인가?

둘째, 성사를 위해 돈을 받는 것은 합당한가?

셋째, 영적인 활동을 위해 돈을 받는 것은 합당한가?

넷째, 영적인 것에 연결된 것을 판매하는 것은 합당한가?

다섯째, 실제로 돈을 주는 것만 성직매매자가 되게 하는가, 아니면 말이나 일을 해주는 것도 여기에 해당되는가?

여섯째, 성직매매에 대한 벌에 관하여.

제1절 성직매매란 무엇인가

Parall.: *In Sent.*, IV, d.25, q.3, a.1, qc.1.

Doctr. Eccl.: 인노첸시오 11세는 1679년에 이 명제들을 단죄했다: "45. 현세 재화를 영적 재화를 위하여 주는 것은, 현세 재화가 다만 대가로서가 아니라 영적 재화를 가져오거나 작용하는 동인으로서 제공될 경우, 또는 현세 재화가 오로지 영적 재화를 위한 무상의 보상일 경우에나 그 반대의 경우에는 성직매매가 아니다. 46. 그리고 이는, 현세 재화가 영적 재화를 수여하는 주요 동인인 경우, 더욱이 그것이 영적 재화 자체의 목적이어서 현세 재화가 영적 재화보다 더 높게 평가되는 경우에도 적용된다"(DS 1195sq[=DH 2145sq]).

q.100, a.1

Ad primum sic proceditur. Videtur quod simonia non sit *studiosa voluntas emendi et vendendi aliquid spirituale vel spirituali annexum.*[1]

1. Simonia enim est haeresis quaedam: dicitur enim I, qu. 1[2]: *Tolerabilior est Macedonii, et eorum qui circa ipsum sunt Sancti Spiritus impugnatorum, impia haeresis quam simoniacorum. Illi enim creaturam, et servum Dei Patris et Filii, Spiritum Sanctum delirando fatentur: isti vero eundem Spiritum Sanctum efficiunt servum suum. Omnis enim dominus quod habet, si vult, vendit: sive servum, sive quid aliud eorum quae possidet.* Sed infidelitas non consistit in voluntate, sed magis in intellectu, sicut et fides, ut ex supra[3] dictis patet. Ergo simonia non debet per voluntatem definiri.

2. Praeterea, studiose peccare est ex malitia peccare, quod est peccare in Spiritum Sanctum. Si ergo simonia est studiosa voluntas peccandi, sequitur quod semper sit peccatum in Spiritum Sanctum.[4]

3. Praeterea, nihil magis est spirituale quam regnum caelorum. Sed licet emere regnum caelorum, dicit enim Gregorius, in quadam homilia[5]: *Regnum caelorum tantum valet quantum habes.* Ergo non est simonia velle emere aliquid spirituale.

4. Praeterea, nomen *simoniae* a Simone Mago acceptum est, de quo legitur *Act.* 8, [18-19], quod *obtulit Apostolis pecuniam* ad spiritualem

---

1. 그러므로 변호인들. 다음을 보라: Guilelm. Altissiod., *Summ. aur.*, p.III, tract.21, c.1, q.1; Bonaventura, *In Sent.*, IV., d.25, a.1, q.3; Ad Claras Aquas, t.IV, p.646; Alexander Halensis, *Summ. Theol.*, II-II, n.821; Ad Claras Aquas, t.III, p.789; Albertus M., *In Sent.*, IV, d.25, a.2; ed. Borgnet, t.XXX, p.88. Cf. *Cod. I. Can.*, can.727, § 1.
2. Gratianus, *Decretum*, p.II, causa 1, q.1, can.21; ed. Richter-Friedberg, t.I, p.365.

[반론] 첫째는 다음과 같이 진행된다. 성직매매는 "영적인 것과 그것에 연결된 선을 사거나 파는 적극적인 의지"가 아닌 것으로 보인다.[1]

1. 성직매매는 이단으로서 제1절 제1소문제에서[2] 다음과 같이 말한다: "마케도니우스주의자들, 그리고 그와 함께 성령을 공격하는 이들의 이단적 불경은 성직매매자의 이단보다 훨씬 참을 수 있다. 그들은 발악하는 가운데 성령이 성부와 성자의 피조물이자 종이며, 이 두 분이 성령을 그들 자신의 종으로 축소했다고 말한다. 오직 어떤 것을 갖고 있는 주인이 원하면, 종이든 자기 재산의 다른 모든 것이든 다 팔 수 있다." 그러나 위에서 언급한 것에서[3] 분명하듯이, 신앙과 마찬가지로 불신앙은 의지에 있기보다는 지성에 있다. 그러므로 성직매매는 의지로써 정의되지 말아야 한다.

2. 숙고해서 죄를 범하는 것은 악의로 죄를 짓는 것, 즉 성령을 거슬러 죄를 짓는 것이다. 그러므로 만일 성직매매가 죄를 짓기 위하여 숙고된 의지라면, 거기서부터 [그것은] 언제나 성령을 거스르는 죄라는 사실이 뒤따른다.[4]

3. 하늘나라보다 더 영적인 것은 없다. 그럼에도 그레고리우스가 어느 강론에서[5] "하늘나라는 네가 가진 것만큼 가치 있다."라고 말하듯이, 하늘나라를 사는 것은 합당하다. 그러므로 성직매매는 어떤 영적인 것을 사려는 것에 있지 않다.

4. 성직매매라는 이름은 마술사 시몬(Simon)으로부터 받은 것이다. 우리는 그에 대해 사도행전 8장 [18-19절]에서 다음과 같이 읽을 수

---

3. Q.10, a.2.
4. 성령 안에서 죄에 대하여, 위에서 q.14, a.1.
5. Homil.5 *in Evang.*, n.2: PL 76, 1094A.

potestatem emendam, *ut,* scilicet, *quibuscumque manus imponeret, reciperent Spiritum Sanctum.*[6] Non autem legitur quod aliquid voluit vendere. Ergo simonia non est voluntas vendendi aliquid spirituale.

5. Praeterea, multae aliae sunt voluntariae commutationes praeter emptionem et venditionem: sicut permutatio, transactio. Ergo videtur quod insufficienter definiatur simonia.

6. Praeterea, omne quod est spirituali annexum est spirituale. Superflue igitur additur: *vel spirituali annexum.*

7. Praeterea, Papa, secundum quosdam,[7] non potest committere simoniam. Potest autem emere vel vendere aliquid spirituale. Ergo simonia non est voluntas emendi vel vendendi aliquid spirituale vel spirituali annexum.

SED CONTRA est quod Gregorius dicit, in *Registro*[8]: *Altare et decimas et Spiritum Sanctum emere vel vendere simoniacam haeresim esse nullus fidelium ignorat.*

RESPONDEO dicendum quod, sicut supra[9] dictum est, actus aliquis est malus ex genere ex eo quod cadit super materiam indebitam. Emptionis autem et venditionis est materia indebita res spiritualis, triplici ratione. Primo quidem, quia res spiritualis non potest

---

6. Vulgata: "Obtulit eis pecuniam, dicens: Date et mihi hanc potestatem, ut cuicumque imposuero manus, accipiat Spiritum Sanctum."

있다: 그는 영적인 권한을 얻기 위해 "사도들에게 돈을 갖다 바쳤다." 그럼으로써 "안수하는 사람마다 성령을 받을 수 있도록 했다."[6] 그러나 그가 어떤 것을 팔려 했다는 것은 읽히지 않는다. 그러므로 성직매매는 어떤 영적인 것을 팔려는 의지가 아니다.

5. 구매와 판매 이상으로 교환, 협약과 같은 또 다른 자발적인 교환들이 많이 있다. 그러므로 성직매매는 불충분하게 정의된 것으로 보인다.

6. 영적인 것과 연결된 모든 것은 영적이다. 그러므로 "또는 영적인 것에 연결된 것"이라고 첨가하는 것은 불필요하다.

7. 어떤 사람들에 따르면,[7] 교황은 성직매매를 범할 수 없다. 그러므로 그는 영적인 재화를 사거나 팔 수 있다. 따라서 성직매매는 어떤 영적인 것이나 영적인 것에 연결된 재화를 사거나 팔려는 의지가 아니다.

[재반론] 그레고리우스는 『교령』에서[8] 다음과 같이 말한다: "아무도 제대, 십일조 그리고 성령을 사거나 파는 것이 성직매매 이단을 구성한다는 점을 모르지 않는다."

[답변] 위에서 말한 바와 같이,[9] 어떤 행위는 부당한 질료에 해당되기 때문에 유(類)에 있어 악하다. 그런데 사고파는 것은 세 가지 이유로 영

---

7. Cf. Albertus M., *In Sent.*, IV., d.25, a.4: ed. Borgnet, t.XXX, p.91.
8. Cf. Gratianus, *Decretum*, p.II, causa 1, q.1, can.3; q.3, can.14: ed. Richter-Friedberg, t.I, pp.358, 418.
9. I-II, q.18, a.2.

aliquo terreno pretio compensari: sicut de sapientia dicitur *Prov.* 3, [15]: *Pretiosior est cunctis opibus: et omnia quae desiderantur huic non valent comparari.* Et ideo Petrus, in ipsa sui radice Simonis pravitatem condemnans, dixit[10]: *Pecunia tua tecum sit in perditionem: quoniam donum Dei existimasti pecunia possidere.*[11] — Secundo, quia illud potest esse debita venditionis materia cuius venditor est dominus: ut patet in auctoritate supra[12] inducta. Praelatus autem Ecclesiae non est dominus spiritualium rerum, sed dispensator[13]: secundum illud I *ad Cor.* 4, [1]: *Sic nos existimet homo ut ministros Christi, et dispensatores ministeriorum Dei.*[14] — Tertio, quia venditio repugnat spiritualium origini, quae ex gratuita Dei voluntate proveniunt. Unde et Dominus dicit, Matth. 10, [8]: *Gratis accepistis: gratis date.*

Et ideo aliquis, vendendo vel emendo rem spiritualem, irreverentiam exhibet Deo et rebus divinis. Propter quod, peccat peccato irreligiositatis.

AD PRIMUM ergo dicendum quod sicut religio consistit in quadam fidei protestatione, quam tamen interdum aliquis non habet in corde; ita etiam vitia opposita religioni habent quandam protestationem infidelitatis, licet quandoque non sit infidelitas in mente.[15] Secundum hoc ergo, simonia haeresis dicitur secundum exteriorem protestationem: quia in hoc quod aliquis vendit donum Spiritus

---

10. 사도 8,20.
11. Vulgata: "possideri."

적인 것이다. 무엇보다도 잠언 3장 [15절]에서 말하듯이, 영적인 것은 어떠한 지상적 값에 의해 보상될 수 없기 때문이다. 그러므로 베드로는 시몬의 타락을 그 뿌리에서 단죄하는 가운데 다음과 같이 말한다:[10] "그대가 하느님의 선물을 돈으로 소유할 수 있다고 생각하였으니, 그대의 돈은 그대와 함께 망할 것이오."[11] 둘째, 판매의 합당한 재료는 위에서 인용한 권위에서 분명히 드러나듯이, 오직 그 물건의 판매자가 주인인 것만 될 수 있다.[12] 그런데 "누구든지 우리를 그리스도의 직무자로, 하느님의 직무에 대한 분배자로 생각해야 합니다."[13]라는 코린토 1서 4장 [1절]에 따르면, 교회의 고위 성직자는 영적인 것의 주인이 아니라 분배자일 뿐이다.[14] 셋째, 판매는 하느님의 무상적인 의지에서 비롯되는 영적인 것의 기원에 반대된다. 그러므로 주님은 마태오복음서 10장 [8절]에서 다음과 같이 말한다: "거저 받았으니 거저 주어라."

따라서 인간은 영적인 것을 팔거나 사는 가운데 하느님과 신적인 것들에 불경을 드러낸다. 이로 인해 그는 무종교의 죄를 범한다.

[해답] 1. 종교는 신앙의 고백에 있지만, 사람은 종종 그러한 신앙을 자기 마음속에 갖고 있지 않다. 이와 마찬가지로, 비록 종종 정신 안에 불신앙이 없다고 해도, 종교에 반대되는 악습도 어떤 불신앙의 고백을 갖는다.[15] 그러므로 외적인 고백에 따르면, 성직매매는 이단이라고 말한다. 왜냐하면 인간이 성령의 선물을 파는 가운데 어떤 면에서 영적

---

12. Obj.1.
13. Vulgata: "mysteriorum Dei."
14. Cf. q.63, a.2, ad1; q.88, a.12, ad2; q.185, a.1, ad3.
15. Cf. q.94, a.1, ad1.

Sancti, quodammodo se protestatur esse dominum spiritualis doni; quod est haereticum.

Sciendum tamen quod Simon Magus, praeter hoc quod *ab Apostolis Spiritus Sancti gratiam pecunia emere voluit,* dixit quod mundus non erat a Deo creatus, sed *a quadam superna virtute:* ut dicit Isidorus, in libro *Etymol.*.[16] Et secundum hoc, inter alios haereticos Simoniaci computantur: ut patet in libro Augustini *de Haeresibus*.[17]

AD SECUNDUM dicendum quod, sicut supra[18] dictum est, iustitia et omnes partes eius, et per consequens omnia vitia opposita, sunt in voluntate sicut in subiecto. Et ideo convenienter simonia per voluntatem definitur.[19] — Additur autem *studiosa*, ad designandum electionem, quae principaliter pertinet ad virtutem et vitium. Non autem omnis qui peccat electione peccat peccato in Spiritum Sanctum: sed solum qui peccatum eligit per contemptum eorum quae homines solent retrahere a peccando, ut supra[20] dictum est.

AD TERTIUM dicendum quod regnum caelorum dicitur emi, dum quis dat quod habet propter Deum, large sumpto nomine emptionis, secundum quod accipitur pro merito. Quod tamen non pertingit ad perfectam rationem emptionis. Tum quia *non sunt condignae passiones huius temporis*, nec aliqua nostra dona vel opera, *ad futuram gloriam quae revelabitur in nobis*, ut dicitur *Rom.* 8, [18]. Tum quia meritum non consistit principaliter in exteriori dono vel actu vel passione, sed in interiori affectu.

---

16. VIII, c.5, n.2: PL 82, 298B.

선물의 주인이라고 주장하기 때문이다. 이것은 이단이다.

그러나 마술사 시몬은 사도들로부터 성령의 은총을 돈으로 사려고 했을 뿐만 아니라, 이시도루스가 『어원』에서[16] 말하듯이, 세상이 하느님이 아니라 "상위 권능에 의해" 창조되었다고 주장한다는 점을 알아야 한다. 이에 따라 이단에 대한 아우구스티누스의 『이단』에서[17] 분명히 드러나듯이, 성직매매자들은 이단자 가운데 열거되었다.

2. 위에서 말하듯이[18] 정의와 그것의 모든 부분, 그리고 그에 따라 반대되는 모든 악습은 주체로서 의지 안에 있다. 그러므로 성직매매는 의지에 의해 적절하게 정의된다.[19] 그런데 기본적으로 덕과 악습에 속하는 선택(electio)을 가리키기 위해 '적극적인(studiosa)'이 추가된다. 그러나 선택을 통해 죄를 범하는 사람이 모두 성령을 거슬러 죄를 짓는 것은 아니며, 위에서 말한 것처럼[20] 사람들을 죄로부터 떠나게 하는 것을 경멸하는 가운데 죄를 선택하는 사람만 [그렇다].

3. 누군가 하느님 때문에 자신이 가진 것을 내어줄 때, 공로(meritum)로 받아들이는 것에 따라서 구매(emptio)라는 이름으로 관대하게 취하는 가운데 하늘나라를 산다고 한다. 하지만 이것은 구매의 완전한 이유에 속하지 않는다. 왜냐하면 로마서 8장 [18절]에서 말하듯이, "장차 우리에게 계시될 영광에 견주면" "지금 이 시대에 우리가 겪는 고난도" 합당하지 않기 때문이다. 공로는 선물이나 행위나 고난이 아니라 내적 감정(interior affectus)에 있기 때문이다.

---

17. Haeres.1: PL 42, 25.
18. Q.58, a.4.
19. Cf. obj.1(in fine).
20. Q.14, a.1.

AD QUARTUM dicendum quod Simon Magus ad hoc emere voluit spiritualem potestatem ut eam postea venderet: dicitur enim I, qu. 3,[21] quod *Simon Magus donum Spiritus Sancti emere voluit ut ex venditione signorum quae per eum fierent, multiplicatam pecuniam lucraretur*. Et sic illi qui spiritualia vendunt, conformantur Simoni Mago in intentione: in actu vero, illi qui emere volunt. Illi autem qui vendunt, in actu imitantur Giezi, discipulum Elisaei, de quo legitur IV *Reg.* 5, [20 sqq.], quod accepit pecuniam a leproso mundato. Unde venditores spiritualium possunt dici non solum *Simoniaci*, sed etiam *Giezitae*.[22]

AD QUINTUM dicendum quod nomine emptionis et venditionis intelligitur omnis contractus non gratuitus. Unde nec permutatio praebendarum vel ecclesiasticorum beneficiorum fieri potest, auctoritate partium absque periculo simoniae, sicut nec transactio, ut iura[23] determinant. Potest tamen praelatus, ex officio suo. Permutationes huiusmodi facere pro causa utili vel necessaria.

AD SEXTUM dicendum quod sicut anima vivit secundum seipsam, corpus vero vivit ex unione animae; ita etiam quaedam sunt spiritualia secundum seipsa, sicut sacramenta et alia huiusmodi; quaedam autem dicuntur spiritualia ex hoc quod talibus adhaerent. Unde I, qu. 3, dicitur, cap. *Si quis obiecerit*,[24] quod *spiritualia sine*

---

21. Gratianus, *Decretum*, p.II, causa 1, q.3, can.8: ed. cit., t.I, p.413.
22. Cf. Gratianus, *Decretum*, p.II, causa 2, q.1, can.10: ed. cit., t.I, p.443.

4. 마술사 시몬은 이를 위해 나중에 팔고자 영적 능력을 사려고 했다. 사실 『교령』 제1권 제3문은[21] 다음과 같이 말하기 때문이다: "마술사 시몬은 성령을 통해 이루어진 표지들에 대한 판매를 통해 많은 돈을 벌기 위해 성령의 선물을 사려 했다." 이처럼 영적인 것을 파는 이들은 지향에 있어서 마술사 시몬을 따르며, 반면 [그것을] 팔려는 사람은 행위에 있어서 [그를 따른다]. 그러나 [그것을] 파는 사람들은 행위에 있어서 엘리사의 제자 게하지를 닮는다. 그에 대해서는 열왕기 하권 5장 [20절 이하]에서 읽을 수 있다. 그는 깨끗하게 된 나병환자에게서 돈을 받았다. 그러므로 영적인 것의 판매자는 성직매매자뿐만 아니라 게하지들이라고 불릴 수 있다.[22]

5. 구매와 판매라는 이름으로 무상적이지 않은 모든 계약을 의미한다. 그러므로 법이 규정했듯이,[23] 거래처럼 당사자 사이의 거래로 성직록(praebenda)이나 교회의 은급(beneficium)의 교환이 이루어질 때는 성직매매의 위험이 없을 수 없다. 그러나 고위 성직자는 자신의 직무에 의해 [교환을 할 수 있다]. 유익한 원인이나 필수적인 원인으로 인해 그러한 교환을 [할 수 있다].

6. 영혼은 스스로 살지만, 육체는 영혼과의 결합에 의해 산다. 마찬가지로 성사들을 비롯한 어떤 것은 그 자체로 영적이다. 그러나 어떤 것들은 그러한 것에 유착하기 때문에 영적이라고 말한다. 그러므로 『교령』 제1권 제3문 "만일 누군가 반문한다면"이라는 장(章)에서[24] 다음과 같이 말한다: "영혼은 육체 없이 육체적으로 살 수 없듯이, 영적

---

23. Cf. *Decretal. Greg. IX*, III, tit.19, c.5; I, tit.36, c.7: ed. Richter-Friedberg, t.II, pp.523, 208.
24. Gratianus, *Decretum*, p.II, causa I, q.3, can.7: ed. cit., t.I, p.413.

corporalibus rebus non proficiunt: sicut nec anima sine corpore corporaliter vivit.

AD SEPTIMUM dicendum quod Papa potest incurrere vitium simoniae, sicut et quilibet alius homo: peccatum enim tanto in aliqua persona est gravius quanto maiorem obtinet locum.[25] Quamvis enim res Ecclesiae sint eius ut principalis dispensatoris, non tamen sunt eius ut domini et possessoris. Et ideo si reciperet pro aliqua re spirituali pecuniam de redditibus alicuius Ecclesiae, non careret vitio simoniae. Et similiter etiam posset simoniam committere recipiendo pecuniam ab aliquo laico non de bonis Ecclesiae.

Articulus 2
Utrum semper sit illicitum pro sacramentis pecuniam dare

Ad secundum sic proceditur. Videtur quod non semper sit illicitum pro sacramentis pecuniam dare.

1. Baptismus enim est *ianua sacramentorum,* ut in III Parte[1] dicetur. Sed licet, ut videtur, in aliquo casu dare pecuniam pro baptismo: puta quando sacerdos puerum morientem sine pretio baptizare non vellet. Ergo non semper est illicitum emere vel vendere sacramenta.

---

25. Cf. I-II, q.73, a.10.

인 것들은 육체적인 것 없이 번창하지 못한다."

7. 교황도 다른 모든 사람과 마찬가지로 성직매매의 죄에 빠질 수 있다. 왜냐하면 어떤 사람에게 있어서 더 큰 자리를 차지할수록 죄가 더욱 위중하기 때문이다.[25] 비록 교회의 물건이 주요 분배자로서 그의 것이지만, 그것의 주인이자 소유자로서 그의 것은 아니다. 그러므로 만일 누군가 어떤 영적인 것에 대해 교회의 세금에서 비롯되는 돈을 받는다면, 성직매매의 악습이 부족하지 않다. 마찬가지로 교회의 재화에서 비롯되지 않은 돈을 어떤 속인(俗人)에게서 받는 가운데 성직매매를 범할 수 있다.

제2절 성사를 위해 돈을 주는 것은 언제나 부당한가

Parall.: *In Sent.*, IV, d.25, q.3, a.2, qc.1.
Doctr. Eccl.: Cf. DS 1108-1110[=DH 2028-2030], DS 1554[=DH 2654].

[반론] 둘째는 다음과 같이 진행된다. 성사를 위해 돈을 주는 것은 언제나 부당하지는 않은 것으로 보인다.

1. 제3부에서 말하게 되듯이,[1] 세례는 "성사들의 문"이다. 그러나 보는 바와 같이 어떤 경우에 세례를 위해 돈을 주는 것은 허용된다. 예컨대 사제가 죽어가는 어린이에게 아무 대가 없이 세례를 주고 싶어 하지 않을 때 [그렇다]. 그러므로 성사를 사거나 파는 것이 언제나 부당

---

1. Q.63, a.6; q.68, a.6; q.73, a.3.

2. Praeterea, maximum sacramentorum est Eucharistia, quae in Missa consecratur. Sed pro Missis cantandis aliqui sacerdotes praebendam vel pecuniam accipiunt. Ergo licet multo magis alia sacramenta emere vel vendere.

3. Praeterea, sacramentum poenitentiae est sacramentum necessitatis, quod praecipue in absolutione consistit. Sed quidam absolventes ab excommunicatione pecuniam exigunt. Ergo non semper est illicitum sacramenta emere vel vendere.

4. Praeterea, consuetudo facit ut non sit peccatum illud quod alias peccatum esset: sicut Augustinus dicit[2] quod habere plures uxores, *quando mos erat, crimen non erat.* Sed apud quosdam est consuetudo quod in consecrationibus episcoporum, benedictionibus abbatum, et ordinibus clericorum, pro chrismate vel oleo sancto et aliis huiusmodi aliquid detur. Ergo videtur quod hoc non sit illicitum.

5. Praeterea, contingit quandoque quod aliquis malitiose impedit aliquem vel ab episcopatu obtinendo, vel ab aliqua alia dignitate. Sed licet unicuique redimere suam vexationem.[3] Ergo licitum videtur in tali casu pecuniam dare pro episcopatu, vel aliqua alia ecclesiastica dignitate.

6. Praeterea, matrimonium est quoddam sacramentum. Sed quandoque datur pecunia pro matrimonio. Ergo licitum est sacramenta pecunia vendere.

---

2. *Contra Faust.*, XXII, c.47: PL 42, 428.

한 것은 아니다.

2. 성사 가운데 최고[의 성사]는 미사에서 축성되는 성체[성사]이다. 그러나 몇몇 사제들은 미사를 노래로 봉헌하기 위해 보수(praebenda)나 돈을 받는다. 그러므로 더욱 큰 이유로 다른 성사를 사거나 파는 것은 합당하다.

3. 고해성사는 필요한 성사로, 특히 [죄의] 사함에 있다. 그러나 죄 사함을 주는 어떤 이들은 파문을 푸는 데에 대해 돈을 요구한다. 그러므로 성사를 사거나 파는 것은 부당하다.

4. 관습은 다른 식으로 죄가 될 수 있는 것을 죄가 되지 않게 한다. 왜냐하면 아우구스티누스는 여러 명의 아내를 갖는 것이 범죄가 아니라고 말했기 때문이다.[2] 그러나 어떤 사람들에게서는 주교들의 축성, 아빠스의 축복, 사제들의 성품에서 크리스마나 그 비슷한 것 대신 어떤 것을 주는 게 관습이다. 그러므로 그것은 부당하지 않은 것으로 보인다.

5. 누군가 주교직이나 다른 어떤 품위를 얻는 걸 악의적으로 막는 일이 종종 일어난다. 그러나 각자는 자신의 괴롭힘에서 구원되는 것이 합당하다.[3] 그러므로 그 경우 주교나 교회의 다른 품위를 위해 돈을 주는 것이 합당해 보인다.

6. 결혼은 어떤 성사이다. 그러나 결혼을 위해 돈이 지불된다. 그러므로 돈으로 성사들을 파는 것은 합당하다.

---

3. 즉 "그에게 행해진 모욕으로부터 해방되기 위해". Cf. a.4, ad3. 법질서를 간과하지 않은 채 그의 괴롭힘을 구원하는 것이 허용된다: Cf. q.66, a.5, ad3.

q.100, a.2

SED CONTRA est quod dicitur I, qu. 1[4]: *Qui per pecuniam quemquam consecraverit, alienus sit a sacerdotio.*

RESPONDEO dicendum quod sacramenta novae legis sunt maxime spiritualia, inquantum sunt spiritualis gratiae causa, quae pretio aestimari non potest,[5] et eius rationi repugnat quod non gratuito detur. Dispensantur autem sacramenta per Ecclesiae ministros, quos oportet a populo sustentari: secundum illud Apostoli, I *ad Cor.* 9, [13]: *Nescitis quoniam qui in sacrario operantur, quae de sacrario sunt edunt: et qui altari deserviunt, cum altario participantur?*[6] Sic igitur dicendum est quod accipere pecuniam pro spirituali sacramentorum gratia est crimen simoniae, quod nulla consuetudine potest excusari: quia *consuetudo non praeiudicat iuri naturali vel divino.*[7] Per pecuniam autem intelligitur *omne illud cuius pretium potest pecunia aestimari:* ut Philosophus dicit, in IV *Ethic.*.[8] — Accipere autem aliqua ad sustentationem eorum qui sacramenta ministrant, secundum ordinationem Ecclesiae et consuetudines approbatas, non est simonia, neque peccatum: non enim accipitur tanquam pretium mercedis, sed tanquam stipendium necessitatis. Unde super illud I *ad Tim.* 5, [17], *Qui bene praesunt presbyteri* etc., dicit Glossa[9] Augustini: *Accipiant sustentationem necessitatis a populo, mercedem dispensationis a Domino.*[10]

---

4. Gratianus, *Decretum,* p.II, causa 1, q.1, can.9: ed. Richter-Friedberg, t.I, p.360.
5. 앞 절 참조.

[재반론] 『교령』 제1권 제1문에서는 다음과 같이 말한다:[4] "누군가를 돈으로 축성하는 사람은 사제직에서 배제된다."

[답변] 새 법의 성사들은 가격으로 평가될 수 없으며,[5] 무상적이 아니고는 주어지지 않는다는 영적 은총의 원인인 한에서 특히 영적이다. 그런데 성사들은 "성전에 봉직하는 이들은 성전에서 양식을 얻고, 제단 일을 맡은 이들은 제단 제물을 나누어 가진다는 것을[6] 여러분은 모릅니까?"라는 코린토 1서 9장 [13절]에 따라, 백성에 의해 부양되어야 하는 교회의 직무자에 의해 분배된다. 성사의 영적 은총 때문에 돈을 받는 것은 성직매매의 범죄로, 어떠한 관습에 의해서도 면제될 수 없다. 왜냐하면 관습은 자연법 또는 신법을 면제하지 않기 때문이다.[7] 그런데 철학자가 『니코마코스 윤리학』 제4권에서[8] 말하듯이, 돈은 "돈의 값으로 평가될 수 있는 모든 것"을 뜻하는 것으로 이해된다. 그러나 교회의 조직화와 승인된 관습에 따라 성사를 관리하는 사람들에 대한 부양을 위해 어떤 것을 받는 것은 성직매매가 아니며 죄도 아니다. 왜냐하면 급료의 값으로 받아들여진 것이 아니라 필요를 돕기 위한 것으로 이해되기 때문이다. 그러므로 "사제직을 훌륭히 수행하는 사람들"이라는 티모테오 1서 5장 [17절]에 대해 아우구스티누스의 『주석』은[9] 다음과 같이 말한다: "그들은 필요한 부양을 백성으로부터, 그리고 그들의 보상을 주님으로부터 받는다."[10]

---

6. Vulgata: "cum altari participant?"
7. *Decretal. Greg. IX*, I, tit.4, c.11: ed. Richter-Friedberg, t.II, p.41.
8. C.1, 1119b26-27; S. Thomas, lect.1, n.653.
9. Ordin.: PL 114, 630D; Lombardus: PL 192, 354C. Cf. Aug., *Serm. ad pop.*, serm. 46, c.2, n.5; PL 38, 273.
10. Cf. q.87, a.1.

AD PRIMUM ergo dicendum quod in casu necessitatis potest quilibet baptizare.[11] Et quia nullo modo est peccandum, pro eodem est habendum si sacerdos absque pretio baptizare non velit, ac si non esset qui baptizaret. Unde ille qui gerit curam pueri in tali casu licite posset eum baptizare, vel a quocumque alio facere baptizari. — Posset tamen licite aquam a sacerdote emere, quae est pure elementum corporale.

Si autem esset adultus qui Baptismum desideraret, et immineret mortis periculum, nec sacerdos eum vellet sine pretio baptizare: deberet, si posset, per alium baptizari. Quod si non posset ad alium habere recursum, nullo modo deberet pretium pro baptismo dare, sed potius absque baptismo decedere: suppletur enim ei ex Baptismo flaminis quod ex sacramento deest.[12]

AD SECUNDUM dicendum quod sacerdos non accipit pecuniam quasi pretium consecrationis Eucharistiae aut Missae cantandae, hoc enim esset simoniacum: sed quasi stipendium suae sustentationis, ut dictum est.[13]

AD TERTIUM dicendum quod pecunia non exigitur ab eo qui absolvitur quasi pretium absolutionis, hoc enim esset simoniacum: sed quasi poena culpae praecedentis, pro qua fuit excommunicatus.

AD QUARTUM dicendum quod, sicut dictum est,[14] *consuetudo*

---

11. Cf. III, q.67, a.3.
12. Cf. III, q.66, a.11.

[해답] 1. 누구든 필요한 경우에 세례를 줄 수 있다.[11] 어떠한 방식으로도 죄를 지어서는 안 되기 때문에, 마찬가지로 사제가 대가 없이 세례를 주길 원치 않을 경우, 마치 세례를 줄 사람이 아무도 없는 듯이 행동해야 한다. 따라서 이 경우, 어린이를 돌보는 사람은 그에게 합당하게 세례를 줄 수 있거나 여하한 다른 사람에 의해 세례를 받게 할 수 있다. 그러나 사제로부터 순수하게 육체적인 요소인 물을 합당하게 살 수 있다. 그런데 만일 세례를 갈망했으며 죽음의 긴급한 위험 가운데 있었던 성인(成人)이 있었다면, 그리고 사제가 그에게 아무 대가 없이 세례를 줄 준비가 되지 않았다면, 가능하다면 다른 누군가에 의해 세례를 받게 해야 한다. 만일 다른 사람에게 급히 달려갈 수 없다면, 어떤 방식으로도 세례에 대한 대가를 지불하지 말아야 하며, 무엇보다도 세례를 받지 않은 채 죽어야 한다. 왜냐하면 성사에 부족한 것은 화세(baptismus flaminis)에 의해 보충되기 때문이다.[12]

2. 사제는 성체성사나 미사의 성가에 대한 대가로 돈을 받지 않는다. 이것은 성직매매이기 때문이다.[13] 그러나 앞서 말한 바와 같이 그의 생계를 위한 급여를 받는다.

3. 죄 사함을 받은 이에게 죄 사함에 대한 대가로 돈을 요구하지는 않는다. 왜냐하면 이것은 성직매매적이기 때문이다. 오히려 그로 인해 그가 파문된 선행하는 죄과에 대한 벌로서 [돈을 요구한다].

4. 말한 바와 같이[14] 관습은 성직매매를 금지한 자연법이나 신법에 해를 끼치지 못한다. 그러므로 만일 어떤 것이 관습으로 인해 사거

---

13. 답변.
14. 답변.

non praeiudicat iuri naturali vel divino, quo simonia prohibetur. Et ideo si aliqua ex consuetudine exigantur quasi pretium rei spiritualis, cum intentione emendi vel vendendi, est manifeste simonia: et praecipue si ab invito exigantur. Si vero accipiantur quasi quaedam stipendia per consuetudinem approbatam, non est simonia: si tamen desit intentio emendi vel vendendi, sed intentio referatur ad solam consuetudinis observantiam; et praecipue quando aliquis voluntarie solvit. In his tamen omnibus sollicite cavendum est quod habet speciem simoniae vel cupiditatis: secundum illud Apostoli, I *ad Thess.* ult., [v. 22]: *Ab omni specie mala abstinete vos.*

AD QUINTUM dicendum quod antequam alicui acquiratur ius in episcopatu, vel quacumque dignitate seu praebenda, per electionem vel provisionem seu collationem, simoniacum esset adversantium obstacula pecunia redimere: sic enim per pecuniam pararet sibi viam ad rem spiritualem obtinendam. Sed postquam iam ius alicui acquisitum est, licet per pecuniam iniusta impedimenta removere.

AD SEXTUM dicendum quod quidam[15] dicunt quod pro matrimonio licet pecuniam dare, quia in eo non confertur gratia. — Sed hoc non est usquequaque verum: ut in III Parte huius operis dicetur.[16] Et ideo aliter dicendum est, quod matrimonium non solum est Ecclesiae sacramentum, sed etiam naturae officium. Et ideo dare pecuniam pro matrimonio inquantum est naturae officium, licitum

---

15. Cf. Alexander Halens., *Summ. Theol.*, II-II, n.833: Ad Claras Aquas, t.III, p.799.

나 팔고자 하는 의도와 함께 어떤 영적인 것에 대한 대가로 요구된다면, 특히 [그것이] 마지못해 요구된다면, 분명히 성직매매이다. 그런데도 만일 어떤 급료들이 관습에 의해 승인된 것으로 받아들여진다면 성직매매가 아니다. 반면 만일 사거나 팔려는 의도가 없고, 의도가 관습에 대한 순수한 관찰만을 가리킨다면, 이것은 특히 누군가 자발적으로 [돈을] 지불할 때 유효하다. 그럼에도 불구하고 "여러분은 모든 악한 종(種)으로부터 멀리하십시오."라는 테살로니카 1서 5장 [22절]의 사도의 말씀에 따라, 우리는 이 모든 경우에서 성직매매나 탐욕의 종을 갖는 것에 대해 주의 깊게 조심해야 한다.

5. 누군가가 선거(electio)나 서임(provisio) 또는 수여(collatio)를 통해 주교직이나 여하한 다른 품위나 성직록에 대한 권리를 획득하기 전에 적수의 방해를 돈으로 산다면 성직매매이다. 왜냐하면 그럼으로써 돈을 통해 영적인 사물을 얻기 위한 길을 준비하기 때문이다. 그러나 만일 누군가에 의해 이미 권리가 획득된 후에는, 돈을 통해 불의한 방해를 제거하는 것이 합당하다.

6. 어떤 이들은[15] 결혼을 위해 돈을 주는 것이 합당하다고 말한다. 여기에는 은총이 없기 때문이다. 그러나 이 작품의 제3부에서 말하게 되듯이,[16] 이것이 언제나 진리는 아니다. 그러므로 결혼은 교회의 성사일 뿐만 아니라 본성의 의무라는 것을 다르게 말해야 한다. 따라서 본성의 의무인 한에서 결혼을 위해 돈을 주는 것은 합당하다. 그러나 교회의 성사인 한에서, [결혼을 위해 돈을 주는 것은] 부당하다. 그러

---

16. Cf. *In Sent.*, IV, d.2, q.1, a.1, qc.2. Cf. Sup., q.42, a.3.

est: inquantum vero est Ecclesiae sacramentum, est illicitum. Et ideo secundum iura[17] prohibetur ne pro benedictione nuptiarum aliquid exigatur.

Articulus 3
Utrum licitum sit dare et accipere pecuniam pro spiritualibus actibus

Ad tertium sic proceditur. Videtur quod licitum sit dare et accipere pecuniam pro spiritualibus actibus.

1. Usus enim prophetiae est spiritualis actus. Sed pro usu prophetiae olim aliquid dabatur: ut patet I *Reg.* 9, [7-8], et III *Reg.* 14, [3]. Ergo videtur quod liceat dare et accipere pecuniam pro actu spirituali.

2. Praeterea, oratio, praedicatio, laus divina sunt actus maxime spirituales. Sed ad impetrandum orationum suffragia pecunia datur sanctis viris: secundum illud Luc. 16, [9]: *Facite vobis amicos de mammona iniquitatis.* Praedicatoribus etiam spiritualia seminantibus temporalia debentur, secundum Apostolum, I *ad Cor.* 9, [11]. Celebrantibus etiam divinas laudes in ecclesiastico officio, et processiones facientibus, aliquid datur: et quandoque annui redditus ad hoc assignantur. Ergo licitum est pro spiritualibus actibus accipere aliquid.

3. Praeterea, scientia non est minus spiritualis quam potestas. Sed

---

17. *Decretal Greg. IX*, V, tit.3, c.9: ed. cit., t.II, p.751.

므로 결혼의 축복을 위해 어떤 것을 요구하는 것은 법에 따라[17] 금지된다.

제3절 영적인 행위를 위해 돈을 주거나 받는 것은 합당한가

Parall.: *In Sent.*, IV, d.25, q.3, a.2, qc.2; *Quodlibet.*, VIII, q.6, a.1.
Doctr. Eccl.: DS 359[=DH 710], DS 364[=DH 715], DS 400[=DH 751], DS 440[=DH 818], DS 605[=DH 1175].

[반론] 셋째는 다음과 같이 진행된다. 영적인 행위를 위해 돈을 주거나 받는 것은 합당한 것으로 보인다.

1. 예언의 사용은 영적인 행위이다. 그런데 사무엘기 상권 9장 [7-8절]과 열왕기 상권 14장 [3절]에서 분명히 드러나듯이, 예언의 사용을 위해 오래전에 어떤 것이 주어졌다. 그러므로 영적 행위를 위해 돈을 주고받는 것은 합당하다.

2. 기도와 설교, 신적 찬미는 최고의 영적 행위다. 그런데 "불의한 재물로 친구들을 만들어라."라는 루카복음서 16장 [9절]에 따라, 기도의 중개를 얻기 위해 거룩한 사람들에게 돈을 준다. 또한 코린토 1서 9장 [11절]에서 제시된 사도[의 가르침]에 따라, 영적인 것을 씨 뿌리는 설교자들에게는 현세적인 것을 주어야 한다. 교회 직무에서 신적 찬미를 거행하는 사람들과 행렬하는 사람들에게도 어떤 것이 주어지며, 이 목적을 위해 매년 수입이 주어진다. 그러므로 영적 활동을 위해 어떤 것을 받는 것은 합당하다.

3. 지식이 권한보다 덜 영적이지 않다. 변호사가 법적인 보호(patro-

pro usu scientiae licet pecuniam accipere: sicut advocato licet vendere iustum patrocinium, et medico consilium sanitatis, et magistro officium doctrinae. Ergo, pari ratione, videtur quod liceat praelato accipere aliquid pro usu spiritualis suae potestatis: puta pro correctione, vel dispensatione, vel aliquo huiusmodi.

4. Praeterea, religio est status spiritualis perfectionis. Sed in aliquibus monasteriis aliquid ab his qui recipiuntur exigitur. Ergo licet pro spiritualibus aliquid exigere.

SED CONTRA est quod dicitur I, qu. 1[1]: *Quidquid invisibilis gratiae consolatione tribuitur, nunquam quaestibus, vel quibuslibet praemiis, venundari penitus debet.* Sed omnia huiusmodi spiritualia per invisibilem gratiam tribuuntur. Ergo non licet ea quaestibus vel praemiis venundari.

RESPONDEO dicendum quod sicut sacramenta dicuntur spiritualia quia spiritualem conferunt gratiam, ita etiam quaedam alia dicuntur spiritualia quia ex spirituali procedunt gratia et ad eam disponunt. Quae tamen per hominum ministerium exhibentur, quos oportet a populo sustentari, cui spiritualia administrant: secundum illud I *ad Cor.* 9, [7]: *Quis militat suis stipendiis unquam? Quis pascit gregem, et de lacte gregis non manducat?*[2] Et ideo vendere quod

---

1. Gratianus, *Decretum*, p.II, causa 1, q.1, can.101: Richter-Friedberg, t.I, p.398.

cinium)를 팔고 의사가 건강에 관한 조언을 팔며 교사가 가르침의 직무를 [파는 것이] 합당하듯이, 지식의 사용을 위해 돈을 받는 것은 합당하다. 그러므로 같은 이유로 고위 성직자가 자신의 영적 능력의 수행을 통해 어떤 것을 받는 것은 합당하다. 예컨대 교정이나 관면 또는 그와 비슷한 어떤 것이 [그렇다].

4. 수도생활[종교]은 영적인 완전함의 상태이다. 그러나 몇몇 수도원에서는 받아들여지는 이들에게 어떤 것을 요구한다. 그러므로 영적인 것을 위해 어떤 것을 요구하는 것은 합당하다.

[재반론] 『교령』 제1권 제1문에서는¹ 다음과 같이 말한다: "비가시적인 은총의 위로와 함께 분배된 모든 것은 여하한 이득(quaestus)이나 상급(praemium)을 위해 결코 팔아서는 안 된다." 그러나 그와 비슷한 모든 영적인 것들은 비가시적인 은총에 의해 분배된 것이다. 그러므로 이득이나 상급을 위해 그것을 파는 것은 허용되지 않는다.

[답변] 성사들이 영적 은총을 주기 때문에 영적이라고 불리듯이, 몇 가지 다른 것들도 영적 은총에서 유래하고 그 은총을 받도록 준비시키기 때문에 영적이라고 불린다. 하지만 이러한 것들은 백성에 의해 부양되는 사람들의 직무를 통해 제시된다. "자기가 비용을 대면서 군대에 복무하는 사람이 도대체 어디 있습니까? 양 떼를 치면서 그 젖을 짜 먹지 않는 사람이 어디 있습니까?"²라는 코린토 1서 9장 [7절]에 따르면, 그들은 백성에게 영적인 것들을 관리한다. 그러므로 이와 비슷한

---

2. Cf. q.71, a.4, ad3; q.87, a.1.

spirituale est in huiusmodi actibus, aut emere, simoniacum est: sed accipere aut dare aliquid pro sustentatione ministrantium spiritualia, secundum ordinationem Ecclesiae et consuetudinem approbatam, licitum est; ita tamen quod desit intentio emptionis et venditionis; et quod ab invitis non exigatur per subtractionem spiritualium quae sunt exhibenda, haec enim haberent quandam venditionis speciem. — Gratis tamen spiritualibus prius exhibitis, licite possunt statutae et consuetae oblationes, et quicumque alii proventus, exigi a nolentibus et valentibus solvere, auctoritate superioris interveniente.

AD PRIMUM ergo dicendum quod, sicut Hieronymus dicit, *super Michaeam*,[3] munera quaedam sponte exhibebantur bonis prophetis ad sustentationem ipsorum, non quasi ad emendum prophetiae usum: quem tamen pseudoprophetae retorquebant ad quaestum.

AD SECUNDUM dicendum quod illi qui dant eleemosynas pauperibus ut orationum ab ipsis suffragia impetrent, non eo tenore dant quasi intendentes orationes emere: sed per gratuitam beneficentiam pauperum animas provocant ad hoc quod pro eis gratis et ex caritate orent. — Praedicantibus etiam temporalia debentur ad sustentationem praedicantium, non autem ad emendum praedicationis verbum. Unde super illud I *ad Tim.* 5, [17], *Qui bene praesunt presbyteri* etc., dicit Glossa[4]: *Necessitatis est accipere unde vivitur, caritatis est praebere:*

---

3. I, super 3, 9: PL 25, 1183.

행위에서 영적인 것을 팔거나 사는 것은 성직매매적이지만, 교회의 규범과 승인된 관습에 따라 직무자의 영적 부양을 위해 어떤 것을 받거나 주는 것은 합당하다. 그러나 사고팔려는 의도를 배제해야 하며 주려 하는 영적인 것을 유보함으로써 주기를 원치 않는 사람을 강제하지 말아야 한다. 왜냐하면 이것은 판매의 일정한 모습을 가질 수 있기 때문이다. 그럼에도 앞서 제시된 영적인 선물들에 힘입어 미리 규정된 봉헌과 관습들, 그리고 여하한 다른 것은 고위 성직자의 권위에 의한 개입을 통해 원치 않는 사람과 할 수 있는 사람 편에서 지급하도록 요청될 수 있다.

[해답] 1. 히에로니무스가 『미카서 주해』에서[3] 말하듯이, 어떤 선물은 예언의 사용을 구매하기 위해서가 아니라 선한 예언자들의 생계를 위해 자발적으로 그들에게 봉헌된다. 그러나 거짓 예언자들은 이득을 위해 왜곡한다.

2. 가난한 사람들로부터 기도를 위한 중개를 얻기 위해 자선을 베푸는 사람들은 기도를 사기 위해 주는 것이 아니라 그들의 무상적인 선행을 통해 가난한 이들의 영혼이 그들을 위해 무상적으로 그리고 참사랑으로 기도하도록 자극하기 위해서다. 또한 설교자에게는 그들의 생계를 위해 현세적인 것을 주어야 하지만, [이것은] 설교의 말씀을 사기 위해서가 아니다. 그러므로 『주석』은[4] 티모테오 1서 5장 [17절]에 대해 다음과 같이 말한다: "생계를 위한 것을 받는 것은 필요에 의해서이며

---

4. Ordin.: PL 114, 630D; Lombardus: PL 192, 354C. Cf. Aug., *Serm. ad pop.*, serm., 46, c.2, n.5: PL 38, 273.

non tamen venale est Evangelium, ut pro his praedicetur. Si enim sic vendunt, magnam rem vili vendunt pretio. — Similiter etiam aliqua temporalia dantur Deum laudantibus in celebratione ecclesiastici officii, sive pro vivis sive pro mortuis, non quasi pretium, sed quasi sustentationis stipendium. Et eo etiam tenore pro processionibus faciendis in aliquo funere aliquae eleemosynae recipiuntur.

Si autem huiusmodi pacto interveniente fiant, aut etiam cum intentione emptionis vel venditionis, simoniacum esset. Unde illicita esset ordinatio si in aliqua Ecclesia statueretur quod non fieret processio in funere alicuius nisi solveret certam pecuniae quantitatem: quia per tale statutum praecluderetur via gratis officium pietatis aliquibus impendendi. Magis autem licita esset ordinatio si statueretur quod omnibus certam eleemosynam dantibus talis honor exhiberetur: quia per hoc non praecluderetur via aliis exhibendi. Et praeterea prima ordinatio habet speciem exactionis: secunda vero habet speciem gratuitae recompensationis.

AD TERTIUM dicendum quod ille cui committitur spiritualis potestas, ex officio obligatur ad usum potestatis sibi commissae in spiritualium dispensatione: et etiam pro sua sustentatione statuta stipendia habet ex redditibus ecclesiasticis. Et ideo si aliquid acciperet pro usu spiritualis potestatis, non intelligeretur locare operas suas, quas ex debito suscepti officii debet impendere, sed intelligeretur vendere ipsum spiritualis gratiae usum. Et propter hoc, non licet pro quacumque dispensatione aliquid accipere; neque etiam pro hoc

그것을 봉헌하는 것은 참사랑에 의해서다. 그러나 복음은 판매하지 않는다. 왜냐하면 그러한 목적으로 판매되는 사소한 것이 아니기 때문이다. 만일 이런 식으로 판매하면, 큰 것을 낮은 가격으로 파는 것이다." 마찬가지로, 몇 가지 현세적인 것들은 교회의 직무 거행에서 하느님을 찬미하는 살아있거나 죽은 사람에게 대가가 아니라 생계에 대한 지불로서 주어진다. 그리고 이런 방식으로 몇몇 장례식에서 행렬을 하기 위해 또한 몇 가지 희사를 받는다.

그러나 만일 그것이 계약을 통해 일어나거나 사거나 팔려는 의도로 일어난다면, 성직매매적이다. 그러므로 어떤 교회에서 일정한 돈의 양을 지불하지 않으면 누군가의 장례에서 행렬을 할 수 없다고 규정되는 것은 부당하다. 왜냐하면 그러한 규약으로 몇몇 사람에게 경건함의 직무를 무상으로 베풀 수 있는 길을 배제하기 때문이다. 그러나 일정한 희사를 하는 모든 사람에게 그러한 명예가 제공되어야 하는 것으로 규정된다면, 그 규정은 더욱 합당하다. 왜냐하면 이것과 함께 그것을 다른 이에게 제공할 방식이 막히지 않기 때문이다. 더욱이 첫 번째 규정이 강요(exactio)의 종을 갖는다면, 두 번째 [규정]은 무상적인 배상(recompensatio)의 종을 갖는다.

3. 영적 권한이 위임된 사람은 영적인 것을 분배하는 가운데 자신의 직무에 의해 받은 권한을 사용하는 것이 의무적이다. 그리고 그의 부양을 위해 교회의 세금에 의해 보수를 정했다. 그러므로 영적 권한의 사용을 위해 어떤 것을 받는다면, 그가 자신에 의해 수용된 직무를 위한 의무로 선천적인 역할을 수행하려는 의도가 아니라 영적 은총의 수행 자체를 팔려는 의도를 드러내는 것이다. 그러므로 어떤 관면에 대해 무엇인가를 받는 것은 부당하다. [그것은] 그들이 자신의 순번에 전

quod suas vices committant; neque etiam pro hoc quod suos subditos corrigant, vel a corrigendo desistant. Licet tamen eis accipere procurationes quando subditos visitant, non quasi pretium correctionis, sed quasi debitum stipendium.

Ille autem qui habet scientiam, non suscipit tamen hoc officium ex quo obligetur aliis usum scientiae impendere. Et ideo licite potest pretium suae doctrinae vel consilii accipere, non quasi veritatem aut scientiam vendens sed quasi operas suas locans. — Si autem ex officio ad hoc teneretur, intelligeretur ipsam veritatem vendere: unde graviter peccaret. Sicut patet in illis qui instituuntur in aliquibus Ecclesiis ad docendum clericos Ecclesiae et alios pauperes, pro quo ab Ecclesia beneficium recipiunt: a quibus non licet eis aliquid recipere, nec ad hoc quod doceant, nec ad hoc quod aliqua festa faciant vel praetermittant.

AD QUARTUM dicendum quod pro ingressu monasterii non licet aliquid exigere vel accipere quasi pretium. Licet tamen, si monasterium sit tenue, quod non sufficiat ad tot personas nutriendas, gratis quidem ingressum monasterii exhibere, sed accipere aliquid pro victu personae quae in monasterio fuerit recipienda, si ad hoc monasterii non sufficiant opes.[5] — Similiter etiam licitum est si propter devotionem quam aliquis ad monasterium ostendit largas eleemosynas faciendo, facilius in monasterio recipiatur; sicut etiam licitum est e converso aliquem provocare ad devotionem monasterii per temporalia beneficia, ut ex hoc inclinetur ad monasterii ingressum; licet non

념하는 사실로 인해 덜한 것도 아니다. 또한 그들이 자신의 수하들을 교정하거나 그들을 교정하기를 삼가기 때문도 아니다. 하지만 그들이 자신의 수하들을 방문할 때 유지비(procuratio)를 받는 것은 허용되는데, 그것은 교정에 대한 대가가 아니라 정당한 수당으로 받는 것이다.

그러나 지식을 가진 사람은 다른 사람에게 지식을 사용하도록 강요하는 직무를 취하지 않는다. 그러므로 그는 자신의 가르침이나 조언의 대가를 합법적으로 받을 수 있는데, 마치 [그것을] 진리나 지식을 파는 것처럼 하지 않고 자신의 봉사를 빌려주는 것처럼 해야 한다. 그러나 만일 그가 직무적으로 그렇게 해야 한다면, 그는 진리 자체를 팔고 있는 것으로 간주될 것이며, 따라서 위중하게 죄를 짓게 될 것이다. 어떤 교회에서 성직자들과 다른 가난한 사람을 가르치도록 임명된 사람들에게서 볼 수 있듯이, 그들은 교회로부터 은급을 받는다. 그러나 가르친다는 사실 때문에, 또는 어떤 축일을 지키거나 생략하는 것 때문에 그들이 교회로부터 아무것도 받지 않는 것은 그들에게 합당하지 않다.

4. 수도원에 입회하기 위해 대가로서 어떤 것을 요구하거나 받는 것은 허용되지 않는다. 반면 수도원이 빈곤하고 모든 사람을 부양하기에 충분하지 않다면, 수도원에 입회하는 것을 무상적으로 허용하지만 수도원에 받아들여진 사람의 양식을 위해 재산이 충분하지 않다면, 이를 위해 무엇인가를 받는 것은 허용된다.[5] 마찬가지로, 누군가 큰 희사를 함으로써 수도원에 보여준 신심으로 인하여 그는 더 쉽게 수도원에 받아들여진다. 또한 반대로 현세적인 이익을 통해 어떤 수도원에 대한 신심을 자극하고, 그럼으로써 거기서부터 그곳[수도원]에 들어가고자

---

5. Cf. *Cod. Iur. Can.*, cann. 547-551.

sit licitum ex pacto aliquid dare vel recipere pro ingressu monasterii, ut habetur I, qu. II, cap. *Quam pio*.⁶

Articulus 4
Utrum licitum sit pecuniam accipere pro his quae sunt spiritualibus annexa

Ad quartum sic proceditur. Videtur quod licitum sit pecuniam accipere pro his quae sunt spiritualibus annexa.

1. Omnia enim temporalia videntur esse spiritualibus annexa: quia temporalia sunt propter spiritualia quaerenda. Si ergo non licet vendere ea quae sunt spiritualibus annexa, nihil temporale vendere licebit. Quod patet esse falsum.

2. Praeterea, nihil videtur magis spiritualibus annexum quam vasa consecrata. Sed ea licet vendere pro redemptione captivorum, ut Ambrosius dicit.¹ Ergo licitum est vendere ea quae sunt spiritualibus annexa.

---

6. Gratianus, *Decretum*, p.II, causa 1, q.2, can.2; ed. Richter-Friedberg, t.I, p.408.

기울어지는 것을 느끼게 한다면, 마찬가지로 합당하다. 하지만 『교령』 제1권 제2문 "얼마나 경건한가(Quam pio)"라는 장(章)에서[6] 말하듯이, 수도원에 들어가기 위해 계약에 의해 어떤 것을 주거나 받는 것은 허용되지 않는다.

제4절 영적인 것과 연결된 것을 위해 돈을 받는 것이 합당한가

Parall.: *In Sent.*, IV, d.25, q.3, a.2, qc.3.
Doctr. Eccl.: 앞 절을 보라. 특히 DS 1122[=DH 2042]를 보라.

[반론] 넷째는 다음과 같이 진행된다. 영적인 것과 연결된 것을 위해 돈을 받는 것은 합당해 보인다.

1. 모든 현세적인 것들은 영적인 것과 연결되어 있는 것으로 보인다. 왜냐하면 현세적인 것들은 영적인 것을 위하여 추구되기 때문이다. 그러므로 만일 영적인 것과 연결된 것을 파는 일이 합당하지 않다면, 어떤 현세적인 것도 파는 것이 합당하지 않을 것이다. 이것은 분명 거짓이다.

2. 축성된 그릇들은 무엇보다도 더 영적인 것들과 연결되어 있는 것으로 보인다. 그러나 암브로시우스가 말하듯이,[1] 그것은 죄인들의 구속(redemptio)을 위해 판매될 수 있다. 그러므로 영적인 것과 연결된 것을 파는 것은 합당하다.

---

1. *De off. min.*, II, c.28, n.138: PL 16, 140C.

q.100, a.4

3. Praeterea, spiritualibus annexa videntur ius sepulturae, ius patronatus, et ius primogeniturae secundum antiquos (quia primogeniti, ante legem, sacerdotis officio fungebantur), et etiam ius accipiendi decimas. Sed Abraham emit ab Ephron speluncam duplicem in sepulturam, ut habetur *Gen.* 23, [8 sqq.]. Iacob autem emit ab Esau ius primogeniturae, ut habetur *Gen.* 25, [31 sqq.]. Ius etiam patronatus cum re vendita transit, in feudum conceditur. Decimae etiam concessae sunt quibusdam militibus, et redimi possunt. Praelati interdum retinent sibi ad tempus fructus praebendarum quas conferunt: cum tamen praebendae sint spiritualibus annexae. Ergo licet emere et vendere ea quae sunt spiritualibus annexa.

SED CONTRA est quod dicit Paschalis Papa,[2] et habetur I, qu. 3, cap. *Si quis obiecerit*[3]: *Quisquis eorum vendidit alterum sine quo nec alterum provenit, neutrum invenditum derelinquit. Nullus ergo emat Ecclesiam vel praebendam, vel aliquid ecclesiasticum.*

RESPONDEO dicendum quod aliquid potest esse spiritualibus annexum dupliciter. Uno modo, sicut ex spiritualibus dependens: sicut habere beneficia ecclesiastica dicitur spiritualibus annexum quia non competit nisi habenti officium clericale. Unde huiusmodi nullo

---

2. 2세

3. 옛사람들에 따르면, 무덤의 권리, 보호자의 권리, 장자의 권리(왜냐하면 장자는 율법 이전에 사제 직무를 수행했기 때문이다) 그리고 십일조를 받는 권리는 영적인 것과 연결된 것으로 보인다. 그러나 창세기 23장 [8절]에서 말하듯이, 아브라함은 에프론에게서 무덤을 위해 두 개의 동굴을 샀다. 반면 창세기 25장 [31절 이하]에서 말하듯이, 야곱은 에사우에게서 장자의 권리를 샀다. 보호자의 권리 역시 물건의 판매와 함께 이전되며 봉토로 수여된다. 또한 십일조들은 일부 병사들에게 선사되며 만회될 수 있다. 성직록이 영적인 것들과 연결되어 있을 때, 고위 성직자들은 종종 주어야 할 성직록의 결실을 일정한 시간 동안 스스로 간직한다. 그러므로 영적인 것과 연결된 것들을 사고파는 것은 합당하다.

[재반론] 교황 파스칼리스²는 『교령』 제1권 제1소문제 "누군가 반론할 수 있는가"라는 장(章)에서³ 다음과 같이 말한다: "누구든지 그것 없이 다른 하나를 팔 수 없는 두 가지 가운데 어느 하나를 파는 사람은 둘 중 어떤 것도 팔리지 않은 채로 남겨두지 않는다. 그러므로 아무도 교회나 성직록 또는 교회의 어떤 것을 사지 말아야 한다."

[답변] 어떤 것은 두 가지 방법으로 영적인 것과 연결될 수 있다. 첫째, 영적인 것에 의존되어 있는 한에서, 예를 들어 교회 은급을 갖는 것은 교회 직무를 가진 사람에게만 주어지기 때문에 영적인 것에 연결되어 있다고 말한다. 왜냐하면 그것은 오직 사제의 직무를 소유한 사

---

3. Gratianus, *Decretum*, II, causa 1, q.3, can.7: ed. Richter-Friedberg, t.I, p.413.

modo possunt esse sine spiritualibus. Et propter hoc, ea nullo modo vendere licet: quia, eis venditis, intelliguntur etiam spiritualia venditioni subiici.

Quaedam autem sunt annexa spiritualibus inquantum ad spiritualia ordinantur: sicut ius patronatus, quod ordinatur ad praesentandum clericos ad ecclesiastica beneficia; et vasa sacra, quae ordinantur ad sacramentorum usum. Unde huiusmodi non praesupponunt spiritualia, sed magis ea ordine temporis praecedunt. Et ideo aliquo modo vendi possunt, non autem inquantum sunt spiritualibus annexa.

AD PRIMUM ergo dicendum quod omnia temporalia annectuntur spiritualibus sicut fini. Et ideo ipsa quidem temporalia vendere licet: sed ordo eorum ad spiritualia sub venditione cadere non debet.

AD SECUNDUM dicendum quod etiam vasa sacra sunt spiritualibus annexa sicut fini. Et ideo eorum consecratio vendi non potest: tamen, pro necessitate Ecclesiae et pauperum, materia eorum vendi potest; dummodo, praemissa oratione, prius confringantur; quia post confractionem non intelliguntur esse vasa sacra, sed purum metallum. Unde si ex eadem materia similia vasa iterum reintegrarentur, indigerent iterum consecrari.

AD TERTIUM dicendum quod spelunca duplex quam Abraham emit in sepulturam, non habetur quod erat terra consecrata ad sepe-

람에게만 속하기 때문이다. 그러므로 이러한 것들은 결코 영적인 것들 없이는 존재할 수 없다. 그리고 이러한 이유로 그것을 판매하는 것은 어떤 방법으로도 허용되지 않는다. 왜냐하면 그것을 판매하는 것은 [그것과] 연결된 영적인 것들도 파는 것을 의미하기 때문이다.

그런데 어떤 것들은 영적인 것을 향해 질서 지어져 있으므로 영적인 것들과 연결되어 있다. 예컨대 성직자에게 교회의 은급을 주기 위한 보호자의 권리, 그리고 성사의 사용을 위해 준비된 거룩한 그릇이 [그러하다]. 그러므로 이러한 것들은 영적인 것을 전제로 하는 것이 아니라, 시간의 질서에서 앞서는 것이다. 그러므로 그것은 어떤 방식으로는 팔 수 있지만, [그것이] 영적인 것과 연결된 한에서는 [그렇지 않다].

[해답] 1. 현세적인 모든 것은 목적으로서 영적인 것들과 연결되어 있다. 그러므로 현세적인 것을 파는 것은 허용되지만, 영적인 것을 향한 그것의 질서는 판매 아래 떨어져서는 안 된다.

2. 거룩한 그릇들도 목적으로서 영적인 것과 연결되어 있다. 그러므로 그것의 축성도 판매될 수는 없다. 하지만 교회와 가난한 이들의 필요를 위해 그것의 질료를 팔 수는 있다. 예비적인 기도를 한 다음에는, [그릇들을] 깨트릴 수 있다. [그것들은] 깨어진 후에 더 이상 거룩한 그릇이 아니라 단순한 금속이기 때문이다. 그러므로 만일 비슷한 그릇이 같은 재료로 다시 만들어지려면 다시 축성되어야 한다.

3. 아브라함이 무덤을 위해 구입한 두 개의 동굴은 무덤을 위해 축성된 땅으로 간주되지 않았다. 그러므로 무덤의 사용을 위해 무덤을 세우고자 그 땅을 사는 것은 아브라함에게 허용된다. 또한 현재 공동무

liendum. Et ideo licebat Abrahae terram illam emere ad usum sepulturae, ut ibi institueret sepulcrum: sicut etiam nunc liceret emere aliquem agrum communem ad instituendum ibi coemeterium, vel etiam ecclesiam. Quia tamen etiam apud gentiles loca sepulturae deputata religiosa reputabantur, si Ephron pro iure sepulturae pretium intendit accipere, peccavit vendens: licet Abraham non peccaverit emens, quia non intendebat emere nisi terram communem. Licet etiam nunc terram ubi quondam fuit ecclesia, vendere aut emere in casu necessitatis: sicut et de materia vasorum sacrorum dictum est.[4] — Vel excusatur Abraham quia in hoc redemit suam vexationem.[5] Quamvis enim Ephron gratis ei sepulturam offerret, perpendit tamen Abraham quod gratis recipere sine eius offensa non posset.

Ius autem primogeniturae debebatur Iacob ex divina electione: secundum illud Malach. 1, [2-3]: *Iacob dilexi, Esau odio habui.*[6] Et ideo Esau peccavit primogenita vendens: Iacob autem non peccavit emendo, quia intelligitur suam vexationem redemisse.

Ius autem patronatus per se vendi non potest, nec in feudum dari: sed transit cum villa quae venditur vel conceditur. — Ius autem spirituale accipiendi decimas non conceditur laicis, sed tantummodo res temporales quae nomine decimae dantur, ut supra[7] dictum est.

Circa collationem vero beneficiorum, sciendum est quod si epis-

---

4. Ad2.
5. Cf. a.2, obj.5.

덤이나 교회를 세우기 위해 보통의 밭을 사는 것도 [허용된다]. 하지만 이교도들 사이에 무덤의 장소는 종교적인 것으로 간주되었으므로, 에프론이 무덤의 권리를 위해 대가를 받아들일 의도가 있었다고 해도, 그는 [동굴을] 파는 가운데 죄를 범했다. 반면 아브라함은 [그것을] 사면서 죄를 범하지 않았다. 왜냐하면 그는 보통의 땅을 사는 것 이외에는 다른 것을 의도하지 않았기 때문이다. 또한 필요할 경우, 거룩한 그릇의 재료와 관련해서 말한 것처럼, 언젠가 교회가 있었던 땅을 팔거나 사는 것도 허용된다.[4] 또는 아브라함은 이것을 통해 자신의 고통으로부터 자유롭게 될 수 있으므로, [죄로부터] 면제될 수 있다.[5] 비록 에프론이 아브라함에게 무덤을 거저 제공했다고 해도, 아브라함은 그를 모욕하지 않은 채 그것을 거저 받을 수는 없을 것으로 여겼다.

"나는 야곱을 사랑하고 에사우를 미워하였다."[6]라는 말라키서 1장 [2절]에 따라, 장자의 권리는 신적 선택에 의해 야곱에게 속했다. 그러므로 에사우는 자신의 장자권을 파는 가운데 죄를 범했다. 그러나 야곱은 그것을 사면서 죄를 범하지 않았다. 왜냐하면 그는 다툼을 면하게 했다고 이해했기 때문이다.

그러나 보호자(patronatus)의 권리는 그 자체로 판매될 수 없고 봉토로(in feudum) 선사될 수도 없으며, 판매되거나 선사된 농장(villa)과 함께 다른 사람에게 이전될 수 있다. 그런데 위에서 말한 것처럼,[7] 속인들에게는 십일조를 받는 영적 권리가 주어지지 않으며, 단지 십일조의 이름으로 주어진 현세적인 것들만 [주어질 수 있다].

---

6. 로마 9,13 참조.
7. Q.87, a.3.

copus, antequam alicui beneficium offerat, ob aliquam causam ordinaverit aliquid subtrahendum de fructibus beneficii conferendi et in pios usus expendendum, non est illicitum. Si vero ab eo cui beneficium offert requirat aliquid sibi exhiberi de fructibus illius beneficii, idem est ac si aliud munus ab eo exigeret, et non caret vitio simoniae.

Articulus 5
Utrum liceat spiritualia dare pro munere quod est ab obsequio vel a lingua

Ad quintum sic proceditur. Videtur quod liceat spiritualia dare pro munere quod est ab obsequio vel a lingua.

1. Dicit enim Gregorius, in Registro[1]: *Ecclesiasticis utilitatibus deservientes ecclesiastica dignum est remuneratione gaudere.* Sed deservire ecclesiasticis utilitatibus pertinet ad munus ab obsequio. Ergo videtur quod licitum sit pro obsequio accepto ecclesiastica beneficia largiri.

2. Praeterea, sicut carnalis videtur esse intentio si quis alicui det beneficium ecclesiasticum pro suscepto servitio, ita etiam si quis det intuitu consanguinitatis. Sed hoc non videtur esse simoniacum: quia

---

1. III, epist.18, al.l.II, c.18: PL 77, 618A. Cf. Gratianus, *Decretum*, p.II, causa 12, q.2, can.67: ed. Richter-Friedberg, t.I, p.708.

반면 은급의 수여와 관련해서, 만일 주교가 누군가에게 어떤 은급을 제공하기 전에 어떤 이유로 경건한 사용을 위해 정하고자 은급의 수여에서 오는 결실 가운데 어떤 것을 인출하도록 명한다면, 그것은 부당하지 않다. 그러나 만일 그가 은급의 결실 가운데 한 부분을 은급이 제공된 사람에게 마치 보상처럼 청한다면, 그에게는 성직매매의 악습이 없지 않다.

제5절 순종이나 말에서 유래하는 것에 대한 보답으로 영적인 것을 주는 것이 합당한가

Parall.: *In Sent.*, IV, d.25, q.3, a.3.

[반론] 순종이나 말에서 유래하는 것에 대한 보답으로 영적인 것을 주는 것은 합당한 것으로 보인다.

1. 그레고리우스는 『교령』에서[1] 다음과 같이 말한다: "교회의 유익을 위해 봉사하는 사람들은 교회의 보상을 누리기에 합당하다." 그러나 교회의 유익을 위해 봉사하는 것은 순종의 직무에 속한다. 그러므로 받아들인 순종을 위해 교회의 은급을 주는 것은 합당한 것으로 보인다.

2. 누군가 친족관계(consanguinitas)에 대한 고려로 교회의 은급을 준다면 [지향이 육적으로 보이는 것처럼], 누군가 떠맡은 봉사를 위해 어떤 이에게 그것을 준다면, 지향이 육적으로 보인다. 그러나 이것은 성직매매적으로 보이지 않는다. 왜냐하면 거기에는 구입과 판매가 없기

non est ibi emptio et venditio. Ergo nec primum.

3. Praeterea, illud quod solum ad preces alicuius fit, gratis fieri videtur: et ita non videtur habere locum simonia, quae in emptione et venditione consistit. Sed munus a lingua intelligitur si quis ad preces alicuius ecclesiasticum beneficium conferat. Ergo hoc non est simoniacum.

4. Praeterea, hypocritae spiritualia opera faciunt ut laudem humanam consequantur, quae videtur ad munus linguae pertinere. Nec tamen hypocritae dicuntur simoniaci. Non ergo per munus a lingua simonia contrahitur.

SED CONTRA est quod Urbanus Papa[2] dicit[3]: *Quisquis res ecclesiasticas, non ad quod institutae sunt, sed ad propria lucra, munere linguae vel obsequii vel pecuniae largitur vel adipiscitur, simoniacus est.*[4]

RESPONDEO dicendum quod, sicut supra[5] dictum est, nomine pecuniae intelligitur *cuiuscumque pretium pecunia mensurari potest.* Manifestum est autem quod obsequium hominis ad aliquam utilitatem ordinatur quae potest pretio pecuniae aestimari: unde et pecu-

---

2. 2세.
3. Epist.17, *ad Lucium Praep. S. Iuventii*: ed. I. D. Mansi, t.XX, p.661. Cf. Gratianus, *Decretum*, p.II, causa 1, q.3, can.8: ed. Richter-Friedberg, t.I, p.414.
4. "선물은 전달되거나 약속된 돈 또는 다른 돈으로 가치가 있는 선물이다. 봉사의 의무는 다른 사람에게 제공했거나 제공하는 일시적인 봉사 또는 임무를 말한다. 말의 기능은 찬사나 칭찬으로, 이를 통해 어떤 인간적인 호의를 얻기 위해서 어떤 사람이 칭찬을 받거나 다른 사람에

때문이다. 그러므로 첫 번째도 그렇지 않다.

3. 누군가의 요청에 대해서만 하는 것은 거저 하는 것으로 보이며, 그럼으로써 사고파는 것에 있는 성직매매를 위한 자리가 없는 것으로 보인다. 그러나 만일 어떤 사람이 누군가의 기도에 교회의 은급을 준다면, 그것은 말에 대하여 베풀어주는 것으로 이해된다. 그러므로 이것은 성직매매적이지 않다.

4. 위선자들은 말의 역할에 속하는 인간적인 찬사를 얻기 위해 영적 행위를 한다. 그러나 위선자들을 성직매매자들이라 부르지는 않는다. 그러므로 말의 역할로 성직매매가 초래되지는 않는다.

[재반론] 교황 우르바누스는[2] 다음과 같이 말한다:[3] "[교회의 물건이] 제정된 목적을 위해서가 아니라 자신의 이익을 위해 말의 선물이나 순종 또는 돈으로 그것을 주거나 얻는 모든 사람은 누구나 성직매매적이다."[4]

[답변] 위에서 이미 말한 바와 같이,[5] "돈의 이름 아래 돈을 통해 측량될 수 있는 모든 대가가 들어간다." 하지만 사람의 순명은 돈의 대가로 평가될 수 있는 어떤 은급을 향해 질서 지어져 있는 것이 분명하다. 따라서 직무자들은 돈의 보상과 함께 인도되었다. 그러므로 누군가가 제

게 위임된다. 이와 마찬가지로, 어떤 사람에게 선을 행하거나 악을 멀리하게 하기 위하여 그 사람을 위하여 기도하는 것이다. 더욱이, 기도가 그 호의에 대한 보상으로서 기도하는 이의 호의에 응답된다면, 기도 그 자체는 호의를 얻기 위해 행해지는 것이다." C. R. Billuart, OP, *Summa S. Th. hod. Academ. usibus acommodata*, Sedunda Secundae, Brixiae, 1838; *Tract. De Rel.* dissert. XI, a.4, p.685.

5. A.2.

niaria mercede ministri conducuntur. Et ideo idem est quod aliquis det rem spiritualem pro aliquo obsequio temporali exhibito vel exhibendo, ac si daret pro pecunia, data vel promissa, qua illud obsequium aestimari posset. Similiter etiam quod aliquis satisfaciat precibus alicuius ad temporalem gratiam quaerendam, ordinatur ad aliquam utilitatem quae potest pecuniae pretio aestimari. Et ideo sicut contrahitur simonia accipiendo pecuniam vel quamlibet rem exteriorem, quod pertinet ad munus a manu, ita etiam contrahitur per munus a lingua, vel ab obsequio.

AD PRIMUM ergo dicendum quod si aliquis clericus alicui praelato impendat obsequium honestum et ad spiritualia ordinatum, puta ad ecclesiae utilitatem vel ministrorum eius auxilium, ex ipsa devotione obsequii redditur dignus ecclesiastico beneficio, sicut et propter alia bona opera. Unde non intelligitur esse munus ab obsequi. Et in hoc casu loquitur Gregorius. — Si vero sit inhonestum obsequium, vel ad carnalia ordinatum, puta quia servivit praelato ad utilitatem consanguineorum suorum vel patrimonii sui, vel ad aliquid huiusmodi, esset munus ab obsequio, et simoniacum.

AD SECUNDUM dicendum quod si aliquis aliquid spirituale alicui conferat gratis propter consanguinitatem, vel quamcumque carnalem affectionem, est quidem illicita et carnalis collatio, non tamen simoniaca: quia nihil ibi accipitur, unde hoc non pertinet ad contractum emptionis et venditionis, in quo fundatur simonia.[6] Si tamen

시되거나 제시해야 할 어떤 현세적인 봉사를 위해 영적인 것을 주는 것은, 이러한 봉사를 평가할 수 있게 해주는, 그러한 것을 주게 되거나 약속된 돈 때문에 주는 것과 같다. 마찬가지로, 누군가 현세적인 은총을 추구하기 위해 다른 사람의 요청을 만족시키는 사실은 돈의 대가로 평가될 수 있는 어떤 유익을 향해 질서 지어져 있다. 그러므로 돈을 받음으로써 또는 모든 종류의 외적인 것을 받음으로써 성직매매를 범하듯이, 말의 직무나 순명에 의해서도 [성직매매를] 범한다.

[해답] 1. 만일 어떤 성직자가 어떤 고위 성직자에게 정직하고 영적인 것들, 예컨대 교회의 유익과 그 직무자들의 도움을 향해 질서 지어진 순종을 한다면, 다른 선한 업적과 마찬가지로 순종에 대한 같은 신심을 통해 교회적인 유익에 합당하게 된다. 그러므로 이것은 그레고리우스가 말한 것과 같은 순명에 대한 갚음이 아니다. 그러나 만일 정직하지 못한 순종이거나 육적인 것을 향해 질서 지어져 있다면, 예컨대 자기 친척이나 자신의 재산 때문에 또는 그와 비슷한 것 때문에 고위 성직자를 섬겼다면, 그것은 순종에 의한 선물이자 성직매매적이다.

2. 만일 어떤 사람이 혈족관계나 육적 정감의 여하한 유로 인해 누군가에게 영적인 것을 무상으로 준다면, 분명 부당하고 육적인 기여이지만 성직매매적은 아니다. 왜냐하면 거기서 아무것도 받지 않기 때문이다. 그러므로 이것은 성직매매가 기초하고 있는 구매와 판매의 계약에 속하지 않는다.⁶ 그러나 만일 누군가가 어떤 사람에게 이러한 계약을 자신의 친척에게 공급하기 위한 지향으로 교회의 은급을 준다면, 이것

---

6. Cf. q.63, a.2, ad1.

aliquis det beneficium ecclesiasticum alicui hoc pacto, vel intentione, ut exinde suis consanguineis provideat, est manifesta simonia.

AD TERTIUM dicendum quod munus a lingua dicitur vel ipsa laus pertinens ad favorem humanum, qui sub pretio cadit: vel etiam preces ex quibus acquiritur favor humanus, vel contrarium evitatur. Et ideo si aliquis principaliter ad hoc intendat, simoniam committit.

Videtur autem ad hoc principaliter intendere qui preces pro indigno porrectas exaudit. Unde ipsum factum est simoniacum. — Si autem preces pro digno porrigantur, ipsum factum non est simoniacum: quia subest debita causa ex qua illi pro quo preces porriguntur, spirituale aliquid conferatur. Potest tamen esse simonia in intentione, si non attendatur ad dignitatem personae, sed ad favorem humanum. — Si vero aliquis pro se rogat ut obtineat curam animarum, ex ipsa praesumptione redditur indignus: et sic preces sunt pro indigno. Licite tamen potest aliquis, si sit indigens, pro se beneficium ecclesiasticum petere sine cura animarum.

AD QUARTUM dicendum quod hypocrita non dat aliquid spirituale propter laudem, sed solum demonstrat: et simulando magis furtive surripit laudem humanam quam emat. Unde non videtur pertinere ad vitium simoniae.

은 분명 성직매매이다.

3. 대가 아래 떨어지는 인간적 호의에 속하는 찬사, 또는 그러한 호의를 얻거나 반대되는 것을 피하기 위한 청원은 말의 선물이라고 부른다. 그러므로 만일 누군가 주로 이것을 의도한다면, 성직매매를 범한다. 그런데 부당한 이들을 위해 봉헌된 청원을 청허하는 사람은 기본적으로 여기에 집중하는 것으로 보인다. 그러므로 이 사실 자체로 성직매매적이다. 반면 만일 그러한 것이 합당한 자격이 되는 사람을 위한 청원을 청허하는 사람의 경우, 사실 그 자체로 성직매매적이 아니다. 왜냐하면 추천된 사람에게 어떤 영적인 것을 주기 위한 마땅한 원인이 있기 때문이다. 그런데도 만일 누군가 사람의 품위가 아니라 인간적인 호의에 주의를 기울인다면, 성직매매는 지향에 있을 수 있다. 그러나 누군가 스스로 영혼의 돌봄을 얻기 위해 청한다면 추정 자체로 부당하며, 이처럼 청원은 부당한 이들을 위한 것이다. 하지만 필요하다면, 누군가 영혼에 대한 배려 없이, 자신을 위해 교회의 은급을 청하는 것은 합당하다.

4. 위선자는 찬사 때문에 어떤 영적인 것을 주지 않고 단지 드러내기만 할 뿐이다. 그리고 가장하면서 인간적인 찬사들을 사기보다 몰래 훔친다. 그러므로 [그것은] 성직매매의 악습에 속하지 않는 것으로 보인다.

Articulus 6
Utrum sit conveniens simoniaci poena ut privetur eo quod per simoniam acquisivit

Ad sextum sic proceditur. Videtur quod non sit conveniens simoniaci poena ut privetur eo quod per simoniam acquisivit.

1. Simonia enim committitur ex eo quod alicuius muneris interventu spiritualia acquiruntur. Sed quaedam sunt spiritualia quae semel adepta, non possunt amitti: sicut omnes characteres, qui per aliquam consecrationem imprimuntur. Ergo non est conveniens poena ut quis privetur eo quod simoniace acquisivit.

2. Praeterea, contingit quandoque quod ille qui est episcopatum per simoniam adeptus, praecipiat subdito ut ab eo recipiat ordines: et videtur quod debeat ei obedire quandiu ab Ecclesia toleratur. Sed nullus debet aliquid recipere ab eo qui non habet potestatem conferendi. Ergo episcopus non amittit episcopalem potestatem si eam simoniace acquisivit.

3. Praeterea, nullus debet puniri pro eo quod non est factum eo sciente et volente: quia poena debetur peccato, quod est voluntarium, ut ex supra[1] dictis patet. Contingit autem quandoque quod aliquis simoniace consequitur aliquid spirituale procurantibus aliis, eo nesciente et nolente. Ergo non debet puniri per privationem eius quod ei collatum est.

---

1. I-II, q.74, aa.1-2; q.87, a.7.

제6절 성직매매자가 성직매매를 통해 획득한 것을 박탈당함으로써 처벌되는 것이 적절한가

[반론] 여섯째는 다음과 같이 진행된다. 성직매매자가 성직매매를 통해 획득한 것을 박탈당함으로써 처벌되는 것은 적절하지 않은 것으로 보인다.

1. 성직매매는 영적인 것이 어떤 선물의 개입을 통해 획득되는 것에 의해 범해진다. 그러나 어떤 축성에 의해 각인된 모든 인호처럼, 한 번 획득된 다음에는 상실될 수 없는 영적인 것들이 있다. 그러므로 누군가 성직매매로 획득한 것을 박탈당함으로써 처벌되는 것은 적절하지 않다.

2. 종종 성직매매를 통해 주교직을 얻은 자가 자신으로부터 사제품을 받도록 수하에게 명하는데, 그는 교회에 의해 용인되는 동안 그 주교에게 순종해야 하는 것으로 보인다. 그러나 그 누구도 수여할 권한을 갖지 않은 사람에게서 아무것도 받아서는 안 된다. 그러므로 만일 주교가 성직매매로 주교직의 권한을 획득했다면, 그 주교는 그것을 상실하지 않는다.

3. 위에서 말한 것에 의해 분명하듯이,[1] 아무도 의식적으로 그리고 자발적으로 하지 않은 것으로 인해 처벌되지 말아야 한다. 왜냐하면 처벌은 죄에 기인하기 때문이다. 그러나 어떤 사람은 알지도 못하고 원하지도 않으면서 종종 성직매매적인 방식으로 다른 사람에 의해 준비되는 가운데 영적인 것을 얻는다. 그러므로 그가 자신에게 주어진 것의 박탈로 처벌되어서는 안 된다.

4. 아무도 자기 죄로부터 어떤 이득을 가져와서는 안 된다. 그러나

4. Praeterea, nullus debet portare commodum de suo peccato. Sed si ille qui consecutus est beneficium ecclesiasticum per simoniam, restitueret quod percepit, quandoque hoc redundaret in utilitatem eorum qui fuerunt simoniae participes: puta quando praelatus et totum collegium in simoniam consensit. Ergo non semper est restituendum quod per simoniam acquiritur.

5. Praeterea, quandoque aliquis per simoniam in aliquo monasterio recipitur, et votum solemne ibi facit profitendo. Sed nullus debet absolvi ab obligatione voti propter culpam commissam. Ergo non debet monachatum amittere quem simoniace acquisivit.

6. Praeterea, exterior poena in hoc mundo non infligitur pro interiori motu cordis, de quo solius Dei est iudicare. Sed simonia committitur ex sola intentione vel voluntate: unde et per voluntatem definitur, ut supra[2] dictum est. Ergo non semper debet aliquis privari eo quod simoniace acquisivit.

7. Praeterea, multo maius est promoveri ad maiora quam in susceptis permanere. Sed quandoque simoniaci, ex dispensatione, promoventur ad maiora. Ergo non semper debent susceptis privari.

SED CONTRA est quod dicitur I, qu. 1, cap. *Si quis episcopus*[3]: *Qui ordinatus est, nihil ex ordinatione vel promotione quae est per negotiationem facta, proficiat: sed sit alienus a dignitate vel sollicitudine*

---

2. A.1, ad2.

만일 성직매매를 통해 교회의 은급을 얻은 사람이 받은 것을 되돌려준다면, 때로는 성직매매에 참여한 사람들에게 이익이 된다. 예컨대 고위 성직자와 모든 단(團)이 성직매매에 동의했을 때도 그러할 것이다. 그러므로 성직매매를 통해 획득한 것을 돌려주는 것이 언제나 필요한 것은 아니다.

5. 종종 어떤 사람이 성직매매에 의해 수도원에 받아들여지며, 그곳에서 장엄 서원을 발한다. 그런데 아무도 범한 죄과로 인해 서원의 의무에서 해소돼서는 안 된다. 그러므로 성직매매로 얻은 수도자 신분을 포기해서는 안 된다.

6. 이 세상에서 외적인 형벌은 오직 하느님만 심판하실 수 있는 마음의 내적 움직임에 대해 부과되지 않는다. 그런데 성직매매는 단순한 지향이나 의지에 의해 시작된다. 위에서 말했듯이,[2] [그것은] 의지에 의해 정의된다. 그러므로 누구든지 성직매매로 얻은 것을 항상 박탈당해서는 안 된다.

7. 이미 받아들인 것에 머무는 것보다 더 큰 자리로 올라가는 것이 더 많이 중요하다. 그러나 종종 성직매매자들은 관면에 의해 더 큰 자리로 올라가곤 한다. 그러므로 언제나 그들이 받은 것을 잃게 되어서는 안 된다.

[재반론] 『교령』 제1권 제1소문제 "만일 주교가"라는 장(章)에서는[3] 다음과 같이 말한다: "서품을 받은 사람은 거래를 통하여 이루어진 서품이나 승급에서 이익을 얻어서는 안 되며, 돈으로 얻은 지위나 직무

---

3. Gratianus, *Decretum*, p.II, causa 1, q.1, can.8: ed. Richter-Friedberg, t.I, p.359.

quam pecuniis acquisivit.

RESPONDEO dicendum quod nullus potest licite retinere illud quod contra voluntatem domini acquisivit: puta si aliquis dispensator de rebus domini sui daret alicui contra voluntatem et ordinationem domini sui, ille qui acciperet licite retinere non posset. Dominus autem, cuius Ecclesiarum praelati sunt dispensatores et ministri, ordinavit ut spiritualia gratis darentur: secundum illud Matth. 10, [8]: *Gratis accepistis, gratis date*.[4] Et ideo qui muneris interventu spiritualia quaecumque assequuntur, ea licite retinere non possunt.

Insuper autem simoniaci, tam vendentes quam ementes spiritualia, aut etiam mediatores, aliis poenis puniuntur: scilicet infamia et depositione, si sint clerici; et excommunicatione, si sint laici; ut habetur I, qu. 1, cap. *Si quis episcopus*.[5]

AD PRIMUM ergo dicendum quod ille qui simoniace accipit sacrum ordinem, recipit quidem characterem ordinis, propter efficaciam sacramenti[6]: non tamen recipit gratiam, neque ordinis executionem, eo quod quasi furtive suscepit characterem, contra principalis Domini voluntatem. Et ideo est ipso iure suspensus: et quoad se, ut

---

4. Cf. a.1.
5. Gratianus, *Decretum,* p.II, causa 1, q.1, can.8; q.3, can.15; ed. cit., t.I, pp.360, 418. Cf. *Cod. Iur. Can.,* cann.2371 & 2392.

에서 물러나야 한다."

[답변] 어떤 사람도 자기 주인의 뜻에 반하여 자기가 획득한 것을 합법적으로 보유할 수 없다. 예컨대 관리인이 자기 주인의 재산을 주인의 뜻과 명령에 반하여 다른 사람에게 준다면, 그것을 받은 사람은 그것을 합법적으로 보유할 수 없다. 그러나 "너희가 거저 받았으니 거저 주어라."[4]라는 마태오복음서 10장 [8절]에 따라, 자기 교회의 고위 성직자들을 관리자와 직무자로 두고 있는 주님은 [그들에게] 영적인 것을 거저 주라고 명령하셨다. 그러므로 선물의 개입을 통해 영적인 것을 얻는 사람들은 그것을 합법적으로 유지할 수 없다.

더 나아가, 『교령』 제1권 제1소문제 "만일 주교가"라는 장에서 말하듯이, 성직매매자들은 영적인 것을 판매하는 자와 구매하는 자, 심지어 중개자들도 다른 처벌과 함께 처벌된다. 만일 그들이 성직자들이라면 추문(infamia), 면직(depositio)과 함께 처벌되며, 만일 그들이 속인[평신도]이라면 파문과 함께 처벌된다.[5]

[해답] 1. 성직매매로 성품을 받은 사람은 성사의 효과로 인해[6] 성품의 인호도 받는다. 하지만 은총을 받지 못하며 성품의 실행에 대한 권한도 받지 못한다. 말하자면 으뜸가는 주님의 뜻에 반해서 은밀하게 인호를 받았기 때문이다. 그러므로 그는 법 자체로 정지된다. 그 자체로 그의 성품의 실행에 간섭할 수 없다. 그리고 다른 이들과 관련해서,

---

6. 성직매매적인 서품과 그 효력에 대해서는: Cf. L. Saltet, *Les réordinations*, Paris 1907, cap.9 sqq.; E. Amann, "Réordinations", in *Dic. de Théol. Cath.*, t.XIII, col.2411-2430.

scilicet de executione sui ordinis se non intromittat; et quoad alios, ut scilicet nullus ei communicet in ordinis executione; sive sit peccatum eius publicum, sive occultum. Nec potest repetere pecuniam quam turpiter dedit: licet alius iniuste detineat. — Si vero sit simoniacus quia contulit ordinem simoniace, vel quia dedit vel recepit beneficium simoniace, vel fuit mediator simoniae: si est publicum, est ipso iure suspensus et quoad se et quoad alios; si autem est occultum, est suspensus ipso iure quoad se tantum, non autem quoad alios.

AD SECUNDUM dicendum quod nec propter praeceptum eius, nec etiam propter excommunicationem, debet aliquis recipere ordinem ab episcopo quem scit simoniace promotum. Et si ordinetur, non recipit ordinis executionem, etiam si ignoret eum esse simoniacum: sed indiget dispensatione. — Quamvis quidam dicunt[7] quod, si non potest probare eum esse simoniacum, debet obedire recipiendo ordinem, sed non debet exequi sine dispensatione. — Sed hoc absque ratione dicitur. Quia nullus debet obedire alicui ad communicandum sibi in facto illicito. Ille autem qui est ipso iure suspensus et quoad se et quoad alios, illicite confert ordinem. Unde nullus debet sibi communicare recipiendo ab eo, quacumque ex causa. Si autem ei non constat, non debet credere peccatum alterius: et ita cum bona conscientia debet ab eo ordinem recipere. Si autem episcopus sit simoniacus aliquo alio modo quam per promotionem suam simoniace factam, potest recipere ab eo ordinem, si sit occultum: quia non est suspensus quoad alios[8], sed solum quoad seipsum, ut dictum est.

요컨대 아무도 그와 함께 성품의 실행에 함께하지 않는다. 그의 죄가 공적이든 은밀하든 마찬가지다. 비록 부끄럽게 준 돈을 다른 이가 부당하게 소지하고 있다고 해도, 그 돈을 다시 청할 수는 없다. 그러나 만일 어떤 사람이 성직을 수여하는 데 있어서 성직매매를 했다면, 또는 은전을 베풀거나 받을 때에 성직매매를 했거나 성직매매의 중개인이었다면, 그것을 공개적으로 한 경우에 그 당사자와 중개인이 법 그 자체로 [성직이] 정지되고, 만일 은밀히 행했다면, 당사자만 법 그 자체로 [성직이] 정지되지만 중개인이 [법 그 자체로 정지되는] 것은 아니다.

2. 사람은 명령 때문이든 파문 때문이든, 성직매매로 승품되었음을 알고 있는 주교로부터 성품을 받아서는 안 된다. 그리고 만일 수품되었다면, 비록 성직매매라는 것을 몰랐다고 해도, 성품의 실행은 받아들여지지 않으며 관면이 필요하다. 몇몇 사람이[7] 성직매매적인지를 입증할 수 없다고 말한다면, 성품을 받는 가운데 순종해야 한다. 그러나 관면 없이 성품을 실행해서는 안 된다. 왜냐하면 아무도 불법적인 행위를 나누기 위해 누군가에게 순종하지 말아야 하기 때문이다. 그러나 법 자체에 의해 정지된 사람은 자신과 다른 이들을 위해서 불법적으로 성품을 주는 것이다. 그러므로 이유가 어떻든 아무도 그로부터 [성품을] 받는 가운데 그와 함께 친교를 나눠서는 안 된다. 그러나 확실하지 않으면, 다른 이의 죄를 믿지 말아야 한다. 그럼으로써 선한 양심과 함께 그로부터 성품을 받아야 한다. 그러나 만일 주교가 성직매매적인 승급 이외에 다른 이유로 인해 성직매매적이라면, 은밀한 경우, 그로

---

7. Ioannes Teutonicus, *Glossa ordin. in Decretum*, p.II, causa 1, q.1, can.108. Cf. S. Thomas, *ST.*, t.III, Ottawa 1942, p.1952, a.16, nota.
8. Ad1.

AD TERTIUM dicendum quod hoc quod aliquis privetur eo quod accepit, non solum est poena peccati, sed etiam quandoque est effectus acquisitionis iniustae: puta cum aliquis emit rem aliquam ab eo qui vendere non potest. Et ideo si aliquis scienter et propria sponte simoniace accipiat ordinem vel ecclesiasticum beneficium, non solum privatur eo quod accepit, ut scilicet careat executione ordinis et beneficium resignet cum fructibus inde perceptis; sed etiam ulterius punitur, quia notatur infamia; et tenetur ad restituendos fructus non solum perceptos, sed etiam eos qui percipi potuerunt a possessore diligenti (quod tamen intelligendum est de fructibus qui supersunt deductis expensis factis causa fructuum, exceptis fructibus illis qui alias expensi sunt in utilitatem ecclesiae). — Si vero, eo nec volente nec sciente, per alios alicuius promotio simoniace procuratur, caret quidem ordinis executione, et tenetur resignare beneficium quod est consecutus, cum fructibus extantibus (non autem tenetur restituere fructus consumptos, quia bona fide possedit): nisi forte inimicus eius fraudulenter pecuniam daret pro alicuius promotione, vel nisi ipse expresse contradixerit. Tunc enim non tenetur ad abrenuntiandum, nisi forte postmodum pacto consenserit, solvendo quod fuit promissum.

AD QUARTUM dicendum quod pecunia, vel possessio, vel fructus simoniace accepti, debent restitui Ecclesiae in cuius iniuriam data sunt, non obstante quod praelatus, vel aliquis de collegio illius Ecclesiae, fuit in culpa: quia eorum peccatum non debet aliis nocere. Ita tamen quod, quantum fieri potest, ipsi qui peccaverunt inde

부터 명령을 받을 수 있다. 왜냐하면 말한 바와 같이[8] 다른 이들과 관련해서가 아니라 오직 자기 자신과 관련해서 정지되었기 때문이다.

3. 누군가 자신이 받은 것이 박탈된 것은 죄에 대한 처벌일 뿐만 아니라 종종 불의한 획득의 결과이기도 하다. 예컨대 누군가 어떤 것을 팔 수 없는 사람에게서 그것을 살 때 [그렇다]. 그러므로 누군가 의식적으로 그리고 자신의 의사대로 성직매매를 통하여 성품이나 교회의 은급을 받는다면, 받은 것을 박탈당할 뿐만 아니라, 즉 성품의 실행을 없애고 은급으로부터 받은 열매들과 함께 그 은급을 포기할 뿐만 아니라 더 많이 처벌된다. 왜냐하면 추문이 관찰되기 때문이다. 그리고 받은 열매뿐만 아니라 성실한 소유자가 받을 수 있었을 열매도 되돌려주어야 한다(하지만 열매를 얻기 위해 사용된 비용을 정산한 다음, 교회의 유익을 위해 다르게 사용되었을 수 있는 열매를 제외하고, 남은 열매를 뜻한다). 그러나 다른 사람을 통해 자발적이지도 않고 알지도 못하는 채로 성직매매를 통해 승품되었다면, 그는 품(品)의 실행을 상실하며, 그가 얻은 은급을 남은 열매들과 함께 돌려주어야 한다(그러나 그가 소비한 열매를 돌려줄 필요는 없다. 왜냐하면 그는 선한 믿음으로 그 열매를 소유했기 때문이다). 다만 원수가 그의 승품을 위하여 속임수로 돈을 주었을 경우, 또는 그가 명시적으로 반대하였을 경우, 그가 약속한 것을 지불하면서, 아마도 나중에 계약에 동의하지 않는다면, 포기하지 말아야 한다.

4. 성직매매로 받은 돈이나 소유물이나 열매들은 그것으로 피해를 입은 교회에 돌려주어야 한다. 비록 그 죄과가 고위 성직자나 그 교회의 단(團, collegium)에 속한 누군가의 것이라고 해도 [그렇다]. 왜냐하면 그들의 죄가 다른 사람에게 해를 끼쳐서는 안 되기 때문이다. 그러나 죄를 지은 사람들은 가능한 한 그것으로부터 아무런 이득도 얻게 하지

commodum non consequantur. — Si vero praelatus et totum collegium sunt in culpa, debet cum auctoritate superioris vel pauperibus vel alteri Ecclesiae erogari.

AD QUINTUM dicendum quod si aliqui sunt in monasterio simoniace recepti, debent abrenuntiare. Et si eis scientibus commissa est simonia post Concilium Generale,[9] sine spe restitutionis de suo monasterio repelluntur, et ad agendam perpetuam poenitentiam sunt in arctiori regula ponendi, vel in aliquo loco eiusdem ordinis, si arctior ordo non inveniretur. — Si vero hoc fuit ante Concilium, debent in aliis locis eiusdem ordinis collocari. Et si hoc fieri non potest, dispensative debent in eisdem monasteriis recipi, ne in saeculo evagentur: mutatis tamen prioribus locis et inferioribus assignatis.

Si vero ipsis ignorantibus, sive ante Concilium sive post, sint simoniace recepti, postquam renuntiaverint, possunt de novo recipi, locis mutatis, ut dictum est.

AD SEXTUM dicendum quod quoad Deum sola voluntas facit simoniacum: sed quoad poenam ecclesiasticam exteriorem, non punitur ut simoniacus, ut abrenuntiare teneatur, sed debet de mala intentione poenitere.

AD SEPTIMUM dicendum quod dispensare cum eo qui est scienter beneficiatus, solus Papa potest. In aliis autem casibus potest etiam episcopus dispensare: ita tamen quod prius abrenuntiet quod simo-

---

9. 성 토마스는 '일반 공의회(concilium generale)'를 통해 1215년 인노첸시오 3세 아래 거행된 제4차 라테란 공의회를 가리켰다. 그리고 후에 이 공의회 전에 수도승 서원을 발한 몇몇 사람

말아야 한다. 만일 죄과가 고위 성직자와 단 전체의 잘못이라면, 장상이나 가난한 사람들, 또는 다른 교회에게 지불해야 한다.

5. 어떤 사람이 수도원에 성직매매적으로 받아들여졌다면, 그는 [그곳을] 떠나야 한다. 만일 일반 공의회[9] 이후에 성직매매를 알고 있는 사람에게 그것이 범해졌다면, 그들은 복귀(restitutio)에 대한 희망 없이 자신의 수도원에서 쫓겨나고, 영원한 참회(poenitentia)를 행하기 위해서 더 엄격한 규칙 아래에, 또는 더 엄격한 수도회를 찾을 수 없는 경우, 같은 수도회에 속하는 다른 장소에 배치된다. 그러나 만일 이것이 공의회 전에 있다면, 그들은 같은 수도회에 속하는 다른 장소에 배치되어야 한다. 그렇게 할 수 없다면, 그들은 관면을 받아 같은 수도원에 받아들여짐으로써, 세상을 떠돌아다니지 않도록 해야 한다. 그러나 이전의 위치가 아니라 그보다 낮은 위치에 배정되어야 한다. 하지만 공의회 이전이나 이후에 자신이 알지 못하는 채로 성직매매적으로 받아들여졌다면, 이미 말한 것처럼, 그들은 물러났다가 앞서 말한 것과 같이 다른 위치로 다시 받아들여질 수 있다.

6. 하느님 앞에서는 의지만으로도 성직매매를 행하지만, 교회의 외적인 처벌에 관해서는 그것만으로 물러나도록 성직매매자처럼 처벌받지 않는다. 그러나 그는 자신의 악한 의도에 대해 뉘우쳐야 한다.

7. 오직 교황만이 알면서 성직매매로 이익을 얻는 사람을 관면할 수 있다. 그러나 다른 경우에는 성직매매로 획득한 것을 포기하는 조건으로 주교도 관면할 수 있다. 그럴 때 [성직매매자는] 세속적인 친교를 허용하는 작은 관면을 얻을 것이다. 뉘우친 후에는 다른 교회에서 자

이 그 당시에 남아있을 수 있다고 말했다.

niace acquisivit. Et tunc dispensationem consequatur vel parvam, ut habeat laicam communionem; vel magnam, ut, post poenitentiam, in alia Ecclesia in suo ordine remaneat; vel maiorem, ut remaneat in eadem, sed in minoribus ordinibus; vel maximam, ut in eadem Ecclesia etiam maiores ordines exequatur, non tamen praelationem accipiat.

신의 품(品)에 남아있게 해주는 큰 [관면을] 얻을 것이다. 또는 같은 교회에 남지만, 소품(小品) 가운데 있게 해주는 더 큰 [관면을] 얻을 것이다. 같은 교회에서 대품(品)을 수행하게 해주는 최고의 [관면을] 얻을 수도 있다. 그러나 고위 성직자직(praelatio)을 받지는 못한다.

〈주제 색인〉

[ㄱ]
가르침(disciplina) 13, 23, 65, 69, 75, 107, 179, 205, 261, 263, 269
가뭄(siccitas) 103
감도(inspiratio) 125
강신술(nigromantia) 83
강신술사(nigromanticus) 87, 145
강요(exactio) 267
거래(transactio) 249, 289
거짓(falsitas, falsum) 21, 22, 33, 41, 49, 55, 79, 97, 99, 103, 107, 123, 143, 155, 191-197, 201, 203, 207, 209, 211, 213, 215, 265, 271
걸림돌(scandalum) 207
견갑골 숭배(spatulimantia) 87
견해, 의견(opinio) 37, 39, 41, 49, 97, 99, 103, 107, 117, 123, 145
결과, 효과(effectus) 35, 71, 99, 101, 123, 129, 133, 135, 139, 141, 143, 145, 153, 157, 163, 169, 171, 175, 291, 295, 296
결투(duell) 129
결핍, 결함(defectum) 7, 13, 65, 193, 201
결혼(nuptus) 63, 253, 259, 261
경멸(contemptus) 55, 161, 205, 207, 237, 247
경쟁(concertatio) 121
경향, 기울어짐(inclinatio) 69, 71, 75, 103, 105
경험(experimentum) 97, 107, 147, 151, 165, 169, 173, 175, 177
계약(contractus) 13, 15, 79, 81, 85, 93, 97, 105, 111, 141, 145, 149, 249, 267, 271, 283, 295
고난, 수난, 정념(passio) 21, 63, 103, 247
고래(cetacea) 117
고요함(serenitas) 99

고위 성직자(praelatus) 245, 249, 263, 265, 283, 291, 295, 297
고위 성직자직(praelatio) 299
공격(impugnatio) 51, 57, 225, 241
공경심, 경외심(reverentia) 125, 127, 157, 187, 189, 219
공기(aero) 37, 63, 85, 109, 115
공동무덤(coemeterium) 275
공로(meritus) 39, 137, 247
공언(protestatio) 41, 187
과도함(excessum) 5, 7, 9
과잉(superfluum) 25-29
관대(magnificentia) 7
관례, 관습(consuetudo) 19, 21, 23, 27, 43, 47, 125, 159, 253, 255, 257, 259, 265
관리인(dispensator) 291
관면을 받아(dispensative) 297
관조(contemplatio) 77
관찰, 조사(inspectio) 67, 79, 85, 87, 91, 101, 111-119, 145, 147, 149, 157, 179, 203, 259, 295
광신적인 사람(arreptitus) 83
교사(magistro) 23, 263
교육(instructio) 63, 107, 151
교제, 친교(societas) 39, 105, 139, 293, 297
교환(permutatio) 243, 249
교활함(astitia) 7
교황(papa) 129, 203, 207, 243, 251, 273, 281, 297
교회(ecclesia) 19, 21, 22, 23, 27, 45, 49, 125, 127, 155, 199, 231, 235, 237, 245, 249, 25, 253, 255, 259, 261, 265, 267, 269, 273, 275, 277, 279, 281, 283, 285, 287, 289, 291, 295, 297, 299
구매(emptio) 243, 247, 249, 265, 283
구매하는 자(emptor) 291
구속(redemptio) 59, 271

구원(salus) 19, 23, 93, 95, 155, 253
국가 신학(civilis theologia) 39
국가(civitas, reipublica) 55, 129, 201, 221
군주(princeps) 217, 221
권리, 법(ius) 19, 21, 23, 27, 53, 173, 175, 187, 205, 209, 223, 225, 249, 259, 261, 273, 275, 277, 291, 293
권투 선수(pugil) 121
규정(institutio) 13, 15, 17, 27, 139, 267
규정, 준수(observatio) 5, 13, 15, 17, 21, 27, 53, 57, 113, 121, 131, 139, 147, 149, 151, 163, 199, 203, 249, 265, 267
급료(stipendium) 255, 259
기상점(氣象占, aeromantia) 85
기억(memoria) 47, 65
기예(arte) 35, 61, 69, 75, 77, 95
기원, 부름(invocatio) 23, 77, 83, 85, 87, 89-95, 111, 145, 163, 245
기형(deformitas) 225, 227
까마귀(corvus) 117
꿈(somnium) 67, 83, 105-111, 113, 119
끔찍한(nefarius) 35

[ㄴ]
나병환자(leprosus) 249
납(plumbum) 87
내장(viscera) 85
노래(carminum) 143, 157, 253
눈속임(praestigium) 83
뉘우치다(poeniteo) 297
능력(potentia) 41, 63, 71, 95, 101, 103, 115, 163, 165, 167, 169, 171, 175, 219, 249, 263

[ㄷ]

다양성(diversitas) 227
단(團, collegium) 203, 289, 295
단언적 맹세(iuramentum assertorium) 209
단죄될 만한(perniciosus) 21, 49
대가, 값(pretium) 239, 244, 251, 255, 257, 259, 267, 269, 277, 281, 283, 285
덕(virtus) 5, 7, 11, 15, 25, 33, 39, 41, 59, 65, 142, 161, 179-183, 185, 225, 247
독성(blasphemia) 51, 55, 233
돌(lapis) 9, 63, 83, 101, 143, 145, 149
동굴(spelonca) 273, 275, 277
동침(concubitus) 227
뒤쥐(sorex) 149

[ㅁ]

마귀(daemon) 13, 15, 35, 39, 61, 63, 67, 75, 77, 79, 83, 84, 85, 87, 89-95, 97, 99, 103, 105, 111, 117, 123, 125, 133, 135, 137, 139, 141, 142, 143, 145, 149, 151, 153, 155, 157, 163
마법(incantatio) 83, 141, 153, 155, 157
마법사(incantans) 153
마술사(magus) 241, 247, 249
말(equus) 167
말, 말씀(sermo) 13, 15, 21, 33, 41, 47, 49, 83, 85, 87, 93, 117, 119, 131, 135, 137, 147, 151, 153-159, 165, 167, 181, 187, 193, 199, 211, 222, 225
말, 언어(lingua) 88, 153, 197, 205, 207, 239, 279-285
면직(depositio) 291
명령(mandatum) 171, 177, 179, 199, 201, 215, 225, 291, 293, 295
명예로운(honestus) 201
모상, 성화, 형상(imago) 35, 37, 39, 43, 45, 49, 51, 63, 65, 83, 101, 143, 159, 231
모형(simulacrum) 61

목수(faber) 63
몸, 육체(corpus) 27, 37, 101, 103, 153, 249
무덤(sepultura) 101, 273, 275, 277
무종교(irreligiositas) 3, 161, 183, 185, 217, 225, 245
무지(ignorantia) 55, 63, 65, 173, 175, 223
무지개(iris) 99
문의(consultatio) 79, 125
물(aqua) 37, 63, 85, 109, 121, 257
미신(superstitio) 3-15, 17-29, 31-43, 57, 67-129, 131-159, 185, 187, 189

[ㅂ]
발견(adinventio) 19, 97, 101, 119, 129, 135, 141, 225, 227
발현(apparitio) 83
방해자(impeditor) 177
범죄(criminen) 129, 207, 231, 233, 253, 255
별(astrum, sidus) 63, 67, 71, 85, 95-105, 117, 123, 145, 149
병(aegritudo) 97
보물(thsaurus) 101
보호(patrocinium) 153, 155, 261
보호자(patronatus) 142, 273, 275, 277
복귀, 회복(restitutio) 165, 297
부당한, 불법적인(illicitus) 11, 15, 55, 75, 77, 89, 91, 93, 95, 105, 111, 113, 117, 119, 121, 131, 135, 143, 147, 151, 153, 155, 157, 159, 193, 199, 201, 227, 243, 251, 285, 293
부적(ligatura) 13, 141
분노(ira) 151, 165
분배(dispensatio) 95, 255, 263, 267
불결함(immunditia) 43, 53
불경(irreverentia) 161, 181, 183, 189, 201, 207, 217, 219, 221, 225, 229, 241
불명예스럽게(infamis) 209

불신앙(infidelitas) 33, 41, 51, 55, 177, 179, 225, 241, 245
불신자(infidelis) 31, 175
불의, 부정(iniuria) 93, 159, 211, 219, 221, 223, 237, 259, 261, 295
불점(pyromantia) 85
비(pluvia) 103, 115, 117
비추임(illuminatio) 137

[ㅅ]
사건(eventus) 11, 69, 73, 75, 79, 83, 91, 93, 99, 103, 105, 107, 109, 113, 115, 123, 147, 149, 151
사도(apostolus) 33, 37, 41, 121, 125, 147, 175, 235, 243, 247, 259, 261
사막(desertum) 185
사죄(peccatum mortale) 191, 203-209
사주 점술가(geneaticus) 85
사형(poena capitis) 225, 237
산비둘기(turtur) 113
살인자(homicida, interficiens) 213
살해, 살인(homicidium) 65, 85, 199, 223, 227
상급(praemium) 263
상급자(superior) 47
상태, 태세(dispositio) 87, 97, 109, 183, 263
상통할 수 없는(incommunicabile) 63
색욕(luxuria) 223
생계, 부양(sustentatio) 231, 255, 265, 267, 269
서임(provisio) 259
선거(electio) 125, 259
선성(bonitas) 167, 171, 177, 215
선의(benevolentia) 169
선택(electio) 19, 121, 125, 127, 217, 221, 229, 231, 247, 277
설교(praedicatio) 261, 265

설화 신학(theologia fabularis) 39
성궤(tabernaculum) 43, 49
성사(sacramentum) 22, 49, 135, 203, 221, 231, 239, 249, 251-261, 263, 275, 291
성직록(praebenda) 259, 273
성직매매(simonia) 217, 239-251, 255, 257, 259, 265, 267, 279, 281, 283, 285, 287-299
성직매매자(simoniacus) 239, 241, 247, 249, 281, 287-299
성품, 품(ordo) 127, 253, 291, 293, 295
성화(sanctificatio) 43, 45, 49, 51, 231
세금(redditus) 41, 251, 267
세상(mundus) 19, 33, 37, 39, 40, 55, 65, 97, 247, 289
세상, 세기(saeculum) 7, 297
속도(velocitas) 167
속인, 평신도(laicus, profanus) 251, 277, 291
속임수(deceptio) 75, 151, 295
솔개(milvus) 113
수도원(monasterium) 263, 269, 271, 289, 297
수도자 신분(monachatus) 289
수문(水門, cataracta) 17, 175
수상술(手相術, chiromantia) 87
수여(collatio) 259, 279, 287, 293
수위권(principatum) 55
수점(水占, hydromantia) 85
순종(obsequium) 27, 29, 103, 137, 143, 279-285, 287, 293
숲(silva) 63
승급(promotio) 289, 293
승리(victoria) 65, 173
시대(aetas) 19, 21, 49, 57, 59, 61, 65, 127, 247
시시한 소리(nuga) 233
시험, 유혹(tentatio) 105, 125, 143, 161, 163-171, 171-179, 181, 183, 185-189,

시험하는 자(tentans) 175, 187
식(蝕, eclipsis) 71
식물(herba) 145
신성모독(sacrilegium) 217-221, 223-227, 227-233, 233-237
신성모독자(sacrilegus) 225, 235, 237
신적 섭리(providentia divina) 85, 99, 117, 119, 147, 151, 221
실수(lapsus) 205, 207
실체(substantia) 39
심사(examinatio) 129
심판, 판단(iudicium) 121, 123, 125, 127, 129, 191, 195, 217, 221, 289
십일조(decima) 171, 175, 243, 273, 277
싸움(certamen) 121

[ㅇ]
아이(puer) 149, 151
악마(diabolus) 97, 105, 145
악습(vitium) 3-9, 11, 15, 53, 123, 143, 161, 217, 245, 247, 251, 279, 285
악행(maleficium) 7, 121, 187
약(medicina) 163, 171, 237
약속의 맹세(iuramentum promissorium) 199, 209
양식(cibus, victus) 171, 175, 255, 269
예감(praesagium) 147, 151
예고하다(praenuntio) 83, 97, 103, 105
예배(cultus) 3, 5, 7, 9, 11, 13, 17-23, 25-29, 33, 35, 37, 39, 41, 43, 45, 47, 49, 51, 53, 55, 59, 63, 65, 75, 77, 219, 229
예언(praenuntiatio) 69, 73, 79, 81, 261, 265
예언하다(praedico) 22, 71, 73, 83, 85, 91, 99, 105, 119
예지(praecognitio, prescientia) 77, 79, 81, 83, 89, 101, 103, 107, 109, 115, 117
옷(indumentum) 125, 149, 155, 225

완고(contumax) 235
요술사(veneficus) 153
욕망(concupiscentia) 27
우상숭배(idolatria) 13, 17, 31-43, 43-51, 51-57, 59-65, 77, 149, 185, 187
우유에 의한 존재자(ens per accidens) 101
운동(motus) 37, 87
웅지(magnanimitas) 7
원수(hostis) 165, 295
위선(simulatio) 11
위조(falsitas) 21, 23
유익(utilitas) 91, 167, 169, 175, 177, 215, 215, 237, 279, 283, 295
유일성(singularitas) 55
유지비(procuratio) 269
유출(fluxus) 53
은급, 이익(beneficium) 95, 151, 249, 269, 273, 275, 279, 281, 283, 285, 289, 295, 297
의도(intentio) 85, 93, 123, 167, 203, 207, 259, 265, 267, 277, 297
의사(medicus) 71, 97, 109, 147, 151, 263
의심(dubitatio) 119, 173, 187
의지, 뜻(voluntas) 57, 101, 103, 165, 167, 171, 177, 197, 199, 201, 203, 215, 241, 243, 245, 247, 289, 291, 297
이교도(gentes) 43, 53, 137, 377
이단자(haereticus) 31, 49, 55, 225, 247
이득(commodum, quaestus) 263, 265, 287, 295
이성, 이유(ratio) 37, 51, 57, 59, 71, 73, 99, 101, 103, 105
이해, 지성(intelligentia) 65, 69, 101, 137, 155, 159, 241
인간, 사람(homo) 7, 13, 15, 21, 23, 27, 35, 37, 39, 47, 49, 55, 57, 59-65, 69, 71, 73, 75, 77, 79, 81, 83, 85, 87, 91, 93, 95, 97, 99, 101, 103, 105, 117, 123, 129, 133, 135, 139, 145, 147, 157, 167, 169, 171, 179, 183, 193, 209, 213, 219, 229, 231, 245

인과율(causalitas) 101
인색(avaritia) 235, 237
인정법(lex humana) 237
일대일의 격투(monomachia) 121

[ㅈ]

자연 신학(physica theologia) 39
자연적 경향(naturalis inclinatio) 69, 75
자유재량(liberum arbitrium) 101, 103
자주색(purpura) 225
작은 주사위(taxillus) 87
잔(scyphus) 113
잔해, 유물(reliquia) 149, 153, 159
잘못(error) 45, 49, 151, 187, 297
장자, 장자권(primogenitura) 273, 277
재물(mammona) 261
재산(opes, substantia) 25, 63, 123, 241, 269, 283, 291
재현(repraesentatio) 39, 63
전조(前兆, aruspicium, auspicium) 85
절단(mutilatio) 65
점성가(占星家, planetarius) 97
점술(divinatio) 13, 15, 17, 67-75, 75-79, 81-89, 89-95, 95-105, 105-111, 111-119, 119-129, 149
점술가(divinator) 69, 79, 85, 105
점쟁이(ariolus) 69, 79
정리(定理, theoremata) 137
정성(diligentia) 63
정신(mente) 27, 45, 47, 49, 65, 79, 105, 109, 151, 197, 245
제비(hirundo) 113
제비뽑기, 운명(sors) 67, 77, 87, 119-129

제빵시종(pistor) 109
제어(refrenatio) 27, 237
조언, 권고(consilium) 13, 83, 91, 97, 125, 177, 263, 269
조점(鳥占, augurium) 77, 85, 111-119
조점사(鳥占師, augur) 87
존경심, 공경(reverentia) 13, 45, 47, 53, 57, 93, 157, 159, 181, 183, 185, 201, 221, 225, 227
종(servus) 113, 151
종(種, species) 3, 9-15, 31, 33, 41, 57, 67, 75-79, 81-89, 183, 185, 193, 227-233, 259
종교(religio) 3-9, 11, 15, 21, 23, 33, 35, 39, 41, 75, 79, 85, 161, 179-183, 185, 187, 189, 199, 201, 225, 245, 263, 277
죄(peccatum) 11, 23, 31, 43-51, 51-57, 65, 67-75, 81, 89, 91, 125, 129, 133, 139, 143, 161, 171-179, 181, 185-189, 191, 197-203, 205, 207, 209-215, 217, 223-227, 229, 231, 233, 235, 237, 241, 247, 251, 253, 255, 257, 269, 277, 287, 293, 295
주님(dominus) 19, 91, 93, 109, 119, 121, 125, 135, 153, 171, 173, 175, 179, 183, 245, 255, 291
주인(amo) 113, 151, 241, 245, 247, 251, 291
증인(testis) 155, 201, 211
지원(subsidium) 163, 169
지저귐(garritus) 85
지진(terraemotus) 101
지푸라기(festuca) 87
직무(munus) 21, 211, 245, 249, 261, 263, 267, 269, 273, 279, 283, 289
질병, 나약함(infirmitas) 147, 151, 153, 165, 171, 213
질서, 규율(ordo) 13, 25, 27, 55, 57, 73, 117, 143, 147, 177, 195, 275
집(domus) 149, 171, 175
집사(dispensator) 113
징조(徵兆, omen) 85, 87, 117, 119, 147, 149

[ㅊ]

찬미(laus) 47, 261, 267

참, 진리(verum) 15, 21, 23, 45, 63, 69, 91, 93, 95, 103, 105, 107, 133, 183, 187, 191, 193, 195, 197, 201, 209, 213, 215, 259, 269

참사위원(canonicus) 199, 203

참회(poenitentia) 297

창고(horreum) 171

채찍질(flagella) 151

책임(onus) 201

천문학자(astrologo) 71, 99, 103, 105

천체(corpus caeleste) 39, 97, 101, 103, 109, 115, 139, 141, 143

추문(infamia) 205, 291, 295

추측(coniectura) 71, 73

충동, 본능(instinctus) 23, 105, 115, 117, 177

치명적(mortiferus) 21, 203, 207

치유(sanitas) 93, 139-145, 153,

친족관계(consanguinitas) 279

침해(violatio) 217-221, 227, 235

침해하다, 범하다(violo) 55, 73, 91, 173, 177, 187, 195, 199, 201, 205, 207, 209, 211, 215, 223, 225, 227, 229, 233, 237, 241, 247, 277, 283

[ㅌ]

타락(pravitas) 57, 58, 195, 225, 245

탁선자(託宣者, python) 83, 91, 95

태세적(dispositiva) 61, 65, 103

[ㅍ]

파라오(Pharao) 107

파문(excommunicatio) 121, 219, 235, 237, 253, 257, 291, 293

판단력(iudicium) 201

판매(venditio) 239, 243, 245, 249, 265, 267, 271, 273, 275, 277, 279, 283, 291
판매자(venditor) 245, 249
표본(documentum) 137
표상(phantasia) 109, 111, 141
표지(signum) 21, 35, 39, 47, 49, 81, 83, 89, 99, 109, 133, 135, 141, 143, 147, 149, 151, 157, 173, 175, 177, 179, 183, 249
피(sanguis) 53, 83
필요(necessitas) 57, 99, 125, 127, 167, 169, 175, 211, 213, 221, 255, 265, 295

[ㅎ]

하느님 나라(regnum Dei) 27, 163, 169
하느님, 신(Deus) 5, 11, 13, 15, 17-23, 25-29, 33, 35, 37, 41, 43, 45, 47, 51, 55, 57, 59, 63, 73, 77, 79, 97, 107, 111, 113, 117, 119, 125, 129, 131, 133, 135, 137, 141, 143, 145, 149, 153, 157, 159, 161, 163-171, 171-179, 179-183, 185-189, 201, 203, 205, 207, 215, 219, 223, 225, 229, 233, 247, 289, 297
하늘(caelum) 37, 103, 113, 145, 171, 175, 241, 247
합당한, 합법적(licitus) 41, 57, 91, 139-145, 153, 201, 211, 215, 217, 227, 237, 239, 245, 261-271, 271-279, 279-285, 291
행운(fortuna) 123, 131, 147-151
행위(actus) 9, 11, 21, 23, 29, 41, 55, 81, 87, 101, 103, 115, 123, 131, 141, 147, 163, 167, 181, 183, 187, 189, 193, 195, 197, 227, 229, 233, 243, 247, 249, 261-271, 281
허구(figmentum) 25, 39
헌작시종(獻酌侍從, pincerna) 107
현명(prudentia) 7, 41, 139
현자(sapiens) 37
협력(consortio) 149
화세(火洗, baptismus flaminis) 257
활동, 작용(operatio) 15, 77, 79, 97, 101, 103, 105, 111, 115, 117, 137, 145, 153,

239, 261
황새(ciconia) 113
횡령(usurpatio) 73
흙점(geomantia) 83
흙점술(geomantia) 87
흠숭, 라트리아(latria) 33, 39, 41, 43, 45, 47, 49, 51

〈인명 색인〉

그레고리우스 1세(Gregorius I) 19, 241, 283
그레고리우스 9세(Gregorius IX) 243, 279
다윗(David) 58, 121
디오니시우스(Pseudo Dionysius) 13, 97, 177
롬바르두스, 페트루스(Petrus Lombardus) 4, 10, 14, 15, 19, 22, 52, 119, 157, 180, 255, 265
막시무스, 발레리우스(Valerius Maximus) 85
메르쿠리우스(Mercurius) 37
바로(Varro) 37
베다(Veda) 93, 125
베드로(Petrus) 91, 183, 221 245
사무엘(Samuel) 91, 95
소크라테스(Socrates) 71, 231
스테파누스(Stephanus) 129
시몬(Simon) 마술사 241, 245, 247, 249
심플리키아누스(Simplicianus) 95
아담(Adam) 58
아리스토텔레스(Aristoteles, '철학자' 포함) 7, 9, 15, 51, 63, 69, 71, 97, 101, 103, 205, 221, 223, 255
아브라함(Abraham) 58, 113, 118, 173, 177, 273, 275, 277
아우구스티누스(Augustinus) 5, 11, 13, 19, 21, 25, 27, 35, 37, 39, 45, 47, 49, 53, 61, 69, 75, 77, 95, 97, 105, 117, 119, 125, 127, 133, 135, 137, 139, 141, 143, 145, 149, 151, 153, 165, 169, 196, 197, 199, 211, 213, 215, 223, 247, 253, 255
아타나시우스(Athanasius) 93
암브로시우스(Ambrosius) 23, 125, 163, 271
야곱(Iacobus) 19, 273, 277

에사우(Esau) 273, 277
에프론(Ephron) 273
여호수아(Iosue) 119
요나(Iona) 117
요베(Iove) 37
우르바누스 2세(Urbanus II) 281
이시도루스(Isidorus) 5, 61, 81, 83, 219, 247
인노첸시오 11세(Innocentius XI) 296
인노첸시오 3세(Innocentius III) 239
크리소스토무스(Crysostomus) 155, 159, 203
파스칼리스 2세(Paschalis II) 273
포르피리우스(Porpirius) 137, 143
퓌톤(Python) 83
프로메테우스(Prometheus) 61
플라톤(Platon) 231
헤르메티스 트리메지스티(Hermetis Trimegisti) 35
히에로니무스(Hieronymus) 53, 73, 195, 233, 265
히에로테우스(Hierotheus) 177

⟨고전작품 색인⟩

『교령』(*Decretum*, 그라치아누스) 69, 121, 157, 204, 217, 223, 235, 249, 255, 263, 271, 289, 291
『교령』(*Librum sextum Decretali*, 그레고리우스 9세) 243, 279
『주석』(*Glossa*) 5, 11, 15, 19, 23, 45, 53, 157, 169, 177, 179, 181, 187, 265
『덴칭거』(*DH*) 43, 81, 95, 227, 239, 251, 261, 271

그레고리우스 1세
『복음서 강해 (40편)』(*Homiliae XL in Evangelia*) 241

디오니시우스
『신명론』(*De nom. Div.*) 13, 97, 77

발레리우스 막시무스
『기억에 남는 행동과 말』(*Factorum et dictorum memorrabilium libri*) 85

베다
『사도행전 해설』(*Super Actus Apost.*) 125

아리스토텔레스
『기억과 상기에 대하여』(*De memoria et reminiscentia*) 69
『니코마코스 윤리학』(*Ethica nic.*) 7, 51, 103, 221, 223, 255
『시학』(*De Poetica*) 63
『영혼론』(*De Anima*) 101, 103
『변증론』(*Topica*) 9
『형이상학』(*Metaphys.*) 97, 101

아우구스티누스

『거짓말』(*De mendacio*) 21

『고백록』(*Confess.*) 97

『그리스도교 교양』(*De doct. christ.*) 11, 13, 25, 39, 77, 127, 135, 141, 149, 151

『라우렌티우스에게 보낸 길잡이』(*Enchiridion a Laurentium*) 25, 45

『마니교도 파우스투스 반박』(*Contra Faust.*) 53, 151, 165, 169, 223, 252

『사도 야고보의 말씀에 대한 강론』(*De Verbis Apost. Iacobi*) 193, 199

『삼위일체론』(*De Trin.*) 141

『신국론』(*De civ. Dei*) 35, 37, 39, 45, 47, 49, 61, 75, 137, 139, 141, 143, 145

『열 개의 현(絃)』(*De decem chordis*) 5

『위증자들에 대한 설교』(*Sermo de Periuriis*) 211

『이단(쿠오드불트데우스에게 보낸)』(*De haeresibus [ad Quodvultdeum]*) 247

『1월의 조사들』(*Ad Inquisitiones Ianuarii*) 125

『자연학』(*Physic.*) 143, 195

『자유재량론』(*Lib. Arbit.*) 69

『참된 종교』(*De vera religione*) 27, 49, 75

『창세기의 문자적 해설』(*Super Gen. ad litt.*) 105

『푸블리콜라에게 보낸 편지』(*Epistola ad Publicolam*) 211, 213, 215

『호노라투스에게 보낸 편지』(*Epistola ad Hoonoratum*) 127

『히에로니무스에게 보낸 편지』(*Epistola ad Hieronymum*) 19

알렉산더 할레스

『신학대전』(*Summ. Theol.*) 258

암브로시우스

『루카복음 해설』(*Super Lucam*) 125

이시도루스

『어원』(*Etym.*) 5, 73, 81, 83, 219, 247

크리소스토무스
『마태오복음 강해 미완성 작품』(*Super Matth.*) 155

히에로니무스
『미카서 주해』(*Super Michaeam*) 265

〈성 토마스 작품 색인〉

『권능론』(*De potentia*) 139, 143
『갈라디아서 주해』(*In Ep. ad Galat.*) 95
『대이교도대전』(*ScG*) 31, 43, 59, 67, 79, 83, 95, 103, 105, 111, 119, 139, 150
『로마서 주해』(*In Ep. ad Rom.*) 43, 209
『명제집 주해』(*In Sent.*) 3, 31, 89, 95, 191, 203, 209, 239, 251, 261, 271, 279
『시편 주해』(*In Psalm.*) 119
『에페소서 주해』(*In Ep. ad Ephes.*) 119
『이사야서 주해』(*In Isaiam*) 67, 89, 111
『자유토론문제집』(*Quodlibet.*) 119, 139, 261
『점술가의 판단』(*De iudiciis astr.*) 95
『제비뽑기』(*De sortibus*) 81, 95, 111, 119,
『코린토 1서 주해』(*In Ep. I ad Cor.*) 51, 59
『코린토 2서 주해』(*In Ep. II ad Cor.*) 163
『콜로새서 주해』(*In Ep. ad Col.*) 119
『히브리서 주해』(*In Ep. ad Hebr.*) 163, 179

⟨성경 색인⟩

[신약]
갈라티아서 19, 53
로마서 18, 33, 37, 51, 171, 247, 277
루카복음서 7, 27, 93, 117, 121, 135, 163, 177, 261
마르코복음서 91, 117, 153, 182
마태오복음서 59, 117, 167, 213, 245, 291
베드로 1서 91, 183, 221
사도행전 35, 175, 241, 244
요한복음서 23, 45, 117
코린토 1서 33, 135, 147, 221, 245, 255, 261, 263
코린토 2서 135
콜로새서 5, 11, 23
테살로니카 1서 235, 259
티모테오 1서 255, 265
티모테오 2서 183
히브리서 113

[구약]
다니엘서 107, 133
레위기 53, 205, 211
마카베오기 2서 229
말라키서 171, 185, 277
민수기 111
사무엘기 상권 91, 121, 261
시편 65, 79, 119, 137, 153, 171, 181
신명기 69, 91, 107, 113, 133, 169, 173, 187
역대기 하권 167

열왕기 상권 117, 161
열왕기 하권 249
예레미야서 113, 195
요나서 121
요엘서 19
욥기 107
이사야서 73, 79, 93, 173
잠언 125, 245
지혜서 59, 61, 63, 221, 235
집회서 25, 179
창세기 19, 107, 113, 173, 273
탈출기 43, 45, 186, 187
판관기 113, 165, 173

■ 지은이: 토마스 아퀴나스(S. Thomas Aquinas)

성 토마스 아퀴나스는 1244/5년 이탈리아 중남부의 귀족 가문에서 태어나 도미니코 수도회에 입회하였고, 때묻지 않은 '천사적' 순수함과 진리에 대한 지칠 줄 모르는 열정으로 13세기라는 역사상 드문 정치적·사상적 격변기를 헤쳐 나갔다. 그는 아리스토텔레스의 대부분의 작품들과 복음서 및 바오로의 주요 서간들에 대해 주해서를 집필하였고, 『대이교도대전』과 『토론문제집』 등 중요한 저작들을 남겼다. 특히 그리스 철학의 제 학파와 아랍 세계의 선진 이슬람 문명 등 당대까지 유럽에 전해져 서로 충돌하던 다양한 사상들을 그리스도교 진리의 빛 속에서 웅장하게 체계적으로 종합한 『신학대전』(Summa Theologiae)은 인류 문화사적 걸작으로 꼽힌다. 그는 1274년 제2차 리옹공의회에 참석하러 가던 길에 중병을 얻어 포사노바에서 선종하였다.
1879년 교황 레오 13세는 회칙 『영원하신 아버지』를 통해 토마스의 사상을 가톨릭 교회의 공식 학설로 공표하였다.

■ 옮긴이: 윤주현

가르멜 수도회 소속 수도 사제로 1998년에 사제품을 받았다. 1995년부터 2001년까지 로마의 그레고리아눔에서 '영성신학'을, 테레시아눔에서 '신학적 인간학'을 전공하고, 2001년 성 토마스의 『신학대전』 연구로 박사학위를 취득했다. 그리고 2006년 아빌라 신비신학 대학원에서 가르멜 영성 마스터 과정을 수료하고, 그때부터 2012년까지 동(同) 대학원에서 영성신학 교수로 활동했다. 그 후, 2013년부터 대전가톨릭대학교에서 교의신학 교수로, 2016년부터 수원가톨릭대학교에서 영성신학 교수로 현재까지 활동하고 있다. 현재 가르멜 영성연구소 소장이자 한국가톨릭학술상 상임 심사위원이며, 성 토마스의 『신학대전』 번역·간행 위원이고, 학술지 『신학전망』, 『신학과 철학』의 편집위원이기도 하다. 2017년부터 2020년까지 가르멜 수도회의 4대 한국 관구장을 역임한 바 있다. 2018년(번역상)과 2021년(본상)에 한국가톨릭학술상을 수상했다. 그간 교의신학, 영성신학, 토미즘 분야 등에 59권의 저서와 역서를 출간하고, 25편의 논문을 발표했다.

■ 진리의 협력자들

가르멜수도회(윤주현 신부) 가톨릭교리신학원(최승정 신부-김진태 신부) 가톨릭출판사(홍성학 신부) 강윤희신부 †곽성명마티아 교리48기(김순진 요안나) 구요비주교 기쁜소식(전갑수 사장) 김경애유스타 김남선교수 김남필아가다 김두라소화데레사 김명순소피아 김미라크레센시아 김미리파비올라 김미숙도미나 김미영안젤라 김복원요안나 김수남글라라 김영남신부 김영진신부 김영희글라라 김운장(대화제약 회장) 김운회주교 김웅태신부 김월자안젤라 김은주율리아나 김장이베로니카 김정렬사도요한 김정이아네스 김정임세실리아 김종국신부 김철련스테파노 김청자아가다 김항희마르타 김해영아나다시아 김혜경세레나 김혜경아네스 김효숙노엘라 김훈겸신부 김희중대주교 로사리오 성모의 도미니코수녀회(오하정 수녀) 마천동성당(장강택 신부) 목동성당(민병덕 신부) 문정동성당(이철호 신부) 박동균신부 박무학신부 박상수신부 박승찬엘리야 박영규사도요한 박영배요셉 박용선소화데레사 박정자소화데레사 박종호시몬 박찬윤신부 박표열정혜엘리사벳 박현숙글라라 방배4동성당(최동진 신부-이동의 신부) 방배동성당(안병철 신부) 배기현주교 배옥순시모니아 분당성마리아성당(윤종대 신부) 사랑의시튼수녀회(김영선 수녀) 상도동성당(곽성민 신부) 서명숙루치아 서영호율리아노 서인숙아네스 서초동성당(이찬일 신부) 서호숙데레사 세종로성당(박동균 신부) 성도미니코선교수녀회(안소근 수녀) 손삼석주교 손윤정마리아 손희송주교 송기인신부 송인섭안드레아 신동재사도요한 신수정비비안나 신옥현루시아 심상태몬시뇰 양영복로사 양정희루시아 여규태요셉 염수정추기경 오금동성당(박희원 신부) 오승원신부 옥두석크리소스토모 원종철신부 †위재숙아나다시아 유경촌주교 유덕희(경동제약 회장) 유식용(일도TCS 회장) 유영숙스콜라스티카 유정규요셉 †윤정자님파 이경상주교 이계숙루시아 이동익신부 이동호신부 이문동성당(박동호 신부) 이명순토마스 이미혜데레사 이민선로즈마리 이민주신부 이범현신부 이병호주교 이선용알베르토 이영기실비아 이완숙미카엘라 이용훈주교 이윤하신부 †이정국미카엘 이정석요한 이종상요셉 이종진사도요한 이 진안드레아 이준영아우구스티노 이화주가브리엘라 이효재로마노 임경희미카엘라 잠실7동성당(김종수 신부) 잠원동성당(박항오 신부) 장석호모세 장우일레오 장춘복세바스티아나 장혜순카타리나 (재)신학과사상(백운철 신부) †전상순요안나 전상직(더맨 회장) 절두산순교지성당(정연정 신부) 정달용신부 정미애율리안나 정순택대주교 정복신안나 †정영숙(다빈치 회장) †정의채몬시뇰 정종휴암브로시오 †정진석추기경 조 광이냐시오 조규만주교 조선영카타리나 조신호델피노 조용주마리안나 조욱현신부 차상금이사벨 채려자요나 청담동성당(김민수 신부) 최명주율리아 최미묘분다 최정훈신부 최창무대주교 최학분에디타 하계동성당(김웅태 신부) 학교법인가톨릭학원(김영국 신부) 한무숙문학관(김호기 박사) 혜화동성당(홍기범 신부) 홍기순아가다 홍순자요셉피나 황예성세실리아

지금까지 출간된 분책(2024년 현재)

- 제1권(I, qq.1-12), [하느님의 존재], 정의채 옮김, 1985, 3판 2014, 751쪽.
  제1문 거룩한 가르침에 관하여. 제2문 신론-하느님이 존재하는가. 제3문 하느님의 단순성에 대하여. 제4문 하느님의 완전성에 대하여. 제5문 선 일반에 대하여. 제6문 하느님의 선성에 대하여. 제7문 하느님의 무한성에 대하여. 제8문 사물에 있어서의 하느님의 실재에 대하여. 제9문 하느님의 불변성에 대하여. 제10문 하느님의 영원성에 대하여. 제11문 하느님의 일체성(단일성)에 대하여. 제12문 하느님은 우리에게 어떻게 인식되는가에 대하여.

- 제2권(I, qq.13-19), [하느님의 생명], 정의채 옮김, 1993, 2판 2014, 572쪽.
  제13문 하느님의 명칭에 대하여. 제14문 하느님의 지식에 대하여. 제15문 이데아에 대하여. 제16문 진리에 대하여. 제17문 허위에 대하여. 제18문 하느님의 생명에 대하여. 제19문 하느님의 의지에 대하여.

- 제3권(I, qq.20-30), [하느님의 작용과 위격], 정의채 옮김, 1994, 2판 2000, 495쪽.
  제20문 하느님의 사랑에 대하여. 제21문 하느님의 정의와 자비에 대하여. 제22문 하느님의 섭리에 대하여. 제23문 예정에 대하여. 제24문 생명의 책에 대하여. 제25문 하느님의 능력에 대하여. 제26문 하느님의 지복에 대하여. 제27문 하느님의 위격들의 발출에 대하여. 제28문 하느님 안에서의 관계들에 대하여. 제29문 하느님의 위격들에 대하여. 제30문 하느님 안에서의 위격들의 복수성에 대하여.

- 제4권(I, qq.31-38), [위격들의 구별], 정의채 옮김, 1997, 293쪽.
  제31문 하느님 안에서 단일성 혹은 복잡성에 속하는 것들에 대하여. 제32문 하느님의 위격들의 인식에 대하여. 제33문 성부의 위격에 대하여. 제34문 성자의 위격에 대하여. 제35문 모습(혹은 모상)에 대하여. 제36문 성령의 위격에 대하여. 제37문 사랑이라는 성령의 명칭에 대하여. 제38문 은사라는 성령의 명칭에 대하여.

- 제5권(I, qq.39-43), [위격들의 관계], 정의채 옮김, 1998, 345쪽.
  제39문 본질과 비교된 위격들에 대하여. 제40문 관계들 내지는 고유성들과의 비교에 있어서의 위격들에 대하여. 제41문 인식 표징적(혹은 식별 표징적) 작용들과의 비교에 있어서의 위격들에 대하여. 제42문 하느님의 위격들 상호간의 동등성과 유사성에 대하여. 제43문 하느님의 위격들의 파견에 대하여.

- 제6권(I, qq.44-49), [창조], 정의채 옮김, 1999, 339쪽.
  제44문 피조물들의 하느님으로부터의 발출과 모든 유의 제1원인에 대하여. 제45문 사물들의 제1근원으로부터의 유출의 양태에 대하여. 제46문 창조된 사물들의 지속의 시작에 대하여. 제47문 사물들의 구별 일반에 대하여. 제48문 사물들의 구별에 대한 각론. 제49문 악의 원인에 대하여.

- 제7권(I, qq.50-57), [천사], 윤종국 옮김, 정의채 감수, 2010, 379쪽.
  제50문 천사의 실체 자체에 대하여. 제51문 천사와 물체의 비교에 대하여. 제52문 장소에 대한 천사의 비교에 대하여. 제53문 천사의 장소적 운동에 대하여. 제54문 천사의 인식 작용에 대하여. 제55문 천사의 인식 수단에 대하여. 제56문 비물질적 사물의 일부에서 얻는 천사의 인식에 대하여. 제57문 질료적 사물들의 성찰에 따른 천사의 인식에 대하여.

- 제8권(I, qq.58-64), [천사의 활동], 강윤희 옮김, 2020, 368쪽.
  제58문 천사의 인식 양태에 대하여. 제59문 천사의 의지에 대하여. 제60문 천사의 사랑 혹은 애정에 대하여. 제61문 천사가 본성적 존재로 창조되었음에 대하여. 제62문 천사가 은총과 영광의 상태로 완성됨에 대하여. 제63문 천사의 악의와 탓에 대하여 제64문 악령들의 형벌에 대하여.

- 제9권(I, qq.65-74), [우주 창조], 김춘오 옮김, 정의채 감수, 2010, 424쪽.
  제65문 물체적 피조물들의 창조 작업에 대하여. 제66문 구별에 대한 피조물의 질서에 대하여. 제67문 자체 안에서의 구별 작업에 대하여. 제68문 둘째 날의 작업에 대하여. 제69문 셋째 날의 작업에 대하여. 제70문 넷째 날에 대한 장식 작업에 대하여. 제71문 다섯째 날에 대하여. 제72문 여섯째 날에 대하여. 제73문 일곱째 날에 속한 어떤 것에 대하여. 제74문 공통적인 것들 안에서 모든 일곱 날에 대하여.

- 제10권(I, qq.75-78), [인간], 정의채 옮김, 2003, 383쪽.
  제75문 인간론: 영적 실체와 물체적 실체로 복합된 인간에 대하여. 제76문 혼의 신체와의 하나됨(합일)에 대하여. 제77문 혼의 능력 일반에 속하는 것들에 대하여. 제78문 혼의 개별적 능력들에 대하여.

- 제11권(I, qq.79-83), [인간 영혼의 능력], 정의채 옮김, 2003, 320쪽.
  제79문 지성적 능력들에 대하여. 제80문 욕구적 능력 일반에 대하여. 제81문 감성적 능력에 대하여. 제82문 의지에 대하여. 제83문 자유의사에 대하여.

- 제12권(I, qq.84-89), [인간의 지성], 정의채 옮김, 2013, 511쪽.
  제84문 신체와 결합된 영혼은 어떻게 자신보다 하위에 있는 물체적인 것들을 인식하는가. 제85문 지성 인식의 양태와 서열에 대하여. 제86문 우리 지성은 질료적 사물들에 있어 무엇을 인식하는가. 제87문 지성적 혼은 어떻게 자기 자신과 자기 안에 있는 것들을 인식하는가. 제88문 인간 혼은 어떻게 자기의 상위에 있는 것들을 인식하는가. 제89문 분리된 영혼의 인식에 대하여.

- 제13권(I, qq.90-102), [하느님의 모상으로 창조된 인간], 김율 옮김, 2008, 505쪽.
  제90문 인간 혼의 첫 산출에 대하여. 제91문 첫 인간의 신체의 산출에 대하여. 제92문 여자의 산출에 대하여. 제93문 인간의 산출 목적 또는 결말에 대하여. 제94문 첫 인간의 지성 상태와 조건에 대하여. 제95문 첫 인간의 의지에 관련된 사항들, 곧 은총과 정의에 대하여. 제96문 무죄의 상태에서 인간이 가지고 있던 지배권에 대하여. 제97문 첫 인간의 상태에서 개인의 보존. 제98문 종의 보존에 대하여. 제99문 태어났을 자손의 신체적 조건에 대하여. 제100문 태어났을 자손의 정의의 조건에 대하여. 제101문 태어났을 자손의 지식의 조건에 대하여. 제102문 인간의 거처, 곧 낙원에 대하여.

- 제14권(I, qq.103-114), [하느님의 통치], 이상섭 옮김, 2009, 607쪽.
  제103문 사물들의 통치 일반에 대하여. 제104문 하느님 통치의 특수한 결과들에 대하여. 제105문 하느님에 의한 피조물들의 변화에 대하여. 제106문 한 피조물은 다른 피조물들을 어떻게 움직이는가. 제107문 천사들의 말에 대하여. 제108문 위계와 질서에 따르는 천사들의 질서지움에 대하여. 제109문 악한 천사들의 질서지움에 대하여. 제110문 물체적 피조물들에 대한 천사들의 통할에 대하여. 제111문 인간들에 대한 천사들의 작용에 대하여. 제112문 천사들의 파견에 대하여. 제113문 선한 천사들의 보호에 대하여. 제114문 마귀들의 공격에 대하여.

- 제15권(I, qq.115-119), [우주의 질서], 김정국 옮김, 2010, 307쪽.
  제115문 물체적 피조물의 작용에 대하여. 제116문 숙명에 대하여. 제117문 인간의 작용과 관련된 것에 대하여. 제118문 혼과 관련한 인류의 번식에 대하여. 제119문 육체에 관련된 인류의 번식에 대하여.

- 제16권(I-II, qq.1-5), [행복], 정의채 옮김, 2000, 417쪽.
  제1문 인간의 궁극 목적에 대하여. 제2문 인간의 행복이 있는 것들에 대하여. 제3문 행복이란 무엇인가. 제4문 행복을 위해 요구되는 것들에 대하여. 제5문 행복에의 도달에 대하여.

- 제17권(I-II, qq.6-17), [인간적 행위], 이상섭 옮김, 2019, xlviii-444쪽.
  제6문 의지적인 것과 비의지적인 것에 대하여. 제7문 인간적 행위의 상황들에 대하여. 제8문 의지에 대하여, 의지는 무엇을 대상으로 갖는가? 제9문 의지의 동인에 대하여. 제10문 의지가 움직여지는 방식에 대하여. 제11문 향유라는 의지 작용에 대하여. 제12문 지향에 대하여. 제13문 수단과 관련된 의지의 작용인 선택에 대하여. 제14문 선택에 앞서는 숙고에 대하여. 제15문 수단과 관련된 의지 작용인 동의에 대하여. 제16문 수단과 관련된 의지의 작용인 사용에 대하여. 제17문 의지에 의해 명령된 작용에 대하여.

- 제18권(I-II, qq.18-21), [도덕성의 원리], 이재룡 옮김, 2019, lx-264쪽.
  제18문 인간적 행위에서의 선성과 악성에 대하여. 제19문 의지의 내적 행위의 선성과 악성에 대하여. 제20문 인간의 외적 행위의 선성과 악성에 대하여. 제21문 인간적 행위의 귀결들과 그 선성 또는 악성에 대하여.

- 제19권(I-II, qq.22-30), [정념], 김정국 옮김, 2020, l-270쪽.
  제22문 영혼의 정념의 주체에 대하여. 제23문 정념 상호간의 차이에 대하여. 제24문 영혼의 정념들에 있어서 선과 악에 대하여. 제25문 정념들 상호간의 질서에 대하여. 제26문 사랑에 대하여. 제27문 사랑의 원인에 대하여. 제28문 사랑의 결과에 대하여. 제29문 미움에 대하여. 제30문 욕망에 대하여.

- 제20권(I-II, qq.31-39), [쾌락], 이재룡 옮김, 2020, lviii-236쪽.
  제31문 쾌락 그 자체에 대하여. 제32문 쾌락의 원인에 대하여. 제33문 쾌락의 결과에 대하여. 제34문 쾌락의 선성과 악성에 대하여. 제35문 고통 또는 슬픔 그 자체에 대하여. 제36문 슬픔 또는 고통의 원인에 대하여. 제37문 고통 또는 슬픔의 결과에 대하여. 제38문 슬픔 또는 고통의 결과에 대하여. 제39문 슬픔 또는 고통의 선성과 악성에 대하여.

- 제21권(I-II, qq.40-48), [두려움과 분노], 채이병 옮김, 2020, lxii-278쪽.
  제40문 분노적 정념들에 대하여. 먼저 희망과 절망에 대하여. 제41문 두려움 그 자체에 대하여. 제42문 두려움의 대상에 대하여. 제43문 두려움의 원인에 대하여. 제44문 두려움의 결과에 대하여. 제45문 담대함에 대하여. 제46문 분노 그 자체에 대하여. 제47문 분노를 일으키는 원인과 그 대처 수단에 대하여. 제48문 분노의 결과에 대하여.

- 제22권(I-II, qq.49-54), [습성], 이재룡 옮김, 2020, lviii-234쪽.
  제49문 습성의 실체 자체에 대하여. 제50문 습성의 주체에 대하여. 제51문 습성의 생성 원인에 대하여. 제52문 습성의 성장에 대하여. 제53문 습성의 소멸과 약화에 대하여. 제54문 습성의 구별에 대하여.

- 제23권(I-II, qq.55-67), [덕], 이재룡 옮김, 2020, lxxvi-558쪽.
  제55문 덕의 본질에 대하여. 제56문 덕의 주체에 대하여. 제57문 지성적 덕의 구별에 대하여. 제58문 도덕적 덕과 지성적 덕의 구별에 대하여. 제59문 도덕적 덕과 정념 사이의 구별에 대하여. 제60문 도덕적 덕들 상호간의 구별에 대하여. 제61문 추요덕에 대하여. 제62문 대신덕에 대하여. 제63문 덕의 원인에 대하여. 제64문 덕의 중용에 대하여. 제65문 덕들 사이의 상호 연관성에 다하여. 제66문 덕들의 동등성에 대하여. 제67문 후세에서의 덕의 지속에 대하여.

- 제24권(I-II, qq.68-70), [성령의 선물], 채이병 옮김, 2020, liv-152쪽.
  제68문 선물들에 대하여. 제69문 참행복에 대하여. 제70문 성령의 열매에 대하여.

- 제25권(I-II, qq.71-80), [죄], 안소근 옮김, 2020, l-452쪽.
  제71문 악습과 죄 자체에 대하여. 제72문 죄의 구별에 대하여. 제73문 죄들의 상호 비교에 대하여. 제74문 죄의 주체에 대하여. 제75문 죄의 일반적 원인에 대하여. 제76문 죄의 특수 원인에 대하여. 제77문 감각적 욕구 편에서 본 죄의 원인에 대하여. 제78문 죄의 원인인 악의에 대하여. 제79문 죄의 외부적 원인에 대하여(1): 하느님. 제80문 죄의 외부적 원인에 대하여(2): 악마.

- 제26권(I-II, qq.81-85), [원죄], 정현석 옮김, 2021, lii-191쪽.
  제81문 인간 편에서의 원죄의 원인에 대하여. 제82문 원죄의 본질에 대하여. 제83문 원죄의 주체에 대하여. 제84문 어떤 죄가 죄의 원인이 된다는 점에서 죄의 원인에 대하여. 제85문 죄의 결과에 대하여.

- 제27권(I-II, qq.86-89), [죄의 결과], 윤주현 옮김, 2021, xlviii-164쪽.
  제86문 죄의 흠결에 대하여. 제87문 벌의 죄책에 대하여. 제88문 경죄와 사죄에 대하여. 제89문 경죄 자체에 대하여.

- 제28권(I-II, qq.90-97), [법], 이진남 옮김, 2020, l-289쪽.
  제90문 법의 본질에 대하여. 제91문 법의 종류에 대하여. 제92문 법의 효력에 대하여. 제93문 영원법에 대하여. 제94문 자연법에 대하여. 제95문 인정법에 대하여. 제96문 인정법의 효력에 대하여. 제97문 법의 개정에 관하여.

- 제29권(I-II, qq.98-105) [옛 법], 이경상 옮김, 2021, lxiv-608쪽.
  제98문 옛 법에 대하여. 제99문 옛 법의 규정들에 대하여. 제100문 옛 법의 도덕적 규정들에 대하여. 제101문 예식 규정들에 대하여. 제102문 예식 규정들의 원인에 대하여. 제103문 예식 규정들의 기한에 대하여. 제104문 사법 규정들에 대하여. 제105문 사법 규정들의 근거에 대하여.

- 제30권(I-II, qq.106-114), [새 법과 은총], 이재룡 옮김, 2021, lxxviii-570쪽.
  제106문 복음의 새 법에 대하여. 제107문 새 법과 옛 법의 비교에 대하여. 제108문 새 법의 내용에 대하여. 제109문 은총의 필요성에 대하여. 제110문 은총의 본질 대하여. 제111문 은총의 구분에 대하여. 제112문 은총의 원인에 대하여. 제113문 은총의 효과인 불경한 자의 의화에 대하여. 제114문 공로에 대하여.

- 제31권(II-II, qq.1-7), [신앙], 박승찬 옮김, 2022, cxiv-412쪽.
  제1문 신앙의 대상에 대하여. 제2문 신앙의 내적 행위에 대하여. 제3문 신앙의 외적인 행위에 대하여. 제4문 신앙의 덕 자체에 대하여. 제5문 신앙을 지닌 이들에 대하여. 제6문 신앙의 원인에 대하여. 제7문 신앙의 효과에 대하여.

- 제32권(II-II, qq.8-16), [신앙(II)], 박승찬 옮김, 2022, xlix-366쪽.
  제8문 통찰의 선물에 대하여. 제9문 지식의 선물에 대하여. 제10문 불신앙 일반에 대하여. 제11문 이단에 대하여. 제12문 배교에 대하여. 제13문 독성의 죄 일반에 대하여. 제14문 성령을 거스르는 독성에 대하여. 제15문 정신의 맹목과 감각의 우둔함에 대하여. 제16문 신앙, 지식, 통찰에 관련된 계명에 대하여.

- 제33권(II-II, qq.17-22), [희망], 이재룡 옮김, 2022, lviii-266쪽.
  제17문 희망 그 자체에 대하여. 제18문 희망의 주체에 대하여. 제19문 두려움의 선물에 대하여. 제20문 절망에 대하여. 제21문 자만에 대하여. 제22문 희망과 두려움에 속하는 계명들에 대하여.

- 제34권(II-II, qq.23-33), [참사랑], 안소근 옮김, 2022, lvi-604쪽.
  제23문 참사랑 그 자체. 제24문 참사랑의 주체. 제25문 참사랑의 대상. 제26문 참사랑의 질서. 제27문 참사랑의 주요 행위인 사랑. 제28문 즐거움. 제29문 평화. 제30문 자비. 제31문 선행. 제32문 자선. 제33문 형제적 교정.

- 제35권(II-II, qq.34-44), [참사랑(II)], 안소근 옮김, 2022, liii-322쪽.
  제34문 미움에 대하여. 제35문 나태에 대하여. 제36문 질투에 대하여. 제37문 불화에 대하여. 제38문 논쟁에 대하여. 제39문 이교에 대하여. 제40문 전쟁에 대하여. 제41문 싸움에 대하여. 제42문 반란에 대하여. 제43문 걸림돌에 대하여. 제44문 참사랑의 계명들에 대하여.

- 제36권(II-II, qq.45-56), [지혜와 현명], 이상섭 옮김, 2023, lxxiv-410쪽.
  제45문 지혜의 선물에 대하여. 제46문 어리석음에 대하여. 제47문 현명 자체에 대하여. 제48문 현명의 부분들에 대하여. 제49문 현명의 통전적 부분들 각각에 대하여. 제50문 현명의 종속적 부분들에 대하여. 제51문 현명의 잠재적 부분들에 대하여. 제52문 숙고의 선물에 대하여. 제53문 경솔함에 대하여. 제54문 게으름에 대하여. 제55문 현명과 유사성을 갖는, 현명에 대립하는 악습에 대하여. 제56문 현명에 속하는 계명들에 대하여.

- 제37권(II-II, qq.57-62), [정의], 이재룡 옮김, 2023, lxiv-307쪽.
  제57문 권리에 대하여. 제58문 정의에 대하여. 제59문 불의에 대하여. 제60문 재판에 대하여. 제61문 정의의 부분들에 대하여. 제62문 배상에 대하여.

- 제38권(II-II, qq.63-79), [불의], 박동호 옮김, 2023, lix-544쪽.
  제63문 편애하는 행위에 대하여. 제64문 살인에 대하여. 제65문 사람에게 저지른 다른 위해에 대하여. 제66문 절도와 강도에 대하여. 제67문 재판(법적 절차)에 있어 재판관의 불의에 대하여. 제68문 부당한 고발에 속하는 것들에 관하여. 제69문 재판 당사자(피고발인) 편에서 정의를 거스르는 죄에 대하여. 제70문 증언하는 사람에 속한 불의에 대하여. 제71문 재판에서 변호인 편에서 행해진 불의에 대하여. 제72문 불손(모욕)에 대하여. 제73문 폄훼(비방)에 대하여. 제74문 소문 퍼뜨리기에 대하여. 제75문 조롱에 대하여. 제76문 저주(악담)에 대하여. 제77문 구매와 판매(매매)에서 저질러진 사기에 대하여. 제78문 이자(고리)의 죄에 대하여. 제79문 정의의 유사 부분에 대하여.

- 제39권(II-II, qq.80-91), [종교와 경신], 윤주현 옮김, 2023, lxxxvii-548쪽.
  제80문 정의의 잠재적 부분들에 대하여. 제81문 종교에 대하여. 제82문 신심에 대하여. 제83문 기도에 대하여. 제84문 흠숭에 대하여. 제85문 희생제사에 대하여. 제86문 봉헌들과 맏물들에 대하여. 제87문 십일조에 대하여. 제88문 서원에 대하여. 제89문 맹세에 대하여. 제90문 선서 방식을 통한 신적 이름을 취함에 대하여. 제91문 찬미를 통해 부르기 위해 신적 이름을 취하는 것에 대하여.

- 제40권(II-II, qq.92-100), [종교와 경신(II)], 윤주현 옮김, 2024, lxxxvii-332쪽.
제92문 미신에 대하여. 제93문 참된 하느님께 부적절한 예배를 드리는 미신에 대하여. 제94문 우상숭배에 대하여. 제95문 점술적 미신에 대하여. 제96문 규범들의 미신들에 대하여. 제97문 하느님을 시험하는 것에 대하여. 제98문 위증에 대하여. 제99문 신성모독에 대하여. 제100문 성직매매에 대하여.